KB169246

소와
흙

USHI TO TSUCHI:
FUKUSHIMA, 3.11 SONOGO. by Kyosuke Shinnami
Copyright ©2015 by Kyosuke Shinnami
All rights reserved.

First published in Japan in 2015 by SHUEISHA Inc., Tokyo.
Korean translation rights in Korea arranged by SHUEISHA Inc., Tokyo
in care of Tuttle-Mori Agency, Inc., Tokyo through Linking-Asia International
Culture Communication Inc., Seoul.

이 책의 한국어판 저작권은 연아인터내셔널과 Tuttle-Mori Agency를 통한
SHUEISHA Inc.와의 독점계약으로 한국어 판권을 (주)글항아리가 소유합니다.
저작권법에 의하여 한국 내에서 보호를 받는 저작물이므로 무단전재와 복제를 금합니다.

소와 흙

후쿠시마, 죽음의 땅에서 살아가다

신나미 교스케
우상규 옮김

글항아리

일러두기

— 본문에 등장하는 인물이나 단체의 명칭·직위·지명, 조사·연구 데이터는,
취재 및 집필 당시(2011년 3월~2015년 1월)의 것입니다.

차
례
—

후쿠시마현 福島県

이나와시로정

아이즈반다이 산 ▲

이나와시로
호수

아이즈와카마쓰시

후쿠시마시

소마시

이타테촌

가와마타정

미나미소마시

니혼마쓰시

혼미야시

가쓰라오촌

나미에정

후타바정

후쿠시마
제1원자력발전소

고리야마시

미하루정

다무라시

오쿠마정

도미오카정

후쿠시마
제2 원자력발전소

가와우치촌

나라하정

히로노정

나카지마촌

이와키시

쌍둥이 형제 소.
'야스이토마루'(오른쪽)와 '야스이토마루 2호'(왼쪽)

피난 지시 구역의 개편

2011년 4월 22일 시점

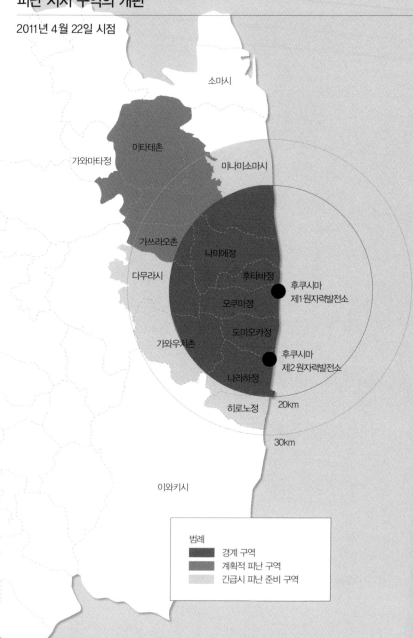

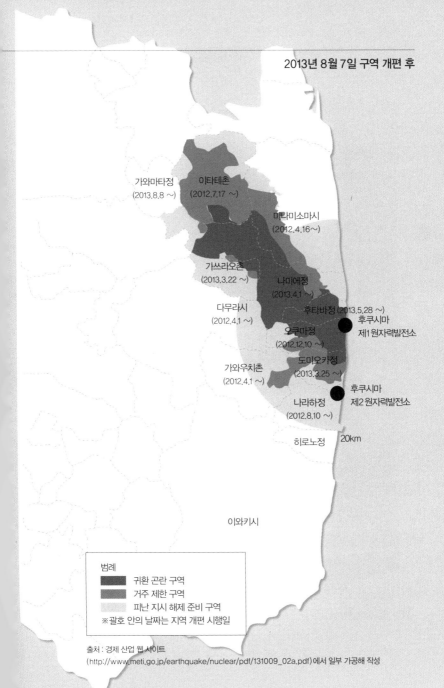

2013년 8월 7일 구역 개편 후

가와마타정
(2013.8.8 ~)

이타테촌
(2012.7.17 ~)

미나미소마시
(2012.4.16 ~)

가쓰라오촌
(2013.3.22 ~)

나미에정
(2013.4.1 ~)

다무라시
(2012.4.1 ~)

후타바정 (2013.5.28 ~)

후쿠시마
제1 원자력발전소

오쿠마정
(2012.12.10 ~)

가와우치촌
(2012.4.1 ~)

도미오카정
(2013.3.25 ~)

후쿠시마
제2 원자력발전소

나라하정
(2012.8.10 ~)

히로노정

20km

이와키시

범례

■ 귀환 곤란 구역
■ 거주 제한 구역
□ 피난 지시 해제 준비 구역
※괄호 안의 날짜는 지역 개편 시행일

출처 : 경제 산업 웹 사이트
(http://www.meti.go.jp/earthquake/nuclear/pdf/131009_02a.pdf)에서 일부 가공해 작성

(위) 시간당 20마이크로시버트 이상의 고선량 목장에서 소를 계속 키우고 있는 와타나베 후미카즈.
(아래) 이타테무라에서 피난해 축산을 계속하며 소를 키우는 부부. 경매에 임하는 야마다 다케시·요코(앞에서 두 번째와 세 번째), 하라다 사다노리·기미코(안쪽에서 두 번째와 세 번째).

(위) '희망의 목장 후쿠시마' 대표이사, 요시자와 마사미.
(아래) M목장 사장, '희망의 목장 후쿠시마' 이사 무라타 준.

重点ポイント(30cm採材)12カ所　　4 標準ポイント 15カ所　　3 空間線量のみ

土壌採材ポイント

(위) 방사성 물질의 분포 상황을 조사한 토양 조사(문부과학성에 의한 제2차 조사).
(아래) 와타나베 후미카즈가 소를 사육·관리하는 오마루 공동 목장 74개소의 토양 조사 지도.

(위) '가축과 농지 관리 연구회'에 의한 오마루 공동 목장에서의 토양 조사 모습.
(아래) 현장에서 혈액 분석을 할 수 있는 이와테대학의 가축 검진 차량. 애칭은 모모호.

서장

안락사라는 이름의 살처분

　　귀환 곤란 구역●으로 지정된 후쿠시마현 후타바군雙葉郡 나미에정浪江町 오마루小丸에는 아름다운 목장이 있다. 그 목장에 쌍둥이 형제 소가 있다. 평소라면 육우肉牛로서 역할을 다해 벌써 비육 농가로 옮겨져 도살장으로 보내졌을 것이다. 그런데 형제 소는 뜻밖에 살아남아 동일본 대지진 발생 뒤 4년째의 봄을 고향에서 맞이하려 하고 있다.

●　2011년 12월 피난 지시 구역 개편에 의해 새롭게 설정된 3구분(귀환 곤란 구역·거주 제한 구역·피난 지시 해제 준비 구역) 중 하나. 귀환 곤란 구역은 방사선의 연간 누적 선량이 50밀리시버트를 초과(공간 선량률이 시간당 9.5마이크로시버트 초과), 이후 5년이 지나도 연간 누적 선량이 20밀리시버트 아래로 떨어지지 않을 것으로 전망되는 구역이다. 귀환 곤란 구역에는 출입이 금지되며, 미래에도 거주가 제한된다. 피난 지시 구역 재편 시기는 지역에 따라 다르며, 2012년 4월 1일(다무라시·가와우치무라)부터 2013년 8월 8일(가와마타마치) 사이에 실시되었다.

주위에는 매년 송아지를 낳고 길러 봄부터 가을까지는 산의 방목장에서, 겨울에는 마을 외양간에서 보내며 앞으로 5~10년을 더 살 암소들도 있다. 그중에는 쌍둥이 형제 소의 어미도 섞여 있다. 그 어미 소도 살아남은 것이다. 국가가 명령한 안락사 처분을 면하고.

도쿄전력 후쿠시마 제1원자력발전소 사고에 따라 2011년 5월 12일 원자력재해대책 본부장인 간 나오토 총리가 후쿠시마현 지사에게 지시를 내렸다.

"경계 구역● 안에서 생존하고 있는 가축은 해당 가축 소유자의 동의를 얻어 고통을 주지 않는 방법(안락사)에 따라 처분돼야 한다."

이후 원전에서 반경 20킬로미터 내의 경계 구역에 남겨진 가축들은 생존할 길이 거의 막혔다. 사람의 출입이 금지된 경계 구역에는 주인이 먹이를 주러 다닐 수도 없었다. 외양간에 데려다 놓은 소들은 굶어 죽기를 기다릴 뿐이었지만, 그래도 풀어주면 스스로 풀을 먹으며 살아갈 가능성도 있었다.

원전 사고가 발생한 당시 후쿠시마현 농림수산축산과에 따르면 경계 구역에는 약 3500마리의 소가 있었다. 2015년 1월 20일 안락사 처분한 소가 1747마리, 소유자가 처분에 동의하지 않고 계속 사육하는 소가 550마리, 안락사 처분과 외양간에서 죽은

●　재해대책기본법에 따라 퇴거 명령이 내려져 출입이 제한·금지되는 구역. 도쿄전력 후쿠시마 제1원자력발전소 사고 때는 2011년 4월 22일 0시를 기점으로 원전에서 반경 20킬로미터 권역에 경계 구역이 설정되고 소방대, 경찰, 자위대 등 긴급사태 응급 대책 종사자가 아닌 사람이 시·정·촌장의 허가 없이 출입하는 것은 금지됐다(위반한 자는 10만 엔 이하의 벌금 또는 구류).

가축을 포함해 한꺼번에 매몰한 소가 3509마리였다. 단순 계산으로, 사육되는 가축과 매몰된 가축을 더해보면 4000마리가 넘어 예전에 있던 소보다 훨씬 많다. 이는 어디까지나 현의 축산과가 파악하고 있는 숫자이며, 사고가 난 뒤 자연 교배로 많은 송아지가 태어났기 때문에 굶어 죽거나 병으로 죽거나 한 소가 몇 마리인지는 명확하지 않다.

원전 사고로 인해 외양간에서 풀려난 소(야생 소)에 대해 정부는 2014년 1월 29일을 마지막으로 포획하여 안락사 처분을 실시했다. 이런 조치가 있기 1년 전까지는 경계 구역에 들어가면 풀려난 소를 쉽게 볼 수 있었다. 눈이 쌓이면 곳곳에 동물 발자국이 찍혔고, 그중에는 소 발자국으로 보이는 것도 있었다. 그 소의 모습과 발자국은 점점 드물게 목격되더니 결국 소멸하고 말았다.

그러나 목장의 울타리 안쪽에서는 지금도 여전히 많은 소가 살고 있다. 경계 구역에서 귀환 곤란 구역으로 명칭이 바뀌었어도 그곳은 사람이 살 수 없는 땅이고, 허가증 없이는 들어갈 수 없는 곳이다. 도대체 소들은 어떻게 살아가고 있는 것일까.

쌍둥이 형제 소가 있는 오마루 목장은 원전 서북쪽으로 약 10킬로미터 위치에 있다. 이 목장에서는 겨울철 외에는 산과 들에 자연적으로 무성하게 자라는 풀을 먹이로 주고 있다. 은어가 서식하는 맑은 계곡에서 나무 사이를 따라 올라가면 완만한 경사의 목장이 펼쳐지고, 고지대의 방목장을 둘러싼 먼 풍경의 산이 끊어지는 곳은 초원의 지평선이 돼 하늘에 맞닿아 있다. 어느 목장이든 대체로 다 아름답지만, 특히 이곳은 자연의 축복을 월등하게 받은 별천지 같은 경치를 펼쳐 보인다.

땅을 싸그리 갈아엎은 듯 인간의 모습은 온데간데없고, 그 주위를 지배하는 것은 오로지 정적뿐이다. 2011년 봄 이후 소들은 사람이 일하는 소리를 듣지 못했다. 땅을 쟁기질하고 모내기를 하며, 벼를 베고 탈곡하는 기계 소리도 들리지 않는다. 예전에는 방목장 언덕 밑이나 산 너머에서 기계를 가동하는 시끄러운 소리가 났었다. 퇴비가 흙에 녹아 달콤한 냄새도 풍겨왔었다.

이제는 그 대신 눈에 보이지 않는 뭔가가 있다. 아름다운 풍경과는 어울리지 않는……

눈으로 봐서는 아무것도 변한 게 없다. 봄에는 마른 풀 아래에서 목초가 싹트고, 녹색 융단이 언덕을 덮는다. 그 녹색 융단을 소가 먹어치운다 해도 산에는 잡초와 나무가 충분히 우거져 있다.

하지만 뭔가 과도하게 이곳을 짓누르고 있다. 인간에게 환영받지 못하는 무언가. 그것이 얼마나 있는지는 선량계가 표시하고 있다. 시간당 30마이크로시버트다. 시간당 30마이크로시버트는 그곳에 하루 반을 체류하면 국가가 일반인에 대해 규정하고 있는 연간 1밀리시버트의 피폭 선량 한도를 넘어섬을 의미한다.

2011년 3월 11일부터 며칠 동안 광대하고 기름진 평야가 바뀌었다. 사람을 두려움에 떨게 할 정도로 방사능을 머금은 대지가 펼쳐져 있다. 그곳에서조차 소들은 살아 있다. 쌍둥이 소도 그곳에 있었다.

쌍둥이 형제의 이름은 야스이토마루安糸丸와 야스이토마루 2호. 반질반질하고 검은 윤기가 나는 털에 덮인 두 마리 소의 어깨와 등, 허리는 보기에도 묵직하다. 강한 다리와 허리, 튼튼한 어깨로 대지와 이어져 있다. 달리기 시작하면 튼튼한 뼈가 지탱하고 있는 근육이 출렁인다. 탄탄한 체구가 햇빛을 듬뿍 받고 충분히 운동한 소라는 것을 입증한다.

야스이토마루 형제의 특징은 당당한 몸매뿐만이 아니다. 묘하게 애교가 있다. 사람이 가까이 가도 도망치지 않는다. '너는 뭐냐' 하는 눈빛으로 수상쩍어하면서도 흥미로운 듯 사람을 바라본다.

여기에 있는 소들이 먹이가 없는 혹독한 겨울을 씩씩하게 극복해온 데에는 이유가 있다. 고선량임에도 불구하고 일주일에 두 번 먹이를 주러 오는 사람이 있기 때문이다. 소들이 가장 신뢰하는 가장 친한 남자다. 그가 나타나면 소들은 그를 '마중'하러 간다. 그는 야스이토마루와 야스이토마루 2호라는 이름을 지어준 부모이기도 하다. 한결 커진 두 마리 소는 송아지였을 때와 마찬가지로 목과 허리를 쓰다듬어주자 기분 좋아했다. 자신이 키우던 소 20마리를 포함해 지금은 이 지역의 소 약 80마리를 돌보지 않으면 안 되는 남자에게는 소와 느긋하게 보낼 시간이 없을 것이다.

2011년 3월 11일 오후 2시 46분. 와타나베 후미카즈는 여느 때처럼 가축들에게 둘러싸여 있었다. 외양간에서 슬슬 작업을 시작하려는 순간, 맹렬한 흔들림과 동시에 천장에서 굉음이 들려왔다. 소도 사람도 간신히 서 있었지만, 함께 있던 와타나베의 어머니는 주저앉아버렸다. 쾅쾅 울리는 외양간의 양철 지붕 소리가 점점 커지자 놀란 소들은 평소 들어보지 못한 소리로 울기 시작했다.

구모…… 우웃…… 구모…… 우오온…….

발정할 때의 울음소리도, 배고플 때 우는 소리도 아니다. 송아지를 부를 때의 울음소리는 더더구나 아니다. 뱃속에서 짜낸 것 같은, 신음하는 듯 두려움에 떠는 느낌의 울음소리였다. 와타나베는 인간에게 포획될 때처럼 궁지에 몰려 저항할 수 없게 됐을 때의 울음소리 같았다고 말했다.

흔들림이 어느 정도 가라앉고 와타나베가 외양간 밖으로 나와 보니 지붕 기와가 많이 흔들려 떨어져 있었다. "어라, 이렇게 돼버렸구나"라며 와타나베는 스스로도 의외라 여길 만큼 침착했다. 소들한테 부상을 입히지 않고 지진이 지나갔기에 마음의 여유도 생겼다. 하지만 파괴의 처절한 소리가 멀어진 뒤 지금까지 경험한 적 없는 공포가 찾아왔다. 강진에 이어 평온한 며칠 사이에 방사성 물질이 쏟아진 것이다.

전기는 들어오는데 텔레비전은 나오지 않아 정보가 완전히 끊겼다. 위성방송을 시청한 이웃에 따르면, 아무래도 원전이 폭발한 것 같았다. 방재 무선으로 피난을 호소하는 목소리도 전해져왔다. 이웃들은 긴급지시에 따라 서북쪽 쓰시마津島 지역으로 피난하기 시작했다. 와타나베도 나미에정의 많은 주민과 마찬가지로 우선 부모를 피난시켰다.

지진 발생 후 일주일이 지나자 오마루 지역에는 와타나베 외에 몇 사람만 남아 있었다. 그동안 와타나베는 자기 소를 돌보면서 이웃 소에게도 먹이를 주고 있었다.

4월 22일 0시, 재해대책기본법의 규정에 따라 경계 구역이 설정되고 나서 목장이 있는 오마루 지역은 사는 것도, 드나드는 것도 할 수 없게 돼버렸다. 앞으로 경계 구역 내의 출입은 일절 인정되지 않고, 위반하면 벌금 또는 구류 처분을 받게 된다. 와타나베는 고등학교 동창에게 의지해 나미에정의 서쪽, 가쓰라오촌葛尾村으로 피난했다. 피난하기 직전 와타나베는 결심하고 외양간의 소들을 방목장으로 내보냈다.

살 수만 있다면 스스로 살아가면 좋겠다고 생각했습니다. 이제 녹색 풀이 나오고 있고, 방목에 익숙한 소가 많기 때문에 살 수 있으리라는 확신이 어느 정도 들었습니다. 소의 모습 말입니까? 자유롭게 어느 곳이든 가기를 바라고 내보낸 것이니 기뻐하는 것 같았고 꽤 활기찼죠.

당시의 힘든 상황을 이야기하면서도 와타나베는 소들의 활기찼던 모습이 떠올랐던지 딱딱했던 표정을 풀고 유쾌하게 미소를 지었다.

와타나베는 그 뒤 아이즈会津 지방 대피소를 거쳐 8월 초 니혼마쓰시二本松의 가설 주택으로 옮겼다. 불편한 생활 속에서도 푸른 풀을 뜯어 먹고 자유롭게 뛰어다니며 놀고 있을 소들의 모습을 떠올리면 마음이 누그러졌다. 나중에 소와 다시 만난 것은 임시 출입 허가가 나온 9월 초였다.

넉 달여 만에 오마루에 돌아와보니 예상대로 소들은 살아 있었다. 와타나베가 기르던 것은 번식용 암소와 송아지를 합쳐 20마리. 게다가 다른 농가의 울타리에서 빠져나온 소도 많이 섞여 있었다. 소들의 건강 상태와 풀이 무성한 상황으로 보건대 앞으로 몇 달 동안은 일주일에 한 번이라도 오면 어떻게든 버틸 수 있을 것 같았다. 문제는 겨울을 나는 동안의 먹이를 어떻게 마련할 것인가였다. 일주일에 두 번 다녀갈 수 있다면, 배부를 정도까지는 못 먹여도 겨울을 보낼 만큼의 체력은 유지할 수 있을 듯싶었다.

넘어야 할 가장 큰 장애물은 원자력재해대책특별조치법의 규정에 따른 '안락사=살처분'이라는 국가의 지시였다. 지진 당시 경계 구역 내 가축 수는 소 약 3500마리 외에도 돼지가 약 3만 마리, 닭이 약 44만 마리였다. 2011년 8월경 경계 구역 출입 허가를 요청한 와타나베는 국가가 아사한 가축을 포함해 지난달 돼지와 닭 처분을 거의 완료한 뒤 소 처분에 착수했다는 얘기를 들었다.

이미 4월에 접어들어 와타나베가 차로 먹이 등을 운반하고 있을 때 소름 끼칠 만큼 썩은 냄새를 풍기는 외양간이 있었다. 소가 겹쳐져 굶어 죽어 있는 외양간, 돼지가 전멸하고 구더기와 파리가 대량 발생한 돼지우리가 눈에 들어왔다. 개나 고양이의 사체도 눈에 띄었다.

반면 먹이가 있어 소나 돼지가 살아 있는 외양간도 있었다. 국가와 도쿄전력으로부터 한 푼의 배상금도 나오지 않는 상황에서 자기 재산이 바닥나지 않는 한 살아 있는 동물을 계속 기르기로 한 농가가 있었던 것이다. 피난한 가족을 두고 소가 있는 곳으로 발길을 돌린 사람, 멀리 떨어진 대피소에서 매일 먹이를 주러 다닌 사람이 있었다. 날이 바뀌면 경계 구역으로 지정돼 도로가 차단되는 4월 21일 한밤중까지 마지막 먹이를 주고 이별을 아쉬워했던 사람이 있었던 것이다.

마지막 순간까지 계속 먹이를 준 사람도, 자신의 가축이 인근에 피해를 끼치지 않도록 외양간에 가두고 대피소로 향한 사람도, 곧 돌아올 수 있다고 여겨 몸만 피난한 사람도 어딘가에서 가축을 돕는 손을 내미리라 기대하며 나라를 믿고 있었다. 하지만 국가가 지시한 것은 안락사라는 이름의 살처분이었다.

와타나베는 살처분된 소가 놓여 있는 벌판을 차로 지나간 적이 있었다. 도로에도 길가에도 논밭 안에도 죽은 소가 쓰러져 있었다. 거미줄이 쳐진 외양간 안에는 태어난 지 얼마 안 된 송아지가 어미 소에 안겨 젖을 빠는 모습 그대로 뼈 잔해가 돼 있었다. 부모와 자식이 굶어 죽기 전에 이 송아지는 며칠간은 엄마 젖을 먹을 수 있었던 것일까.

더 이상 소를 죽게 내버려둘 수는 없다. 먹이를 주러 가는 여정 가운데 와타나베의 마음속에서는 이런 생각이 강해졌다. 지금 살아 있는 소를 헛되이 죽게 하면 앞으로 소 사육을 계속할 수 없다.

하지만 이 상황에서 소를 살리려면, 소가 계속 살아가야 하는 의미를 찾아야 한다.

개나 고양이 같은 애완동물이라면 동물 애호의 정신에서라도 살처분은 할 수 없다. 그러나 가축은 산업 동물로 분류되며 경제적 가치가 사라지면 존재 이유도 없어진다. '어떻게 그런 바보 같은!' 와타나베는 속으로 생각한다. 태어났을 때부터 집에 소가 있었고, 가족이나 다름없었다. 굶어 죽거나 살처분 외에 길이 없다는 그런 비참한 일이 일어나서는 안 된다. 굶어 죽은 소, 살처분된 소에게도 태어난 날이 있고 젖을 먹는 날들이 있다.

어떻게든 피폭한 소가 살아가는 이유, 살아가는 의미를 찾아내지 않으면 안 된다.

소 사육사는 과연 그런 이유와 의미를 찾아낼 수 있을까. 어떻게 하면 소가 계속 살아가도록 할 수 있을까.

경계 구역에 남겨진 개와 고양이를 취재하러 후쿠시마에 다니는 동안, 차츰 소와 소 사육사에게 끌렸다. 그리고 농가 사람들의 도움으로, 엄격한 출입 통제가 이뤄지는 경계 구역, 심지어 개편 뒤 귀환 곤란 구역이나 거주 제한 구역에도 자주 발을 들여놓을 수 있었다.

지진 재해로부터 1년이 지나도 경계 구역 안쪽은 지진 직후와 달라진 게 없었고, 해안의 잔해는 그대로 방치돼 집도 도로도 무너진 채 모든 것이 버려져 있었다. 한신·아와지 대지진 1년 뒤와 비교해봐도, 동일본 대지진이 발생한 후쿠시마현 이북의 피해 지역과 비교해봐도, 부흥은커녕 사람의 그림자조차 보이지 않는 광경은 이상했다. 이는 원전 사고의 진정한 무서움을 말해주고 있었다.

지진이 일어난 뒤 2년 정도는 경계 구역에서 사람보다 동물을 더 자주 만났다. 마을 안에서도 논밭에서도 소가 떼 지어 뛰어다니고, 동물의 사체도 여기저기 굴러다녔다. 말라비틀어져 들판에 누워 있는 커다란 소의 덩어리를 보고서, 목이 없나 두려움에 떨며 가까이 가보니 소가 고개를 뒤로 꺾어 구부린 채 죽어 있었다. 그늘이 져 머리가 보이지 않았던 것이다. 그 얼굴 바로 옆에는 작은 송아지가 더는 일어날 일 없이 잠들어 있었다.

뼈가 돼버린 소가 토용 같은 어슴푸레한 눈을 이쪽으로 향하고 있고, 가죽과 살이 썩어 부서져 내린 소가 껍질이 벗겨져 떨어진 불상처럼 조용히 앉아 있기도 했다. 참혹한 모습에서 눈을 돌릴 수는 있어도 썩은 몸의 냄새는 콧구멍 안쪽에 머물러 기억에서 지워지지 않는다. 눈을 감아도 코로는 생전 맡아본 적 없는 이상한 냄새가 섞여 들어왔다. 소똥 냄새라면 하루 종일 맡아도 괜찮지만 소가 썩어 부서져가는 냄새는 맡고 싶지 않다. 엄청나게 많은 죽은 소의 끔찍한 모습과 썩는 냄새 때문에 진혼이라는 말이 떠올랐다.

지금부터 약 반세기 전, 어린 시절 늘 가까이에 소가 있었다. 오사카의 북쪽 끝 단바丹巴산맥으로 이어지는 외진 곳이었기 때문에 편도 4킬로미터의 산길을 걸어서 초등학교에 다녔다. 그 길 옆에는 가늘고 길쭉한 계단식 논이 산에 찰싹 붙어 이어졌고,

소가 계단식 논을 일구고 있었다. 쌀과 비료, 연료가 되는 장작이나 표고버섯 같은 무거운 짐을 걸머진 소가 엉덩이에 채찍을 맞으면서 땀과 침을 흘리며 가파른 언덕길을 오르곤 했다. 젖소를 길러 젖을 짜는 집도 있었다.

길 곳곳에 소 배설물이 떨어져 있었다. 비 오는 날에는 웅덩이가 갈색이 돼 배설물을 피하면서 걸어야 했다. 하얀 새 운동화가 소 배설물에 더럽혀지고, 밟아서 미끄러져 엉덩방아를 찧는 일은 소가 있는 마을의 아이라면 누구나 경험했을 것이다.

아버지는 직장인이었기에 집에 소를 키우지 않았지만, 이웃에는 소를 기르는 집이 더 많았다. 왠지 모르게 소를 보는 것을 좋아했다. 어디까지 사실인지는 모르겠지만, 어린 내가 칭얼거릴 때 할머니가 업어 소를 보여주면 울음을 그쳤다든가, "우시(소), 우시(소)"하면서 떨어지지 않아 곤란해했다든가 하는 얘기를 자주 들었다.

그러나 초등학교를 졸업할 무렵에는 주위에서 소가 사라져갔다. 경운기로 대체됐기 때문이다. 그 뒤 소와 무관하게 살아왔다. 생각지도 못하게 후쿠시마에서 소와 재회하기 전까지는. 외양간의 그늘, 볏짚과 배설물의 냄새, 거기에 있는 소의 모습…… 그것들이 한없이 그리워져서 취재 중임에도 불구하고 마음이 들뜬 나머지 대화를 잊어버린 적도 있다.

일단 내 주위에 있던 것은 농경과 운반을 담당하는 '일소'였다. 그 소들은 1960년대 초반에 모습을 감췄다. 전후의 고도 경제 성장이 산지 농촌에도 영향을 미쳐 소보다 편리하고 힘이 세며 돌볼 필요가 없는 경운기와 트랙터가 급속히 보급됐다. 일본에서 고대부터 오랫동안 이어져온 소를 쓰는 농사가 이 시대에 끊겼다.

내가 후쿠시마에서 만난 수백 마리의 소, 그 소들에도 역사가 깊이 각인돼 있었다. 1955년에 원자력기본법이 제정되고, 이듬해 이바라키현茨城縣 도카이촌東海村에 일본 원자력연구소가 설립됐다. 1963년 동력 시험로에서 일본 최초로 원자력 발전을 돌리고, 1966년 일본 최초의 원자력발전소인 도카이 발전소가 운전을 시작했으며, 1974년에는 '전원3법'이 성립돼 원전 입지에 따른 교부금에 의한 지방 재정 지원 구조가 완성됐다. 중앙과 지방의 경제적 격차에 따른, 풍부한 도시와 소외 지역 사이에 있었던 일종의 거래라고 할 수 있지만, 교부금이나 경제 진흥과 묶는 원전의 위험성은 '안전 신화'로 인해 지워져갔다.

2011년 후쿠시마 제1원전 사고 전에 일본 전역에는 원전 54기가 가동되고 있었다.(사고 당시 35기가 운전 중이었다.) 그리고 원전 사고가 일어나 방사성 물질은 광범위하게 퍼져나갔고 소들도 피폭했다.

방사능 오염 때문에 사람이 거주하기는커녕 들어갈 수도 없는 광대한 국토가 출현했다. 귀환 곤란 구역과 거주 제한 구역을 합치면 도쿄 23구 전체 면적보다 크다.

귀환 곤란 구역에 들어갈 때는 미리 신청한 '공익 임시 출입 차량 통행 허가증'을 보여주고 검문을 통과한다. 지금까지 경계 구역(훗날의 귀환 곤란 구역)에 들어갈 때는 농부의 차에 동승시켜

주곤 했지만, 그래도 통행 허가증이 필요했다. 통행 허가증 신청서에는 임시 출입에 따른 공익성 목적, 왕복 경로, 검문소 지점과 통과 시간, 검사를 받는 장소를 기록하고 또 사후에 작업 내용을 포함한 '공익 임시 출입 보고서'를 제출해야 한다.

경계 구역에 들어갔을 때 "여기서부터는 편의점이 없기 때문에 점심을 사갑시다"라고 동행자가 말했는데, 납득은 되면서도 왠지 기이한 느낌이 들었다. 현재 일본에서, 도쿄 23구 넓이에 편의점이 하나도 없다는 그런 말은 어지간한 산간지역에 한정된다. 방사능 오염으로 인간이 생활할 수 없고 들어갈 수도 없는 국토가 생겨난 것이다.

고선량 방사성 물질에 피폭된 대지에서 인간은 사라졌다. 그런데도 소는 계속 살아가고 있다. 그 소들은 운명의 기로에 서 있다. 안락사를 당할 것인가, 굶어 죽을 것인가, 야생동물의 길을 걸을 것인가. 혹은 그 이외에 다른 길이 있는 것인가. 있다면 그 길은 어떤 길인가.

한 마리 한 마리에게 죽음의 시간이 있듯이 탄생의 순간이 있었다. 그래서 출산 장면부터 이야기를 시작하려 한다.

제1장

경계 구역의 소들

아사도 안락사도 아닌

쌍둥이 소의
탄생

2010년 7월 17일 새벽, 나미에정 오마루에 있는 외양간 한 귀퉁이에 막 깔린 볏짚에서 향기가 감돌았다. 쌓인 건초에 남아 있는 양지의 냄새에 소똥의 축축한 냄새도 섞여 있었다. 바깥세상은 자연의 냄새로 가득했지만, 어미 소와 이어진 태아에게 바깥의 아침 공기는 아직 밀려오지 않았다.

바스락 바스락…… 볏짚 비비는 소리가 난다. 가만히 있는 것처럼 보이는 어미 소가 다리와 입을 움직이고 있는 걸까. 이대로 조용히 차분하게 있는 것인가 싶었는데 불안한 듯 일어선다. 꼬리를 흔들거나 빙빙 돌며 걸어다니고, 옆으로 누웠다 일어서기를 반복했다. 이런 동작이 벌써 세 시간쯤 계속되고 있다.

진통은 이미 시작되고 있었다. 주인인 와타나베 후미카즈는 안심하고 옆에 달라붙어 있었다. 이번 분만은 순조롭게 진행될 것이다. 어제부터 볼록해진 외음부가 젖어 있고, 길게 늘어진 젖을 짜면 우유가 나온다. 불안한 징후는 없다. 난산이 아니라면 건강한 어미 소의 출산에 수의사를 부를 필요는 없다. 어미 소는 커다란 배를 깨끗한 볏짚 위에 올려놓고, 뱃속에서 밀려 올라오는 태동을 견디고 있었다. 다른 소가 들어가지 못하도록 따로 마련한 분만실에 가끔 어미 소의 동료 암소와 송아지가 들여다보러 온다.

마침내 제1차 파수破水가 일어났다. 태포가 얼굴을 내민다고 여겨질 즈음 막이 찢어지고 붉은 물이 흘러나왔다. 30여 분 뒤에는 반투명 양막에 둘러싸인 태아의 앞발이 나타났다. 이 막이 파열되는 제2차 파수가 일어나고, 곧 머리가 쑥 나온 데 이어 온몸이 땅에서 솟아난 것처럼 나타났다.

어미 소는 일어서서 곧바로 송아지를 핥기 시작했다. 와타나베가 고생한 걸 위로하려고 어미 소를 쓰다듬자, 어미 소는 자랑스러운 듯이 와타나베를 흘깃 보고는 다시 부지런히 송아지를 핥았다. 와타나베는 송아지가 일어서자 초유를 먹이고 일단 자리를 떴다. 송아지는 보통 30분에서 한 시간이면 자력으로 일어선다. 열심히 일어서려 애쓰고, 일어서면 곧바로 어미 소의 젖을 찾아 걸어갈 것이다.

들판에 방목되는 소는 야생의 본능이 깨어나서 그런지, 빨리 일어서서 어미 소에게 가려는 습성을 보인다. 와타나베는 방목지에서 분만한 어미 소가 아직 걷지 못하는 송아지를 사람 눈에 띄지 않는 곳에 숨기고 사료 통에 가서 사료를 먹은 뒤 다시 송아지가 있는 곳으로 돌아오는 모습을 본 적이 있다.

잠시 뒤 송아지가 젖을 먹었는지 확인하러 돌아온 와타나베는 한순간 여우에 홀린 것처럼 멍하니 서 있었다. 아까 어미 소가 핥은 뒤 천으로 깨끗이 닦아 말려줬을 텐데 그 송아지가 아직 반쯤 양막을 쓴 채 젖은 상태로 누워 있는 것이었다. 아침 햇살 속에 내던져져 벌벌 떨고 있는 생명의 덩어리, 이것은 어떻게 된 일인가. 어미 소 쪽으로 시선을 돌리자, 어미 소의 등 뒤에 비실비실 긴 발로 일어서려고 분투 중인 송아지가 있는 게 아닌가.

쌍둥이다! 쌍둥이를 낳다니! 쌍둥이는 작게 태어난다고 들었는데, 보통 송아지와 견줘도 손색이 없어 보였다.

와타나베는 동생 소의 머리를 살짝 안고 숨 쉬기 편하게 코와 입안의 점액을 닦아냈다. 그리고 점막이 들러붙어 축축하게 젖은 온몸을 마른 천으로 정성스럽게 문질렀다.

반짝반짝, 폭신폭신한 수송아지가 두 마리. 번식 농가 입장에서 무사히 출산하는 것만큼 기쁜 일은 없다. 큰 쌍둥이라면 더군다나. 마치 추석과 설날이 함께 온 듯한 느낌이다.

소를 사육하는 이라면 소의 난산이나 사산은 예외 없이 겪는다. 소를 기르는 지역에 옛날부터 공동묘지가 있었던 까닭이다. 다행히 두 마리 다 정상으로 태어났고, 쌍둥이에게 흔히 발견되는 미숙아는 없다. 앞으로 10개월은 매일매일 성장을 지켜보다가 경매 시장에 내놓아 비육 농가의 손에 건네질 때까지 잘 길러야 한다.

기르는 것은 초유를 먹이는 일부터 시작된다. 초유라 불리는 산후 일주일 정도까지의 젖에는 각종 면역 물질이 들어 있어 세균 감염으로부터 송아지를 보호하려면 가능한 한 빨리 섭취하는 것이 좋다고 한다. 어미 소가 가지고 있는 질병에 대한 항체가 송아지에게 전해질 뿐만 아니라 초유에는 단백질과 비타민, 미네랄 등의 영양소도 풍부하게 함유돼 있기 때문이다.

와타나베는 열심히 일어서려는 형 송아지를 안아 일으켜 세워 어미 소의 젖이 있는 곳으로 이끌었다. 젖꼭지를 입에 한가득 물고 있는 송아지는 어느새 자력으로 서 있었다. 동생 송아지 쪽을 돌아보니 조금 전까지 간신히 머리를 들었는데, 벌써 스스로 일어서려고 머리를 흔들흔들하기 시작했다. 일어서서 젖을 먹는 것은 시간문제다.

어미 소의 출산은 끝났고 후산도 마쳤다. 슬슬 오늘의 농사일을 할 때다. 와타나베는 뿌듯한 마음으로 외양간을 뒤로했다.

어미 소의 산후는 순조로웠으나 쌍둥이 소들은 험난한 상태에 놓였다. 종종 설사를 했고 탈수 상태에 빠졌다. 우유도 자력으로 마시지 못할 만큼 쇠약해져 어미 소의 젖을 짜서 손으로 먹여야 했다. 젖병을 사용해도 잘 먹지 않아서 두 손가락을 송아지 입안에 넣고 그 틈으로 우유를 조금씩 흘려넣었다. 수의사한테 탈수증에는 포카리스웨트가 좋다고 들어 가끔씩 먹였다. 인공유(분유)는 송아지가 아닌 사람 아기가 먹는 것을 줬다. 어미소의 젖이 아무래도 부족할 것 같았는데, 젖이 나오는 상태를 보니 소에게 쓰는 큰 인공 우유 주머니를 준비할 필요는 없어 보였다. 무엇보다 아이가 없는 와타나베에게는 송아지가 제 자식이나 다름없었다.

형제 중 하나가 조금 좋아지면 이번에는 다른 하나가 나빠졌다. 다람쥐 쳇바퀴 돌듯 하는 상태가 이어져 와타나베는 밤낮없이 돌봤다.

그 보람이 있었는지 석 달이 지났을 무렵 두 마리는 쓱 보기에도 튼튼해졌다. 네 다리는 길어지고 골반이 조금씩 발달해 몸통의 폭도 커졌다. 지금까지는 항상 와타나베에게 달라붙어 밑에서 올려다보고 있었는데, 차츰 다른 소들과 놀러 다니는 일이 많아졌다. 가을이 깊어지면서 형제는 눈에 띄게 성장해 몸집이 작은 와타나베와 나란히 있으면 송아지가 더 크게 보일 정도가 됐다.

외양간과 패독(운동장)을 비좁은 듯 뛰어다니는 두 마리에게 와타나베는 "산에 나가면 기분이 더 좋단 말이야"라고 말했다. 약했던 이 형제는 여름의 산 방목을 경험하지 못했고, 봄이 되면 비육 농가에 팔려갈 것이다. 외양간 안에는 단풍이 든 산에서 빛바랜 낙엽이 굴러들어와 있었다.

경계 구역에
소를 남기고 피난하다

와타나베 후미카즈는 1958년 후쿠시마현 후타바군 나미에정에 있는 오마루의 농가에서 태어났다. 삼형제 중 장남이고, 후쿠시마 현립 소마농업고등학교와 전원 기숙사가 갖춰진 후쿠시마현 농업단기대(전문대)를 졸업했다. 일단 취직을 한 경험이 있지만 농가의 장남이 대개 그렇듯 지금은 가업을 잇고 있다. 와타나베가 어렸을 때는 일소로 기르던 소와 젖소, 돼지 등도 있었지만 어디까지나 벼농사가 중심인 전업 농가였다. 그러나 농지 축소 정책이 진행됨에 따라 와타나베는 육우 사육을 주로 하는 축산으로 바꿨다.

전쟁이 끝나고 와타나베의 할아버지 세대까지 이 지역에서는 양잠이 성행했다. 그 자취가 남아 폐허가 된 뽕밭을 와타나베는 방목장과 목초지로 탈바꿈시켰다. 양잠, 벼농사, 축산 등 후쿠시마현의 많은 농가가 시대별 정책에 따라 거쳐 온 길을 와타나베 집안도 걸어온 것이다.

지진 당시 와타나베가 기르던 것은 어미 소 열 마리와 송아지 열 마리. 후타바군에서는 벼농사와 겸하며 소를 네댓 마리씩 기르는 농가가 많아, 개인 농가로서 와타나베의 축산 규모는 비교적 큰 편이었다.

송아지 가운데 두 마리는 쌍둥이 야스이토마루와 야스이토마루 2호이고, 어미 소의 이름은 '하나히메はなひめ'다. 일본 축산업에서는 황소에게는 한자, 암소에게는 히라가나 이름을 붙이는 것이 관례다. 형제의 이름인 야스이토는 아비 소인 '야스이토후쿠安糸福'라는 가고시마 종자소의 혈통에서 비롯됐다. 몸의 크기보다는 고기의 품질로 높이 평가되는 인기 있는 종자소였다. 와타나베는 이 '야스이토安糸'에 오마루 지구의 '마루丸'를 더해 쌍둥이 이름을 지었다.

인공 수정에 의한 번식이 널리 보급되면서 지방이 잘 분포된 쇠고기에 대한 선호가 뿌리 깊은 일본에서는, 종자소가 혈통과 각종 능력, 검정 성적, 이미 태어난 새끼 소의 육질 등급 등에 따라 선정된다. 선정된 소의 정액은 십수 년에 걸쳐 교배에 사용된다. 한편 99퍼센트 이상의 수컷은 생후 2~5개월에 거세되고 이른바 육우가 되는 비육 송아지로 길러진다.

가축 시장으로 가는 송아지의 출하 월령은 대개 8~10개월이다. 암컷도 출하되며 일부는 송아지를 낳는 번식용으로, 그 외에는 거세 송아지와 마찬가지로 비육 송아지로 거래된다. 비육 송아지는 비육 농가나 대규모 비육장에서 18~20개월 비육된 뒤 육류 시장에 출하된다. 즉 보통은 태어난 뒤 26~30개월 때 '쇠고기'가 돼 사람의 입으로 들어간다.

이에 비해 번식용 암소의 일생은 비육우와는 크게 다르다. 일본 소의 임신 기간은 약 285일, 즉 9개월 반. 보통 만 1세를 지나면서 수정(교배)을 시작해 만 2세 전후에 초산, 이후 10년여간 송아지를 계속 낳으며, 15산 이상 출산을 거듭한 암소도 드물지 않다.

번식 농가는 1년 1산을 목표로 효과적인 교배를 할 수 있도록 발정 징후를 놓치지 않고 소의 행동을 항상 관찰한다. 실제로 1년 1산을 계속하는 것은 매우 어렵지만, 그것을 실현하더라도 혈통과 양호한 발육이 동반되지 않으면 키운 송아지의 경매 시장 가격은 하락한다.

그러나 소는 산업 동물로 일컬어지며 매매 대상이 되는 상품이면서도 매일 돌보지 않으면 잘 자라지 않는 생물이기도 하다. 그 존재 가치는 마지막에 매겨지는 가격에만 있지 않다. 번식 농가는 생활도 가계도 기쁨도 소와 함께하고, 어미 소와 송아지의 이별도 함께한다. 젖을 뗄 시기에나 송아지가 가축 시장에 출하되는 때에 그렇다. 젖을 뗄 때 어미 소와 송아지는 서로 애절하게 운다. 그래서 와타나베는 일부러 생후 5개월까지는 송아지에게 젖을 떼게 하지 않는다.

어미 소와 더 일찍 떼어놓는 사람도 있지만, 어미 소의 젖이 적게 나올 때라도 다섯 달은 어미 소에 찰싹 달라붙어 있도록 두는 편이 송아지에게 불안감을 덜 주고 건강에도 좋다. 그 이상 길어지면 어미 소가 영양 부족으로 체력을 소모해버리고, 송아지도 조사료(볏짚, 건초)나 배합 사료를 먹지 않으면 생육에 영향을 받는다. 그동안 어미 소와 송아지를 갑자기 떨어뜨려놓지 않고, 하루 한 번은 모유를 먹이면서 서서히 떨어지게 해왔다. 단칼에 분리하여 따로 키우면 어미 소는 가슴이 딱딱해지고, 송아지는 젖을 마시고 싶어서 울어댄다. 사료를 먹이면서 모유도 하루에 한 번씩 계속 먹이다가 일주일 정도 지나 끊는 게 여러모로 부담을 적게 준다.

지진 이전부터 와타나베는 가축 개량에도 힘써왔다. 당시 와타나베가 기르던 소 가운데 최고령은 1998년에 태어난 13세 암소였다. 이런 소는 그대로 살게 두면서도 고기의 양과 질, 번식 능력, 튼튼한 체력 등을 고려해 다음 대, 그다음 대를 위해 새로운 혈통을 도입했던 참이다.

(13세 암소가) 계속 낳으면 15산, 16산도 가능하지만 거기까지 가는 건 무리다. 암소가 건강한 송아지를 낳을 수 있는 건 10산 정도다. 그래야 한 마리 한 마리 얼굴도 잘 살피고, 분만하면 밤낮으로 지켜보기 때문에 저절로 소에 대한 애정도 끓어오르게 된다.

하지만 이런 일상은 이제 잃어버린 세계가 되었다. 도쿄전력 후쿠시마 제1원자력발전소의 사고와 이어진 경계 구역 지정은 소와 함께 농사를 지어온 땅에 들어가는 것을 불가능하게 만들었다. 번식 농가의 생활도, 소를 키우는 삶도 더 이상 불가능해진 걸까. 모든 것은 원전 사고와 함께 물거품으로 돌아가는 걸까.

원전 사고 한 달 후, 인기척이 끊긴 오마루의 산간 지역에서 와타나베는 소들과 함께 끈끈한 시간을 보냈다. 피난해 있는 부모를 뵈러 가는 것과 가까운 이웃의 소를 돌보는 것 외에는 대부분의 시간을 외양간에서 보냈다. 이른 아침부터 외양간 내부를 깨끗이 청소하고, 많은 먹이를 준비했다. 논에 나갈 수 없는 만큼, 소와 함께할 시간은 충분했다. 앉아 있는 와타나베를 소들이 빙 둘러싸고 콧등이나 머리, 옆구리나 엉덩이로 밀어붙인다. 태어난 지 얼마 안 된 송아지도 쓰다듬어달라며 지지 않고 끼어들어왔다. 와타나베는 한 마리씩 이름을 부르면서 쓰다듬어줬다. 얼굴도 머리도 침 범벅이 돼 웃으면서. 야스이토마루 형제와도 눈을 마주치고 머리를 쓰다듬으며 말을 걸었다. "너희, 훌륭하게 컸구나. 점점 닮아가네. 그렇지, 포카리스웨트가 남아 있으니 한잔 할까. 어린 시절 아주 좋아하고 잘 마셨잖아."

하지만 이런 행복한 시간에 끝이 다가왔다. 인간의 출입이 금지되는 4월 21일 자정, 와타나베는 소들에게 작별 인사를 했다.

앞으로는 스스로 먹고 사는 거야. 한 달도 안 돼서 푸른 풀이 자라날 거야. 그때까지는 두고 간 먹이로 살아. 송아지 너희도 엄마를 보고 있으면 풀을 먹는 방법 정도는 알게 되겠지. 태어나서 한 시간도 지나지 않아 일어서서 젖을 먹고, 엄마를 따라 걸어간 것처럼 너희에겐 먼 옛날의 야생의 피가 흐르고 있어. 야생의 본능으로 외부의 적으로부터 자신을 지키고 스스로 살아가는 거야. 알겠지?

봄부터 가을에 걸쳐 방목 경험이 있는 소들은 들판에 놓아주자 춤추듯이 뛰쳐나갔다. 당황해서 주위를 살피던 송아지들도 어미 소를 쫓아 뛰어다닌다. 와타나베가 뒤돌아보니 송아지끼리 장난치면서 어울리고 있다.

태어나고 자란 오마루의 땅을 뒤로한 와타나베는 가쓰라오촌 친구의 집, 아이즈의 피난소를 거쳐 2011년 8월 초에는 가족과 함께 오마루에서 약 60킬로미터 떨어진 니혼마쓰시의 가설 주택으로 옮겼다. 니혼마쓰라면 목장까지 먹이를 주러 갔다 올 수 있는 거리다. 하지만 출입 허가는 좀처럼 나지 않았다.

너무 무더워 잠들기 힘든 가설 주택에서의 밤, 와타나베는 녹음이 짙은 오마루 목장의 꿈을 자주 꿨다. 그 꿈을 깨우려는 듯 주위에서 들려오는 것은 소 울음소리가 아니라 살처분에 울며 겨자 먹기로 동의했다는 아는 농가의 이야기였다. 할아버지와 아들이, 할머니와 며느리가, 사이좋았던 부부가 살처분에 동의할지 말지를 놓고 다투는 이야기뿐이었다.

소련의 체르노빌에서는 30킬로미터 범위의 소 1만3000마리, 돼지 3000마리가 트럭에 실려 피난했다는 보도도 들었다. 오마루의 집 근처 익숙한 폭포의 사진에 "다시는 사람이 살 수 없는 고선량 마을"이라고 덧붙여진 설명도 봤다. 가슴이 찢어질 듯했다.

갈 곳도 없고, 가설 주택의 좁은 방에 처박혀 있으면 일어서는 것도 고통스러울 만큼의 무력감이 엄습했다. 벼를 재배하면서 사료의 씨를 뿌리고 소와 격투하듯 사육과 번식에 힘을 쏟아온 날들은 다 무엇이었던 말인가. 지금의 자신은 그때와는 딴사람 같다.

그때 불쑥 머리에 떠오른 것이 있었다. 그것은 아이즈에 피난해 있을 때 선물 가게에 진열돼 있던 토속 장난감 오뚝이였다. 아무리 쓰러뜨려도 다시 일어서는 모습은 예부터 전해온 장난감의 사랑스러운 표정과 함께 와타나베의 마음을 사로잡았다.

이대로 쓰러져 있을 수는 없다. 소들을 포기할 수는 없다. 다시 일어나 소를 도우러 가야 한다. 그렇게 자신을 다독였다.

소가 살아 있는 한, 피폭으로 상품 가치를 잃어버렸을지언정 죽게 내버려둘 순 없다. 소 배설물을 거름으로 줘서 흙을 북돋고, 그 흙을 통해 쌀과 사료를 만들어온 지난 세월이었다. 와타나베의 뇌리에는 어린 시절 노인이 소를 사용해 논을 갈던 모습도 떠올랐다. 와타나베는 자기 안에 소 사육사의 피가 끓는 것을 느꼈다.

"우리, 어떻게 살아가면 좋을까."

와타나베는 한 마리 한 마리의 모습과 얼굴을 떠올리며 가축들에게 물어봤다.

항의하러
도쿄에!

후쿠시마 제1원전에서 서북쪽 14킬로미터 지점, 나미에정 다쓰노에서 나미에 농장을 운영한 M목장 주식회사 사장 무라타 준에게는 소 사육사와 경영자라는 두 얼굴이 있다.

소 사육사로서 무라타의 일과는 매일 아침 5시 반에 일어나 니혼마쓰시 하쓰모리의 자택 인근 목장에 있는 450마리의 소를 살피는 데서 시작된다.

"상태가 나쁜 소는 없지만 과연 건강한지 자세히 들여다보면 '뭐야 너, 어쩐지 안 좋은 것 같은데'라고 말하게 되는 경우가 역시 있으니까. 소는 귀여워."

내가 무라타의 차를 타고 나미에 농장에 들어갔을 때, 눈앞에 소 떼가 느릿느릿 가로지르고 있었다. 차를 세운 무라타는 창문을 조금 연 뒤 "지나가게 해주세요"라며 부드럽게 말을 걸었고, 싱글벙글하면서 사이드브레이크를 당겼다.

소를 보는 눈은 따뜻하고 그 말과 행동에서 소를 기르는 사람의 긍지가 느껴진다. 대지진 후 정확히 1년이 지났을 무렵, 돌아오는 길에도 울타리에 들어가지 않은 소들이 마음대로 돌아다니고 있었다. 무라타는 소 떼를 만날 때마다 차를 세우고 자기 목장의 소인지 아닌지를 확인하기 위해 쫓아갔다.

경영자로서 무라타는 번식에서 비육까지 폭넓게 취급하며, 지진 발생 전까지 후쿠시마현 내의 농장 일곱 곳에서 약 1200마리의 육우를 사육하고 있었다. 콩비지, 콩나물, 사과즙을 짜고 남은 식물 찌꺼기를 사료로 활용하는 등 철저히 합리화된 방법으로 연간 수천만 엔의 비용 절감을 이뤄냈다.

그의 수완은 경영 방식에서도 발휘돼 M목장은 농가들에 소와 소의 먹이, 소를 키우는 노하우 등을 제공하고, 농가들의 토지와 건물, 노동력을 활용하는 '제휴 농장' 방식으로 규모를 확대해왔다. 경영 주체는 M목장이고, M목장으로부터 정해진 제휴 비용을 받는 농가엔 위험 부담이 적다는 장점이 있다.

3월 11일 지진 발생 때 56세였던 무라타는 미나미소마시南相馬市에서 볼일을 마치고, 농협 직원이 운전하는 차의 조수석에 타고 있었다. 니혼마쓰 농장까지 5킬로미터를 남겨두고 있을 때였다. 휴대전화에 긴급 지진 속보가 들어오자마자 격렬한 흔들림과 어지러움을 느꼈다. 당황해서 차를 세웠다. 밖으로 나와도 눈이 빙빙 돌 것 같은 흔들림이 계속됐고, 주위 산은 물결치고 있었다.

니혼마쓰 농장에 돌아와 곧바로 점검에 들어갔다. 여기저기 입은 손상에서도 가장 곤란한 것은 수도가 망가지고 전기가 들어오지 않게 된 것이었다. 전화도 휴대전화도 연결되지 않았기 때문에, 미나미소마시와 가쓰라오촌 등 다른 여섯 곳의 농장과는 연락을 취할 수 없었다. 이렇게 되면 현장에 맡겨 현장이 판단해서 하는 수밖에 없다, 속으로 그런 각오를 다졌다.

나미에 농장에는 당시 57세였던 요시자와 마사미 농장장과 그 누나의 가족, 가축진료소의 가족, 그리고 소 330마리가 있었다. 후쿠시마 제1원전은 농장 건물에서 육안으로 원전 굴뚝이 보일 정도로 가까운 거리에 있었다.

농장장인 요시자와는 미나미소마 시내의 한 마트에서 쇼핑을 하다가 지진을 만났다. 급하게 나미에 농장으로 향하는데, 국도 6호선이 심하게 정체되고 있었다. 한시라도 빨리 소와 목장이 어떻게 됐는지 확인하고 싶었던 요시자와는 골목길로 빠져나와 가까스로 농장에 도착했다. '가까스로'라고 한 것은 요시자와가 가려고 했던 국도를 큰 쓰나미가 덮쳐 정체 중이던 차들을 삼켜버렸기 때문이다. 우회하는 것을 주저했더라면, 다시는 소의 얼굴을 볼 수 없었을 것이다.

요시자와가 차에서 내리자 늘 그랬듯 소들이 모여들었다. 외양간은 무사했다. 정전과 단수는 가슴 아프지만, 디젤 발전기를 돌리면 소에게 물을 먹일 수는 있다. 이내 외양간에서 목장으로 눈을 돌리자, 큰일이 벌어져 있었다. 초원의 완만했던 슬로프 곳곳에 균열이 생겨, 계단식 논처럼 층이 져 있었다. 이는 지진의 규모를 말해주는 것인데, 이상하게도 공포는 느껴지지 않았다.

자동차 내비게이션 화면에 나오는 뉴스에서는 후쿠시마 제1원전의 긴급사태 선언이 보도되고 있었다. "원전에서 반경 3킬로미터 범위는 피난 지시"에 이어 "반경 3~10킬로미터 범위는 옥내 대피 지시" 등의 자막이 계속 화면에 떴다. 천천히 조금씩 불안이 밀려왔다.

이튿날 12일, 10킬로미터 범위에 피난 지시가 내려졌다. 15시 36분에 1호기 원자로 건물에서 폭발이 일어났다. 2시간여 뒤 관방장관 에다노 유키오가 "어떤 폭발 현상"이라고 발표했던 바로 그것이다. 20킬로미터 범위에 피난 지시 발동. 그때까지도 나미에 농장에 소를 남겨두고 피난하는 것은 요시자와의 머릿속엔 없었다.

14일 11시 1분, 3호기 원자로 건물에서 수소 폭발이 발생했다. 요시자와는 소에게 사료를 먹이면서 그 폭발음을 들었다. 멀리서 연이어 두 번 큰 화염이 솟아올랐다.

15일 새벽, 2호기에서 폭발음과 함께 대량의 방사성 물질이 방출되었다. 정기 점검 때문에 정지시켜놨던 4호기에서 수소 폭발이 일어났다. 20~30킬로미터 범위에 옥내 대피 지시가 떨어졌다. 당시 원전에서 서북쪽 방향 나미에 농장 쪽으로, 주민들이 피난했던 나미에정 쓰시마 지구 쪽으로, 이타테촌 쪽으로 따뜻한 바람이 불고 있었다. 저녁이 돼 추위지자 비와 눈이 내렸다. 따뜻한 바람을 타고 왔던 고농도의 방사성 물질이 고스란히 땅에 쏟아져 내렸다. 이것이 나중에 방사능 오염지도가 가리키는 곳이 됐다.

"피난부터 해라. 소는 나중에라도 들여다볼 수 있으니까, 어찌 됐든 피난했다가 다시 와라."

니혼마쓰의 무라타가 요시자와에게 연락을 해왔다. 독신인 요시자와는 나미에 농장 부지 안에서 누나의 가족과 함께 살고 있었다. 누나와 조카는 곧바로 니혼마쓰시로 피난했지만, 요시자와는 피난 지시가 내려진 뒤에도 남아서 가축에게 먹이와 물을 주고 있었다. 가축진료소의 수의사 부부는 두 아이를 데리고 본가가 있는 교토로 떠났다. 요시자와는 일단 무라타의 집에 몸을 의지하고, 누나와 조카를 본가가 있는 지바로 피난시킨 뒤, 자신은 니혼마쓰에서 나미에까지 먹이를 주러 다니기로 했다.

니혼마쓰 농장에서 쓰시마를 거쳐 나미에 농장으로 가는 길에는 자위대가 주둔하고 있었다. 텐트 주변 모닥불에 모여 있던 피난민들이 인파를 거슬러 원전에 가까운 나미에 쪽으로 향하는 요시자와의 트럭을 신기한 듯 바라보고 있었다. 그 전쟁터 같은 광경도 정부와 도쿄전력이 원전 주변에서 측정된 방사선량을 발표하고, 그 보도가 전해지자마자 홀연히 사라졌다. 12일에 피난 지시가 내려진 지 나흘간은 정보가 생명의 밧줄이었으며, 피난과 구조를 위한 사람들의 이동이 극심했던 시기다. 사람들은 짐도 못 챙기고 일단 피난했으며, 소나 돼지들은 남겨졌다. 가축에게는 기르는 주인이 생명의 밧줄이다. 그 밧줄이 끊어지려 하고 있었다.

요시자와는 무라타로부터 "이번 달 소 거래가 취소됐다"는 이야기를 들었다. 이번 달뿐만 아니라 다음 달이나 그다음 달도 계속 그럴 것이다. 무라타는 무라타대로 난국을 타개하고자 분주하게 돌아다니고 있다는 것을 요시자와는 알고 있었다. M목장 소속 가쓰라오 농장도 피해를 입어 소를 돌보는 사람이 없어진 상태였다. 하라정原町 농장, 하라정 제2농장도 원전 30킬로미터 범위에 있어서 피난하지 않을 수 없었다.

나미에 농장은 새롭게 외양간 두 동을 만들고 600~700마리 규모로 경영을 확대하려는 목표를 세운 참이었다. 하지만 나미에의 소 330마리의 경제적 가치는 이제 제로가 됐다. 희망은 어디에서도 찾아볼 수 없었다. 이 목장은 이것으로 끝인가…….

요시자와가 앞으로 어떻게 할지 생각하고 있을 때, 제1원전 3호기에 자위대가 물을 쏟아붓는 작업을 시작했다. 헬리콥터 소리가 들리자, 요시자와는 누나의 집 2층으로 올라가 쌍안경으로 내다봤다. 새하얀 연기가 두 차례 굴뚝 높이까지 솟아올랐다.

'이야! 봤다. 사진을 찍었더라면 좋았을 텐데. 이제 여기도 끝난 건가.'

아무도 없는 집 안에서 중얼대며 1층으로 내려오니, 창문에 얼굴을 댄 소가 안쪽을 들여다보고 있었다. 그 뒤에 있는 마른 들판에도 소였고 또 소였다. 아무것도 모르는 소들을 바라보고 있자니 부글부글 분노가 끓어올랐다.

자위대는 사태가 악화되는 걸 조금이라도 막고자 결사적으로 물 뿌리는 임무를 수행하고 있었다. 한편 도쿄전력은 최전선에서 철수하려 하고 있단다. 이것은 용서할 수 없다. 돈 뭉치로 뺨을 후려치듯 해서 원전을 추진해온 당사자가 맨 먼저 도망가려 하다니. 까불지 마라. 이번에는 도쿄전력 본사에 가서 직접 항의하는 수밖에 없다.

요시자와는 오랫동안 도호쿠전력이 나미에정과 미나미소마시 오다카구에 건설을 계획해왔던 '나미에·오다카 원전'에 대해 지역 주민과 함께 반대 운동을 펼친 경험이 있었다. 또한 나미에 농장은 원래 요시자와의 아버지가 만들어 물려준 땅이었다. 요시자와의 아버지는 전쟁 중 만주에 정착, 포로로 붙잡혀 시베리아에 억류됐다가 귀국 후에는 지바현 요쓰카이도정四街道町에서 산림을 개간하고 낙농을 했다. 나미에 목장은 온 생애에 걸쳐 개척자였던 아버지가 마지막에 간신히 다다른 땅이며, 개척자의 혼이 잠들어 있는 땅이어서 쉽게 포기할 수 없는 것이었다.

결심한 요시자와의 행동은 빨랐다. 도쿄에 가는 데 필요한 기름을 구할 수 없어 농장 안에 있던 폐차의 연료 탱크에 드라이버로 구멍을 뚫어 간신히 끌어모았다. 출발할 때 소의 소변을 모으는 탱크와 포클레인에 '결사구명, 단결!'이라고 스프레이 래커로 크게 썼다. 원전 사고 현장의 물 뿌리기 작업이나, 자신이 버리면 길거리에서 헤매게 될 소들을 보고 생각 난 말이었지만, 요시자와 자신의 심정 또한 잘 나타낸 말이었다.

이후 요시자와가 항의하는 가두선전 활동에 사용한 차나 간판에 페인트와 매직펜으로 쓴 문자는 전공투全共鬪(1960년대 말 일련의 학생운동—옮긴이) 세대에게는 낯익은 스타일이었다. 1954년생인 요시자와는 학생운동이 치열했던 무렵에는 아직 고등학생이었지만, 통학로 주변에서 일어났던 나리타 공항 건설을 둘러싼 오랜 투쟁에서 농민과 학생이 기동대와 격렬하게 부딪치는 모습에 말로 표현 못 할 충격을 받았었다. 진학한 도쿄농업대학에서는 학생 자치회 위원장으로서 학생운동의 흐름을 잇는 학비 투쟁 등을 벌였다. 그런 까닭에 요시자와가 하는 말에는 변혁의 시대 공기가 지금도 감돌고 있다. 물론 온몸이 소에 단련되고 대지에 뿌리를 내린 소 사육사인 요시자와의 말은 삶에서 동떨어진 단순한 이상론이 아니었다.

도쿄에 가기 전에 니혼마쓰에 있는 사무실에 들렀는데, 무라타는 부재중이었다. 무라타의 아내에게 도쿄에 항의하러 간다는 사실을 말하고, 무라타에게는 전화를 걸었다.

"좋아, 갔다 와. 도쿄전력에 소 330마리에 대한 손해배상 청구를 하겠다고 반드시 전해줘. 소는 어떻게든 내가 돌볼 테니 걱정하지 말고. 열심히 해."

무라타한테 등이 떠밀려 요시자와는 분발했다. M목장의 소 1200마리 중 거의 절반이 출하할 수 없게 돼버렸다. 나머지 600마리도 앞으로 출하가 정지되거나 소문에 따른 피해로 가격이 떨어질 가능성이 높다. 향후 도쿄전력에서 배상금이 지급된다고 하더라도 그때까지 회사가 버틸 수 있을까. 요시자와는 소 사육사의 고집을 걸고, 또한 M목장을 대표해 도쿄전력에 돌진할 생각으로 밤에 도호쿠 자동차 도로를 서둘러 달렸다.

한 시간 후면 날짜가 바뀐다. 내일이면 지진이 발생한 지 딱 일주일이다. 요시자와는 심야에도 밝은 도쿄, 그중에서도 한층 찬란하게 조명을 받고 있는 도쿄전력 본사 앞에 도착했다. 눈앞에는 보도진이 몰려 있고 기동대도 대기하고 있다. 내일 아침 그 문을 뚫고 안으로 들어가려면 어떻게 해야 할까. 일생일대의 선동 연설을 하는 수밖에 없을 것이다. 차를 주차장으로 옮기고 시트를 젖혀 지친 몸을 뉘였다. 뒤에 330마리의 소가 있다고 생각하면 무서울 건 하나도 없다.

소 330마리를
살리기 위해

 M목장의 이름이 박힌 모자와 점퍼를 입은 요시자와가 오전 9시 도쿄전력 본사의 닫힌 문에 접근하자 대여섯 명의 경찰관이 둘러쌌다. 요시자와는 첫마디를 외쳤다.

 "나는 후쿠시마 나미에의 베코카이(소 사육사)다. 내가 소중히 길러온 소 330마리가 정전으로 물도 마시지 못하고 먹이도 먹지 못해 이대로라면 죽을 수밖에 없다. 방사능투성이가 된 마을에는 이제 아무도 없다. 남겨진 소는 모두 굶어 죽을 것이다. 나는 그 일 때문에 왔다."

 연설은커녕 무슨 까닭인지, 말끝에 눈물이 흘러나왔다. 꺼억꺼억, 엉엉 하며 눈물을 펑펑 쏟았다. 결코 연기가 아니었고, 그저 감정을 억누를 수 없게 된 것이었다. 아버지가 남긴 목장이

맞고 있는 끔찍한 최후. 먹이를 찾아 우는 소의 울음소리. 맛있게, 기쁘게 먹이를 먹는 소의 얼굴. 기르는 주인이 도망쳐버린 외양간 옆을 지날 때마다 들리는 소의 비명 소리. 귓가를 맴돌며 떠나지 않는 울음소리. 눈에 강렬하게 새겨진 소들의 기쁘고 슬픈 모습이 교차해 눈물이 하염없이 흘러내렸다.

경찰관은 당황했는지, 아니면 느낀 것이 있었던지, 도쿄전력 내부에 연락을 취했다. 출입이 허용되고 문이 열렸다. 요시자와는 눈물을 닦을 새도 없이 로비 옆 응접실로 갔다. 이때 체격이 좋은 두 명의 사복 경찰관이 요시자와를 뒤에서 지켜보는 모양새로 동석했다. 총무부 총무그룹의 주임이 나타나자 요시자와는 명함을 내밀고는 곧바로 "원전 사고로 입은 커다란 손해를 보상해달라"며 단도직입적으로 말을 꺼냈다.

"앞으로 M목장은 반드시 도쿄전력에 소 330마리에 대한 손해배상 청구를 할 것"이라고 당당하게 다그치며 말했다. 하지만 돌아오는 것은 남의 일인 양 무심하게 내뱉는 대답뿐. 요시자와의 뱃속에 있던 분노의 영혼에 불이 붙었다.

"자위대가 물 뿌리기, 냉각 작업에 목숨을 걸고 맞서는데, 당신들은 도망치려 하고 있어. 후퇴하겠다고. 웃기지 마. 너희가 만든 원전이잖아. 너희가 멈출 수 없으면 어떻게 해. 나라면 죽어도 좋으니까 호스를 잡고 물을 뿌리러 달려갈 텐데. 나미에정은 원전 입지 마을이 아니라고. 그런데도 방사능에 다 오염돼버렸어. 주민들은 몸만 간신히 피했고. 남아 있는 건 소와 개, 고양이뿐이라고. 도쿄전력의 전기 중 3분의 1은 후쿠시마에서 만든 거야.

당신들은 도쿄와 수도권 사람들이 전기를 충분히 쓸 수 있도록 풍요로운 삶을 지탱해줬는지 모르지만, 우리는 마을에서 살 수 없게 됐고, 언제 돌아갈 수 있는지도 몰라. 확실히, 나미에 우케도의 어부들 중에는 원전이 생겨서 어업 보상금을 잔뜩 받아 좋아한 사람들도 있었지. 그 녀석들의 집이나 배, 무덤까지도 이제는 쓰나미에 휩쓸려 흔적도 없어. 그렇지만 우리 가축 사육사들은 단 한 푼도 받지 않았어. 피난소에서 소의 얼굴을 볼 날이 오기를 손꼽아 기다리고 있어. 이 억울함을 너희가 알기나 하겠어."

화가 난 요시자와는 자신처럼 직접 따질 기회도 없이, 국가의 명령에 따라 피난해 있는 소 사육사 동료들도 함께 언급하지 않을 수 없었다. 그들은 두고 온 소를 생각하며 손을 모아 애원하고 있을 뿐이라고 말이다. 조금 전 문 앞에서는 눈물을 펑펑 쏟았지만, 지금은 눈물보다 말이 하염없이 튀어나왔다. 문득 눈치를 챘는데, 눈앞의 주임이 흐느껴 울고 있었다.

좋아, 이쪽의 마음은 전달된 것 같다. 이제 저쪽에도 기합이 들어갔을 것이다. 후쿠시마에서 가장 먼저 달려온 게 헛수고가 아니었다.

도쿄전력 본사를 나온 요시자와는 그길로 마루노우치 경찰서로 뛰어 들어가 선전 차량의 가두선전 허가를 요청했다. 그런데 쓰나미와 원전 사고의 피해가 확산될 기미를 보이는 지금은 시기상조라는 말에 설득당하고 말았다. 정중한 대응에 요시자와는 납득하고 되돌아 나오는 수밖에 없었다. 다음으로 가스미가세키에 있는 농림수산성으로 갔다. 여기서도 마침 담당자를 만날 수 있어서 "국가가 소들을 구할 방법을 생각해달라"며 이쪽의 말을 전했다.

요시자와는 경제산업성 산하 원자력안전·보안원에도 항의하러 찾아갔다. 날짜는 바뀌어서 이미 3일 연휴에 들어갔지만, 명함을 건넸더니 출입이 허가되었다. "뭐가 원자력 안전이고, 보안이냐. 여러 번 폭발하지 않았나. 당신들은 원자력 위험 '불안원'이다"라고 야유하고는 "방사능과 기아로 소가 죽어간다"고 호소했다. 총리 관저에도 가서, 에다노 관방장관과의 면회를 요구했다. 경찰관이 전달해줬지만 "갑자기 약속 없이 오면 곤란하다"는 답변이 돌아왔고, 만날 수 없었다.

요시자와는 모처럼 도쿄에 온 참이기에 나미에정의 피난민을 위해 모금활동을 한 뒤 돌아가고 싶다는 생각에 슈퍼 앞 길거리에서 마을의 처지를 호소했다. 급하게 만든 골판지 모금상자에 모인 돈은 그대로 나미에정 사무소에 전달했다. 기름을 절약하면서 추운 차 안에서 숙박을 계속하다 후쿠시마에 돌아왔을 때는 일주일이 지나 있었다.

그 뒤에도 요시자와는 매달 도쿄전력 본사를 방문했다. 무라타에게 부탁받은 M목장의 손해배상 청구 명세서를 전달하기 위해서였다. 우선 신바시 역 근처에서 가두선전 활동을 하고 도쿄전력 본사에 도착해 목이 말라 "물 한잔 주세요"라고 애원했다. "아, 지금 저기서 큰 소리로 외치다 온 거예요"라며 도쿄전력 직원들에게 생긋 웃어 보였다. 국가와 도쿄전력을 격렬하게 공격한 입을, 찬물로 적시는 것이다. 요시자와에게는 사람을 깔보는 듯한 구석도 있지만, 묘하게 미워할 수 없는 장난기도 있다. 나미에의 목장에서 채취한 표고버섯 등 버섯류를 선물이라며 내민다. "검사 기관에서 측정하면 4만 베크렐. 놓고 가겠지만 먹을 순 없어요. 보기만 하세요"라고 못을 박으면서.

요시자와가 처음 도쿄전력 본사로 달려갔던 그날, 나미에 농장에서는 무라타가 배수의 진을 치고 외양간 문을 열어뒀다. 330마리 가운데 외양간 안에서 키우던 230마리를 앞에 있는 목장에 풀어놓았던 것이다. 평소처럼 전기가 들어오면 목장을 둘러싼 전기 울타리가 소들을 둘러싸주겠지만, 정전이 해소되지 않는 한 언젠가 소들은 울타리를 부수고 밖으로 나갈 것이다. 부근 민가의 정원이나 논밭을 망치는 것도 예상되는 바였다.

하지만 이토록 많은 소를 어떻게 굶겨 죽일 수 있겠나. 배상으로 해결될 문제가 아니다. 무라타는 남아 있던 콩비지 등 사료를 전부 뿌려놓고, 건초를 쌓아놓은 창고 문도 열어놔 소들이 마음대로 먹을 수 있게 했다. 이조차 조만간 바닥날 게 뻔했다.

도호쿠 지방의 겨울은 길다. 목초가 나기 시작하는 5월까지 앞으로 두 달. 사흘에 한 번 정도라면 어떻게든 먹이를 갖다줄 수 있을 것이다. 그렇게 해서 소들이 도망가는 것을 막을 수 있을지 모르지만, 물이 끊긴 외양간에 내버려두면 전부 굶어 죽게 된다.

여기서 태어나 자란 소도 있고, 무라타가 오키나와까지 가서 구입해온 소도 있다. 생후 30개월인 출하 직전의 소는 요시자와의 정성으로 훌륭하게 비육돼 악몽 같은 일주일이 지났어도 위풍당당한 체구에 쇠약의 그림자는 보이지 않는다. 반면 말라버려서 초연하게 서 있는 어미 소, 쓸쓸히 웅크리고 있는 송아지 무리도 있다. 한정된 먹이를 빼앗아 먹을 힘이 없는 녀석들이다. 이 소들은 약해질 수밖에 없는 것인가.

참기 힘든 작업을 혼자서 마친 무라타에게 이날은 소 사육사로서 가장 분하고, 슬프고, 굴욕적인 하루였다.

소 사육사는
"버리지 않는다"

　　1955년생인 무라타 준은 이와테대학 농학부 축산학과에서 사육 관리를 배우고, 1977년 졸업한 이후 20년간 후쿠시마현 경제연맹에서 농협 직원으로 근무한 경험이 있다. 니혼마쓰시의 벼농사 전업 농가에서 태어났지만, 무라타가 초등학교를 다닐 때부터 아버지는 소를 기르기 시작했다. 그 당시 집에 약 20마리의 젖소가 있었고, 학교에서 돌아오면 항상 소와 놀았다고 하니 소와의 관계는 오래되었다. 무라타는 성인이 된 후 낙농에서 와규和牛의 번식·비육으로 돌아서서, 1995년 마흔 살에 유한회사 M목장을 설립했다. 2년 후인 1997년에는 농협중앙회를 퇴직하고 기존 축산업의 틀에 얽매이지 않는 발상으로 농장 규모를 점점 확대해왔다.

광우병으로 불리는 BSE(소해면상뇌증) 문제로 축산 농가가 타격을 입었을 때는 과감하게 새로운 시장 개척으로 활로를 찾았다. 현지 생산과 현지 소비를 추구하는 후쿠시마현을 중심으로, 육류 도매업자로서 슈퍼마켓을 운영하는 주식회사 요쿠베니마루와 산지 직거래 형태를 실현한 것이다. 가능하면 고객과 얼굴을 맞대는 형태로 생산자와 소비자가 결합돼, 지방 슈퍼 체인점에서의 판매는 궤도에 올랐고, 그 결과 매출을 늘릴 수 있었다.

광우병에 대해서는 전수 검사 등의 대책도 주효했다. 이번에도 전수 검사는 필수겠지만, 원전 사고 수습 전망이 불투명한 상황에서 앞으로 일어날 출하 정지나 소문으로 인한 피해를 어떻게 극복해나갈지 눈앞이 캄캄했다. 경제적 가치가 사라진 수많은 소를 끌어안고 계속해나갈 수 있을까. 방사능 오염 지역에 남아 있는 소를 누가 어떻게 돌봐줄 것인가. 역시 그 소들을 포기하는 게 좋을까.

무라타는 니혼마쓰 농장에 직원들을 모아 의견을 들었다. 소와 더불어 앞으로 어떻게 하면 좋을지.

"피난하라는 말을 듣고 대부분의 농가가 소를 놔두고 도망쳤다. 무리도 아니다. 그렇게 할 수밖에 없으니까."

"우리는 어떻게 할까."

분명한 점은, 나미에 농장의 소들이 갈 곳은 없다는 것. M목장 소속의 다른 농장에도 수용할 공간이 없고, 방사능 불안도 있다.

"소들을 풀어놓고 우리는 철수하는 수밖에 없다."

"위험하니까 이젠 그곳에 가지 않는 게 좋겠다."

"아니, 끝까지 돌보자."

의견은 엇갈렸고, 격론이 벌어졌다. 결국 무라타의 판단에 맡겨졌다.

결국은 "버리지 않는다".

"우리는 이런 일을 하고, 소는 우리의 파트너다. 모두 분담해서 할 수 있는 일은 끝까지 해보자. 나이가 많은 나랑 요시자와는 먹이를 주러 다니고, 젊은 사람들은 이쪽에 남아 있는 소들을 확실히 돌봐달라."

도쿄에서 돌아온 요시자와는 이 방침을 듣기도 전에 결심을 굳히고 있었다. 무라타와 요시자와는 사흘에 한 번, 콩나물 찌꺼기 등 5톤 분량의 먹이를 크레인에 실어 날랐다.

지진 재해로부터 한 달여, 나미에 농장으로 가는 길의 검문은 '자기 책임'이라는 전제하에 통과할 수 있었다. 하지만 4월 22일 이후 원전 반경 20킬로미터 범위가 경계 구역으로 지정되고 나서는 출입이 완전히 금지됐다. 무라타와 요시자와는 경찰관이 없는 뒷길 봉쇄 지점에 설치된 바리케이드를 옆으로 밀어서 억지로 통과했다.

검문을 피해 뒷길을 택하면 트럭이 겨우 지나갈 만한 좁은 산길이 나온다. 운전을 잘못하면 계곡 바닥에 고꾸라질 위험이 있다. 다행히 눈 내리는 계절은 지나갔다. 하지만 방심하거나 혹은 '적법한 시찰'이라 말하면서 돌아올 때 넓은 도로로 나오려고 하면, 역시 검문에 걸렸다. 그때마다 미나미소마시 경찰서에 끌려

가서 시말서를 써야 했다.

재해대책기본법의 규정에 따라 설정된 경계 구역에서는 출입이 제한·금지돼 모두 강제 퇴거당했다. 만약 위반하는 이가 있으면 10만 엔 이하의 벌금형을 받거나 구류된다. 이를 피하려면 출입 허가증을 정식으로 받는 수밖에 없다. 무라타와 요시자와는 미나미소마 시청에 여러 차례 가서 출입 허가증을 신청했지만 계속 거절당했다.

그런데 그 무렵 알게 된 중의원 의원인 다카무라 쓰토무가 '가축의 위생 관리'라는 명목으로 신청하면 어떻겠냐는 조언을 해줬다. 다카무라는 야마구치현 출신이지만, 민주당 재해대책본부 부부장을 맡고 있어, 지진 발생 열흘째부터 미나미소마시에서 지원활동을 열심히 하고 있었다.

무라타 등은 그때까지 '먹이 주기'라는 명목으로 출입 허가를 신청했다. 확실히, 기온이 올라가면 굶어 죽은 가축의 부패가 진행돼 병원균의 온상이 되기도 한다. 그래서 다카무라의 조언대로 써서 냈더니 허가증이 곧 나왔다.

휴, 이제 가슴을 펴고 검문을 통과할 수 있다. 조금 있으면 목장에 풀이 자랄 것이다. 그렇게 되면 먹이 운반은 사흘에 한 번이 아니라 일주일에 한 번이면 될 것이다. 안심하며 가슴을 쓸어내렸던 순간이다.

5월 12일, 경계 구역에 생존해 있는 가축에 대해 정부는 후쿠시마현에 안락사 처분을 명령했다. 그 며칠 전, 무라타와 요시자와는 에다노 관방장관이 "경계 구역에 들어가 먹이를 주는 농가가 있는데, 매우 위험하다"며 기자들 앞에서 말하는 것을 들었다.

이 관방장관의 발언과, 어떤 이유도 밝히지 않은 총리의 안락사 처분 지시로 인해, M목장 사람들의 머릿속에서는 반대 스위치가 철컥 하고 켜졌다고 무라타는 말한다. 일방적인 살처분에 대항하는 마음으로 드디어 이들은 하나로 결속되었다.

"너희는 할 일도 하지 않고 마음대로 아무렇게 말하고 있구나. 이 두 달간 동물을 구출해낼 시간은 많았다. 체르노빌에서조차 소들을 이동시켰다고 하지 않았나. 너희가 말하는 대로는 할 수 없다. 결코 지지 않을 것이다. 지금까지 살려온 생명을 헛수고로 만들까보냐."

방사선 피폭은 구제역 같은 전염병이 아니다. 오염된 소가 돌아다니는 것을 방지할 필요는 있지만, 이는 제대로 관리만 하면 되는 것이었다. 실제로 계획적 피난 구역에서는 가축의 피난 이동 대책이 계획·진행되고 있었다.

안락사 처분 지시가 내려지기 엿새 전인 5월 6일, 후쿠시마현은 이타테촌 등의 계획적 피난 구역에 남아 있는 육우·젖소 8614마리에 대해, 약 2000마리를 현 안팎의 목장으로 이동시키고 나머지는 출하를 전제로 모토미야시의 후쿠시마현 가축 시장에서 임시 경매를 열 것이라고 발표했다. 후쿠시마현 축산진흥협회가 이 비용을 전액 부담하고 도쿄전력에 손해배상을 청구할 예정이다. 이동 전에 후쿠시마현이 검사를 실시하고, 당시 사람에 대한 전신 제염 기준과 같은 10만 cpm(분당 방사선의 수)을 초과하면 제염 작업을 실시하기로 했다.

　낙농업협동조합은 국가와 현이 아무런 대책도 강구하지 않자 이미 독자적으로 계획적 피난 구역과 긴급 시 피난 준비 구역에서 젖소의 피난 이동 작업에 착수했다.(4월 8일부터 출산 경력이 없는 젖소 243마리, 6월 1일부터 출산 경력이 있는 젖소 194마리를 현의 남쪽 지역으로 이동시켰다.)

　원전에서 반경 20킬로미터에 선이 그어진 경계 구역 안에서는 지역마다 선량에 큰 차이가 있어, 계획적 피난 구역보다 선량이 훨씬 낮은 지역도 있었다. 그런데도 국가는 가축의 구호 이동 대책을 포기하고, 무대책 끝에 안락사 처분을 하는 가장 안이하고도 단순한 수단으로 내달았다.

　'소유자 동의' '고통을 주지 않는 방법(안락사)'이라는 조건부 살처분 정책을 추진한 사람들은 굶어 죽게 두는 것과 안락사 처분의 갈림길에서 농가들이 안락사 처분을 택할 수밖에 없다고 생각했는지 모른다. 또 생물이 대거 죽어나가는 상황의 비참함을 이해 못했는지도 모른다. 결국 내려진 지시는 죽은 가축에 대해 부지 내에서 수산화칼슘을 살포하는 것과 파란 시트로 덮는 것뿐이었으며, 이동이나 매몰은 금지한다는 것이었다.

　원전 사고 전까지는 소가 질병 등으로 죽으면 사체를 전문적으로 취급하는 시설로 보냈다. 그런데 지시에서는 안락사 처분된 가축도 똑같이 방사성 폐기물로 취급해 아예 매몰도 허용되지 않는다고 하니 농가로서는 받아들이기 힘들었다. 가족 같은 소를 죽인 뒤, 묻지도 않고 방치하는 것은 도저히 동의할 수 없다며 농가들은 격렬하게 반발했다.

그러나 7월 6일, 죽은 가축의 '임시 보관 매몰'이 가능해지자 안락사 처분에 동의하는 농가가 점점 늘어났다. 하지만 무라타와 요시자와처럼 경계 구역 내 곳곳에 누워 있는 소들의 끔찍한 모습을 본 농가 대부분은 더 이상 아사도, 안락사 처분도 있어서는 안 된다며 동의서에 날인을 거부했다.

먹이를 주러 가는 길에 외양간을 들여다보면 금방이라도 숨이 넘어갈 듯한 소가 이쪽을 향해 마지막 힘을 짜내 울고 있다. 물, 물이라고 말하는 것을 안다. 그 울음소리가 귓가에서 떠나질 않는다. 무너져가는 어미 소의 사체에 붙어 떠나려 하지 않는 송아지도 있었다.

굶어 죽게 하든 안락사 처분을 하든 어차피 소는 죽어서 고기가 되니까, 라고 말하는 사람이 있다. 그건 그렇다. 하지만 과연 '행복한 죽음'일까. 소에게 무엇이 행복한 삶인지 나는 알지 못한다. 그래도 넓은 목장에서 먹을 것을 먹고, 목마를 때 물을 마시고, 무럭무럭 자라는 생활이 행복에 가깝다는 것은 상상할 수 있다. 무라타는 소에게 있어 '행복한 죽음'을 이야기해줬다.

"생명이 있는 것은 늦든 이르든 모두 죽게 돼 있다. 그럼 어떤 죽음이 그 생물에게 행복한 것인가를 골똘히 생각해보면, 역시 소에게는 도축장에서 고기가 돼 본래의 사명을 다하는 것이 가장 행복한 죽음이라고 할 수 있다. 나는, 도축장으로 가는 소를 불쌍하다고 생각해본 적이 없다. 어미 소에게서 태어난 송아지가 자라 어엿하게 제 몫을 하게 된다면, 보통 육우라면 30개월의 목숨을 다하게 된다. 이야, 너희가 무사히 소의 일생을 다할 수 있어 행복하네, 라고 생각하면서 보내주고 있다. 도축장에서의 죽음은 한순간이다. 그것은 아프지도 가렵지도 않다. 나는, 생물 중에서 인간이 가장 괴로운 죽음을 맞는다고 생각한다. 틀림없이 죽게 돼 있는데, 1분이라도 1초라도 하면서 살린다. 이것은 고통이다. 그래서 나는 가족에게 말했다. 내가 병에 걸려도 절대 튜브투성이로는 만들지 말아줘, 이제는 다됐다고 생각하면 빨리 죽게 해달라고. 소도 불행히 명을 다하지 못하고 병으로 죽기도 한다. 이것은 우리 인간도 마찬가지다. 어쩔 수 없이 받아들여야 한다. 다만, 나는 그 외의 죽음은 불행하다고 생각한다. 가령 안락사나 아사는 불행한 일이다. 아무 의미도 없이 죽임을 당하는 것, 어째서 이렇게 됐는지도 모르는 채 굶주림에 고통스러워하며 죽어가는 일이 있어서는 안 된다."

경계 구역의 소에게, 안락사나 아사 외에 살아갈 방법은 없는 것인가. 행복한 죽음은 있을 수 없는 일인가. 무라타와 요시자와는 안락사도 굶어 죽는 것도 아닌, 달리 살 방도를 찾고 있었다. 요시자와는 안락사 처분에 맞서 소를 계속 키운다는 것은 '삶의 의미'를 둘러싼 투쟁이라고 말했다.

"소의 경제적 가치는 상실되어서 더 이상 가축이 아니다. 여기 있으면 피폭하며, 앞으로 먹이 값이 들어갈 뿐 아니라 손도 많이 간다. 거기에 무슨 의미가 있을 수 있을까. 그것을 찾아내야 한다."

제2장

이타테촌의 소들

사람도 소도 자취를 감췄다

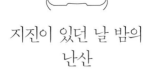

지진이 있던 날 밤의
난산

　후쿠시마현 소마군 이타테촌 마쓰즈카. 2011년 3월 11일 지진 당일 밤 10시. 정전 때문에 칠흑 같은 어둠이 된 외양간 안에 손전등 불빛 하나만이 흔들리고 있었다.

　그 빛 속에, 계속되는 여진보다 더 격렬하게, 온몸을 안쪽에서부터 흔들어대는 진통에 떨고 있는 것이 있었다. 분만이 예정일보다 14일이나 늦은 검은 암소. 난산이었다.

　소를 둘러싼 세 남자의 그림자가 흔들린다. 음문으로부터 산도에 팔을 넣고 있는 히라노 야스유키 수의사. 양옆에서 바라보고 있는 목장주 야마다 다케시와 아들 유타카. 손전등을 비추고 있는 이는 다케시의 아내 요코다. 히라노와 야마다 다케시 두 사람은 1949년생. 젊은 시절부터 이타테촌의 축산 방식을 논의해

온 사이다. 소 난산에도 호흡이 잘 맞아 대처할 수 있다.

빛의 둥그런 테두리 속에 있는 것은 암소의 음문과 하복부. 그보다 더 내부, 빛이 닿지 않는 따뜻한 어둠 속에서 새 생명의 덩어리가 가느다란 빛 쪽으로 나오려 하고 있었다.

암소는 초산이었다. 자궁 경관도 산도도 음문도 좁아 이완해서 충분히 확장하는 데까지는 시간이 걸린다. 그래도 진통과 함께 복부가 흔들리고, 자궁 근육이 수축해 태아는 경관에서 산도로 이동하고 있었다.

히라노는 태포가 찢어지지 않도록 신중에 신중을 기해 분만을 도왔다. 태포는 태아를 감싸고 있는 양막을 포함한 반투명 풍선 같은 주머니다. 태포를 안쪽에서 바깥쪽으로 밀어내면서 산도가 서서히 넓어진다. 그러나 좁은 곳에서 초기 파수를 해버리면 거대한 태아는 나오지 못하며 제왕절개에 들어가야 한다. 정전 속에서 제왕절개만큼은 피하고 싶다. 히라노는 심야에 외양간에서 제왕절개 수술을 한 적도 있지만, 그러나 그때는 손전등 하나가 아닌 커다란 불빛이 비추고 있었다.

만일 제왕절개까지 가지 않더라도, 파수를 하면 태아 자신의 몸으로 산도를 확장할 수밖에 없기 때문에 견인이 필요해진다. 히라노는 예전에 야마다 부자와 함께 이 외양간에서 태아의 다리에 밧줄을 묶어 진통에 맞춰가면서 꺼내본 적이 있어, 이번에도 도르래와 로프는 단단히 준비하고 있었다. 하지만 무리하게 끌어내려 하면 당기는 방향이 잘못되지 않더라도 산도 열상을 일으켜서 내출혈로 어미 소가 죽을 위험성도 있다.

히라노는 천천히 천천히 산도를 넓히는 작업을 했다. 멀리서 경찰차와 소방차의 사이렌이 울리고 있었다. 길고 긴 하루가 아직 계속되는 중이다.

이날은 아침부터 쾌청하고 바람이 차가웠다. 히라노는 번식 장애 소와 설사가 심한 송아지, 제4위 변위를 일으킨 젖소 등을 진료하고, 임신 감정도 했다.

왕진에서 돌아와 잠깐 쉬려던 오후 2시 30분쯤, 마쓰즈카 지구 야마다 목장의 아들 유타카에게서 전화가 왔다.

"소가 아직 나오질 않아요."

분만 직전의 소가 산방 속을 계속 빙빙 돌고만 있었다. 난산이 예상되니, 안을 한번 들여다봐달라고 한다.

히라노의 차가 현 도로 12호선에서 야마다 목장으로 이어지는 작은 도로로 들어섰을 때, 핸들이 갑자기 무거워졌다. 타이어가 펑크 났나 싶어 차를 멈추고 문을 열었다. 오른발을 지면에 내려놓으려 했지만 닿지 않았다. 자동차도 땅도 자신의 몸도 크게 흔들려 더는 서 있을 수 없었다. 순간 현기증이 났나 생각했지만, 발밑의 도로가 심하게 물결치고 있었다. 자동차를 붙잡고 위를 보니, 송전선도 물결치고 있었다.

지진이다!

대지가 비명을 지르는 듯한 땅울림이었다. 히라노는 속이 메스꺼워졌지만 긴 흔들림이 멈추자 정신을 차려서 허겁지겁 핸들을 잡고 겨우 목장에 도착했다. 그런데 아무도 나오지 않는다. 휴대

전화로 유타카를 부르려 했지만 연결되지 않는다. 차에 다시 가봤더니, 근처 집의 지붕에서 기와가 떨어져 막 구입한 야마다 다케시의 차 앞 유리를 박살냈다.

외양간을 보러 가려 하자 집 안에서 요코가 달려나왔다. 다케시는 부재중이고, 아들 유타카 내외는 보육원에 아이를 데리러 갔다고 했다. 집 안을 들여다보니 곳곳에 물건이 흐트러진 채 엉망진창이었다. 히라노는 "이왕 왔으니 소를 진료하고 간다"고 했지만, 벌벌 떨고 있는 요코는 히라노의 흰 가운을 잡고 놓지 않았다.

돌아오는 길, 현 도로 12호선에는 재해대책 지원 차량, 현 경찰차, 소방차 등이 돌아다니고 있었다. 히라노의 자택이 입은 피해는 크지 않아 접시 몇 개만 깨지고, 서재의 책과 자료, 사물함의 약품 등이 흐트러진 정도였다. 아내와 라디오를 들으며 촛불을 켜서 저녁 식사를 하고는 거실 석유난로 옆에서 옷을 입은 채 꾸벅꾸벅 졸고 있을 때였다. 다케시가 차를 타고 갑자기 찾아왔다.

"전화가 연결되지 않아 왔네. 난산이 된 것 같아."

선 채로 지진 상황만 조금 전하다 돌아가는 다케시의 뒤를 히라노도 서둘러 차로 쫓아갔다.

"지진 때문에 진통이 시작됐나보다"라고 농담하면서 히라노가 외양간으로 들어가자, 분만을 돕는 데 필요한 것은 전부 준비돼 있었다. 다만 빛이 없었다. 조명 시설은 도움이 되지 않았고, 촛불은 바람에 꺼졌다. 의지할 것은 손전등뿐이었다.

빛이 닿지 않는 소의 커다란 상체는 어둠에 삼켜져 있었다. 외양간에 부딪히는 바람 소리에 섞여 이따금 소의 낮은 신음소리가 반복된다. 출산 경험이 있는 소라면, 너무 걱정할 필요는 없다. 하지만 이 소는 초산인 데다 과대 태아를 품고 있었다.

복부와 자궁의 근육 조직이 수축을 반복하면서 아이를 낳으려고 어미 소는 계속 애를 썼다. 태아의 자세가 바뀌었다. 모태에서 계속 머리와 네 다리를 접어 자신의 크기를 줄이려는 자세를 취하던 태아는 점차 회전해서 아래쪽으로 네 다리를 뻗어 이제 산도로 나오려 하고 있었다.

소가 거칠게 숨 쉴 때마다 히라노의 어깨와 팔이 살짝 움직인다. 파수하지 않게 조심하면서 태포의 움직임을 이용해 산도를 넓혔다. 지켜보는 사람도 자연스레 소와 호흡을 맞추게 된다. 지진으로 외양간이 파손됐는지, 안으로 들어오는 바람이 점점 거세진다.

"그래그래, 열심히 하고 있구나. 앞발과 머리가 경관을 통과했어."

히라노가 어미 소에게 혹은 아직 보지 못한 송아지에게 부드럽게 말을 걸었다. 야마다 부자는 그것을 듣고 서로 고개를 끄덕이며 히라노에게 물었다.

"이제 슬슬 밧줄을 줄까?"

"아니, 좀 있다가. 아직 파수하지 않았어. 서두르면 안 돼."

대개 견인 기구 등을 사용하지 않아도 소는 자연스럽게 분만한다. 그러나 초산이고 오랜 기간 임신해, 이 정도로 과대 태아가 돼버리면 어렵다. 바람은 차가웠지만, 히라노는 땀을 흠뻑 흘리고 있었다. 흔들리는 빛의 고리의 중심에서, 음문에서 태포가 보일 듯 말 듯한다. 태아의 앞발이 살짝 보인다. 태아는 산도에서 일진일퇴를 반복하고 있는 듯하다.

"좋아, 지금이야, 밧줄을 줘."

히라노는 빠른 동작으로 좌우의 앞발에 밧줄을 묶었다. 자신은 태아와 산도 사이에 손을 넣어 간격을 넓히고, 야마다 부자에게 사인을 줘서 밧줄을 당기게 한다. 부자는 진통에 맞춰서, 지시하는 방향으로 좌우 다리를 교대로 당긴다. 도르래를 쓰면 편하지만 당기는 방향의 미세한 조정이 안 된다.

"다케시, 나랑 동갑이니까 아직 체력이 있겠지."

어미 소만 해도 30마리 가까이 있는 야마다 목장이니만큼 경험이 많았고, 도르래 없이 끌어당겨도 세 사람의 분만 보조 호흡은 척척 맞았다.

"자, 어깨를 더 빼는 거야."

골반보다 어깨 폭이 넓은 태아는 산도를 통과할 수 없다. 어깨를 약간 비스듬하게 틀면 어깨 폭이 골반 폭과 최대한 가까워진다.

히라노가 음문에 부딪힌 태아의 정수리에 손바닥을 대고 유도하자 머리가 쑤욱 나왔다. 어미 소가 잠깐 숨을 고른 뒤 다시 격렬하게 힘을 주자 송아지의 가슴이 나타났고, 이어서 엉덩이와 뒷다리도 차질 없이 나왔다.

간신히 태어난 송아지는 손전등의 약한 빛을 받고 있었다. 하지만 울지 않는다. 가사 상태였다. 히라노는 전혀 당황하는 기색도 없이 눈을 가늘게 뜨고 "어이, 무슨 일이야?"라며 미소 짓더니, 바닥에 깐 깨끗한 짚을 하나 집어들었다. 그것을 송아지 코에 살짝 집어넣었다.

에취!

재채기와 동시에 폐에 공기가 유입되자, 송아지는 음매 하고 울었다. 유타카가 송아지의 입과 코를 부드럽게 천으로 닦았다. 모자는 모두 무사했다.

"유타카, 힘든 밤이지만 이 아이가 초유를 잘 마시는지 지켜 봐줘."

히라노는 유타카한테 송아지를 돌봐달라고 부탁하고는 발밑을 손전등으로 비추면서 자동차가 있는 곳으로 돌아왔다. 엔진 시동을 걸자 헤드라이트에 비춰진 어둠에 안개가 흐르고 있었다.

집으로 돌아가는 길에 자동차 한 대 만나지 못했고, 거리에는 불빛이 하나도 없었다. 멀리서 경찰차와 소방차의 사이렌이 울릴 때마다 깜박이는 빨간불을 상상할 뿐이었다. 귀가 후 밤이 깊어도 여진이 이어져 히라노는 자려고 해도 잘 수 없었다.

지원자가
피난민이 됐을 때

후쿠시마현 이와키시 출신인 히라노 야스유키는 1983년부터 이타테촌에 있는 소를 진료했다. 낙농학원대학을 졸업한 뒤, 홋카이도의 농업공제조합 가축진료소에서 10년간 수의사 생활을 거쳐, 아버지가 병으로 쓰러진 것을 계기로 고향인 후쿠시마로 돌아왔다. 처음에는 후쿠시마현 농업공제조합연합회 하마 가축진료소의 이타테 주재소 근무였으며, 이토이에 있던 가축진료소 숙소에 살았다. 그러나 주재소가 폐지·통합되고 나서는 우스이시 지구에 거주하게 됐다.

농업공제조합의 가축진료소 업무는 농업재해보상법에 근거한 공제 사업을 하는 조합의 가입 지구에서 젖소, 육우, 돼지, 말 등의 산업 동물을 진료하는 것이다. 히라노는 34세부터 이타테촌

담당으로 근무하다가 56세에 독립해 히라노 가축진료소를 열었다. 현 기타 지구의 소장이 돼 전근 이야기가 나오자 개업을 하기로 결심한 것이다. 이타테촌의 소와 땅에 애착을 품었기 때문이라고나 할까, 소 사육 농가 사람들에게 매력을 느꼈기 때문에 이타테에서 개업을 했던 것이다.

히라노가 홋카이도에서 이타테로 옮겨온 30년 전쯤에는, 꿈을 안고 축산업에 종사하는 동년배 젊은이가 많았다. 그들은 마을을 발전시켜온 축산 담당자이며, 이미 20대 초반부터 검은 일본소의 개량과 산지의 시찰 연수 등을 통해 서로 간의 유대도 강했다.

히라노는 홋카이도에서 젖소를 중심으로 진료했기 때문에 생산자, 경영자로서 소에 대해 이야기하는 그들의 말이 신선하게 들렸다. 이타테촌이 실제로 어떤 문제를 안고 있는지, 이를 극복하려면 어떻게 해야 하는지 등등. 농지 축소 정책은 앞으로도 계속되어 쌀 생산은 줄어들 것이며, 잎담배도 미래에는 축소될 게 틀림없다. 우리가 50, 60세일 즈음에는 어떻게 될 것인가. 좋은 소를 사육해 축산·낙농 마을을 만들어야 하지 않을까. 히라노의 집에서는 언제나 친구 네댓 명이 모여 술을 나눠 마시며 그런 이야기꽃을 피우고 있었다.

히라노는 소의 질병에 대해 해설하기도 했다. 난산이 아닌 이상, 출산도 가능한 한 스스로 하는 것이 좋다고 권장했다. 경험을 쌓으면, 출산을 거들 때 산도에 손을 넣어 산도가 좁다거나 자궁이 뒤틀려 있다거나 태아가 크다거나 하는 점을 판단할 수 있다. 정상인 상태를 제대로 기억해두면 이상을 발견할 수 있다. 사전에 점검해두고 있으면 사고를 줄일 수 있다. 실제로 난산 때 거들거나 수술 때 조수를 맡을 정도의 실력을 갖춘 농가 후계자도 나왔다.

지진 다음 날, 여전히 정전이고 전화도 불통인 상황에서 히라노는 젖소의 제4위 변위, 송아지의 설사 등 세 농가에서 세 마리의 소를 진료했다. 마을의 가옥은 기와가 떨어져 내린 정도로 피해가 적다는 것도 차츰 알게 됐다.

3월 13일. 전화는 여전히 불통이지만, 전기는 저녁 무렵 복구됐다. 히라노는 여기서 처음으로 쓰나미가 습격하는 충격적인 영상, 원전 1호기의 폭발을 TV로 알고 절규했다. 이와키시에 있는 본가에 갈 때, 히라노는 항상 도쿄전력 후쿠시마 제1원전 근처를 지나갔다. 그 익숙한 거리가 사라지고, 원전에는 상상도 못할 참상이 진행되고 있는 것에 공포를 느꼈다.

그런 상황에서도 소들은 기다리지 못한다. 이날은 송아지의 설사, 폐렴 등 농가 세 곳에서 세 마리를 진료했다. 이튿날인 14일에는 젖소의 첫 번째 위 아토니(위의 근육이 긴장을 잃어, 이완돼 움직이지 않게 되는 증상), 번식 장애, 송아지 설사, 송아지 사망 확인 등 농가 네 곳에서 네 마리를 진료했다. 덧붙이자면 번식 장애 진찰은 팔을 항문에 넣어 직장벽을 거쳐 난소와 자궁을 만지는 직장 검사를 실시한다. 송아지를 태어나게 해서 기르는 번식 농가에 번식 장애는 가계를 압박하는 요인이 된다.

히라노는 평소와 다름없이 진료를 계속했다. 농가를 방문하면 어디나 쓰나미가 화젯거리였는데, 그에 더해 원전 사고 이야기가 나오기 시작했다. 그러나 이타테촌의 중심부는 후쿠시마 제1원전에서 약 40킬로미터 떨어져 있어, 주민 대부분은 아직 먼 세상 일처럼 느끼고 있었다.

2호기에서 대량의 방사성 물질 방출, 4호기의 수소 폭발이 일어난 3월 15일, 이타테촌에는 비가 내리다 저녁부터 눈으로 바뀌었다. 반경 20~30킬로미터 범위에 옥내 대피 요청이 내려졌다. 이타테촌은 동남쪽 일부를 제외하고 30킬로미터 범위 밖에 위치하고 있다. 이날은 오후부터 서북 방향으로 강한 바람이 불고 있었다. 전날 3호기의 수소 폭발 이후, 이타테촌에 대량의 방사성 물질이 쏟아지고 있다는 것을 아는 사람은 주민 중에는 거의 없었다. 히라노도 그런 것을 알 리 없었고, 평상시처럼 진료를 계속했다.

이튿날 3월 16일은 추위가 심해졌고, 히라노는 양말을 두 겹으로 신고 있었다. 낮이 되자 전화가 드디어 개통돼 히라노가 전날 치료한 소의 상태를 듣고 있으려니, 오가는 자동차 경적에 전화 대화 소리가 파묻히고, 집 주변이 갑자기 북적북적해졌다. 이무렵 이타테촌에는 미나미소마시와 후타바군 주민들이 피난해왔으며, 지방 관청, 농협, 상공회의 직원과 소방 단원들이 초등학교 체육관과 숙박 시설 등으로 피난민을 대피시키고 있었다. 지역 부인회와 농협, 상공회의 여성부는 식사 준비에 바빴다. 히라노는 휴진한 채 소마 지방 농업공제조합의 직원을 집으로 받아들이려고 찾아다녔다. 태평양 쪽의 미나미소마시에서 이타테촌을 지나 내륙인 가와마타정으로 이어지는 현 도로 12호선은 꼼짝할 수 없을 정도로 차량이 정체돼 있었다.

3월 17일 이후에도 히라노는 변함없이 진료를 계속했다. 눈이 많이 남아 있는 초원과 밭 사이를 누비며 달리다보면, 눈에 새겨진 TV 속 영상이 현실세계라고 인정하기 어려웠다. 연달아 일어난 원전 폭발, 소방차의 물 뿌리기, 자위대 헬기의 공중 살수…… 혹은 눈앞 잔설의 은세계가 현실이 아닌 것 같기도 했다. 왕진하러 간 농가에서는 물류 중단으로 인한 먹이 부족을 걱정하기 시작했다.

3월 20일이 되고, 이타테촌의 간이 상수도에서 섭취 제한 기준치의 3배가 넘는 킬로그램당 965베크렐의 방사성 요오드가 검출됐다. 또 이타테촌은 아니지만, 원유에서 기준치가 넘는 방사성 요오드가 검출됐고, 이튿날인 21일에는 정부가 후쿠시마현산 원유 출하 제한 지시를 내렸다.

앞으로 낙농가는 매일 젖을 짜서 폐기하지 않으면 안 되는 처지로 고민이 늘어갔다. 방사능의 불안과 불어나는 먹이 비용이 재차 타격을 입혔다.

히라노가 왕진한 농가에서, 중장비로 판 깊은 구멍에 갓 짠 우유를 버리고 있는 모습이 눈에 들어왔다.

"선생님, 보세요. 분해요. 아내는 어제부터 펑펑 울고 있어서 식사 준비도 못 하고 있어요."

새하얀 우유가 대량으로 검은 구멍 속에 떨어져, 흙에 흡수되기는커녕 연못처럼 고여 있다. 또 옮겨져온 우유가 콸콸 소리를 내며 떨어져 파문을 그렸다. 부부는 그것을 꼼짝 않고 바라보고 있었다.

"여전히 방사능 위험이 높아. 소 사육사 빼고는 모두 피난했어요. 소를 어떻게 해야 하나요"라며 탄식하는 소리를 듣고도, 히라노는 위로의 말을 건네지 못했다. 다른 마을에서 온 피난민들조차 이미 이 마을을 떠났다.

이타테촌은 11일부터 피난민에 대한 지원을 시작했으며, 피난민 수는 13일, 14일에도 계속 늘어 최대 1300명이 되었다. 주민 6000여 명인 마을이 순식간에 사람들로 넘쳤다. 물과 기름이 부족한 가운데 1000명이 훨씬 넘는 사람들이 먹을 주먹밥을 만들고, 잘 수 있는 장소를 제공하기 위해 주민이 총출동하는 지원활동이 이어졌다.

그러나 14일에 일어난 3호기 수소 폭발 보도가 확산되면서 피난민은 계속해서 마을을 떠나갔다. 공식 피난 지시는 내려지지 않았지만, 방사능 피해의 위험성이 알려졌다. 18일에는 초등학교 피난소가 폐쇄됐다. 어느새 자신들이 피난할 차례가 된 것이다. 아니, 이미 너무 늦었는지도 모른다.

피난민을 지원하던 사람들은 갈팡질팡하는 사이에 자신들도 피난민 쪽에 서게 됐다.

비슷한 사태는 나미에정 쓰시마 지구에서도 일어났다. 지역 주민의 6배에 가까운 약 8000명이 12일 일제히 몰려와, 초등학교, 중학교, 고등학교 및 각 시설은 피난민으로 가득 찼다. 그리고 15일의 30킬로미터 범위의 옥내 대피 요청을 경계로, 썰물 빠지듯 사라졌다. 그러고는 사람의 그림자도 없이 조용해지고, 어딘지 모르게 공허한 마을만 남겨졌다.

피난민에게 잠자리와 먹을 것을 제공하기 위해 이리 뛰고 저리 뛴 어른들은 아이들을 거들떠볼 새도 없었다. 어린아이들은 내리는 눈 속에서 놀며 밤늦게까지 깨어 있었다. 축제 같은 왁자지껄한 분위기를 느끼면서. 그 축제 후 쥐죽은 듯 조용한 허전함. 이번에는 뒤바뀌어 부모의 당황하는 모습. 그래, 여기 있으면 안 되겠다.

아예 처음부터 피난 장소가 잘못 선정됐다. 이타테촌도 쓰시마도 방사성 물질이 날아오는 위험한 방향에 있었다. 113억 엔의 거액을 투자해 개발된 스피디SPEEDI(긴급 상황 신속 방사능 영향 예측 네트워크 시스템)는 전혀 작동하지 않았다.

도우려고 한 사람들의 선의는 쓸모없는 것이 되고 말았다. 자신들이야말로 피난민이었던 것이다.

아이를 밖에서 놀게 했던 것, 계곡물에 쌀과 채소를 씻은 것을 자책하는 부모도 있었다. 위험하다는 것을 모른 채 피난민을 환영한 것을 후회하는 사람도 있었다. 무상의 아름다운 시간. 배신당한 부조리의 시간. 이것은 일본 정부가 보상해야 하는 시간이다. 여기에 있던 아이들의 피폭에 대한 추적 조사를 게을리해서는 안 된다.

"앞으로 아기를
낳을 수 있을까요?"

소 사육 농가 마을에 존망의 위기가 다가오고 있었다.

히라노는 밭에서 풀을 뜯는 어미 소와 송아지 무리를 보면서, 남겨져 야생 소가 되는 것을 걱정하는 스스로에 대해 깜짝 놀랐다. 축산 농가의 앞날은 여전히 깜깜하지만, 아직 마을에는 소가 있다. 3월 하순까지 히라노는 진료를 계속했다. 소가 있는 한, 일을 하지 않으면 안 된다.

"선생님, 빨리 와주세요. 분만한 젖소의 허리가 빠져버렸어요."

히라노가 가서 보니 어미 소는 출산 후 설 수 없는 상태였고, 음부에서 자궁이 튀어나와 자궁탈출 증세를 보이고 있었다. 칼슘 보액을 주사해 자궁을 원위치시켜야 한다. 인근 농가에 보조를 부탁하고 소의 엉덩이를 천장에 매단 카우 행어로 들어올렸다. 앞발을 접고 있는 소의 머리를 낮게, 엉덩이를 높게 하는 자세를 만들어서 자궁이 찢어지지 않도록 조심해서 밀어넣었다.

히라노가 이타테촌에 온 초기에는 거의 혼자서 많은 수술을 했기 때문에, 당연히 준비와 뒷정리 등을 하는 데 시간이 걸렸다. 그러던 중 의욕적인 농가의 젊은이들을 찾아서 보조 작업을 지도하고, 인공수정사 자격도 취득하도록 권장했다. 이렇게 해서 진료가 원활히 진행되었을 뿐만 아니라, 소의 일상적인 건강 관리와 위생 관리에도 도움이 됐다. 이날도 히라노가 도착했을 때 튀어나온 자궁은 비닐 시트 위에 더럽혀지지 않도록, 다치지 않도록 유지되고 있었다.

소는 원전 사고와는 관계가 없다. 지진 후에도 평상시와 마찬가지로 앓는 소가 있고, 낫는 소도 있었다. 마을 전체를 뒤덮은 답답한 공기를 느끼면서 히라노는 오로지 수의사 업무에 전념했다.

조치를 취하고 돌아온 이튿날 또 연락이 왔다. 자궁탈출증을 일으킨 소가 식욕을 보이지 않고, 물 같은 설사를 계속하고 있단다. 히라노가 왕진해 보니 안구가 함몰하고 오른쪽 배 여러 곳에서 금속음이 들렸다. 쿠궁, 쾅, 계단에 물건이 굴러떨어지는 듯한 소리에 가깝다. 제4위 오른쪽 변위라고 진단하고 즉시 개복 수술을 실시했다. 소에게 제4위는 인간의 위와 마찬가지로 십이지장에 연결돼 있다. 한정된 좁은 공간에서 가스가 발생하는 위는 자칫하면 파열된다. 위가 위로 올라가면 주름물통 모양의 십이지장이 늘어나, 수분이 장 속에 들어가 설사와 탈수증을 일으킨다. 배를 갈라보니 역시 위가 뒤틀려 있었다. 인근 농가의 두 사람에게서 도움을 받아 수술은 잘 끝났다.

"여기서 소 사육을 언제까지 할 수 있을까요? 선생님은 앞으로 어떻게 하실 건가요?"

"내 일보다 자네들 일을 더 걱정해야지."

"대학교수가 와서 이타테촌은 안전하니까 염려 말라고 했는데요."

"뭐, 그 반대로 말하는 사람도 있으니까."

3월 하순 이후, 연구자들이 정부나 현의 공무원과 함께 와서 설명하기도 했고, 또 자발적으로 선량 조사를 하러 방문하기도 했다. 히라노는 서서히 파국이 닥쳐오는 것을 느끼면서 눈앞의 일에 몰두했다.

"여기서 소를 키울 수만 있다면 어디로도 가고 싶지 않아. 이타테 소라고 하면 좀 알려진 브랜드였는데……."

대화가 멈춘 그때 히라노에게 전화가 왔다. 아이즈에 피난해 있는 농업공제 가축진료소 시절의 후배였다. 소마군相馬郡 신치정新地町 목장에서 초산 젖소가 난산될 것 같으니 가달라는 요청이었다. 히라노는 쉴 틈도 없이 편도 50킬로미터의 길을, 돌아올 때의 연료 부족을 걱정하면서도 달려갔다.

석양 속에서 길을 헤매지 않고 도착한 것까진 좋았지만, 소는 얌전히 있지 않았다. 산도에서 송아지의 다리가 하나 나와 있었다. 그런 상태에서 소가 달아나려는 것을 겨우 붙잡아 다리를 묶었다. 송아지는 태내에서 목이 뒤틀리고 오른쪽 앞발이 휜 채로 이미 죽어 있었다.

어미 소만이라도 다시 송아지를 낳을 수 있도록 도와줘야 한다. 어미 소의 몸에 손상이 가지 않게 송아지를 끌어내리려고 휜 목과 앞다리 부분을 바로잡으려 하지만 손이 닿지 않는다. 조수가 돼줄 사람도 없다. 한쪽 다리를 당겨 절단하고 어떻게든 손이 들어갈 틈을 만들려고 했다. 절단한 쪽의 다리를 밀어넣으려고 하면서 턱 주위를 잡으려 했다. 히라노는 임상 수의사로서는 팔이 긴 편이지만, 그래도 닿지 않았다. 이미 한 시간 반이 넘게 흐른 뒤라 어쩔 수 없이 제왕절개로 전환했다.

수술은 오후 11시 30분에 끝났다. 결국 5시간이 걸렸다. 돌아오는 길에 해안을 달리노라니 주택 위에 올라가 있는 배와 자동차, 5미터 높이에 이르는 잔해 더미가 도로 갓길에서 쫓아오는 듯 보였다. 섬뜩할 정도의 암흑과 정적. 도로의 모든 것이 쓰나미에 파괴됐으며, 쓰나미는 작은 빛까지 휩쓸고 가버렸다. 불빛은 어디에도 없었다.

이타테촌으로 가는 긴 오르막에 들어서자 기름 부족을 나타내는 작은 표시등이 깜박거리기 시작했다. 이날은 어떻게든 집까지 간신히 갔지만, 기름 부족은 계속됐다. 급유 제한 때문에 아침부터 긴 줄을 두 시간 넘게 섰는데도, 2000엔어치밖에 넣어주지 않았다.

다행스럽게도 제4위 뒤틀림 수술을 한 소와 제왕절개 수술을 한 소의 수술 후 경과는 순조로웠다.

이타테촌에서는 다른 현으로 집단 피난이 시작되고, 주인이 없는 소로 인한 사고도 일어나기 시작했다. 고미야 지구 번식 농가의 소 두 마리가 죽어 있다는 연락이 와서 가봤더니 한 마리는 언덕 돌담 위에서 떨어져 죽고, 다른 한 마리는 오른쪽 눈이 찌그러진 상태에서 출혈로 죽었다. 두 마리가 싸움을 해서 서로 뿔로 들이받은 것이 원인인 듯싶었다. 주인 가족은 도치기현 가누마시에 피난해 있었다.

히라노는 3월 30일에 소소(소마 후타바) 위생추진협의회로부터 백신 접종 요청을 받았다. 현의 지시에 따라 소를 경매에 내놓는 경우 반드시 이동증명서와 백신 5종을 접종해야 한다. 드디어 이타테의 소가 경매에 부쳐져 마을을 떠나게 될 것이다. 히라노는 소를 팔아넘길 수밖에 없는 농가 사람들의 얼굴을 보는 것이 괴로웠지만, 3월 31일에 48개 농가의 소 98마리, 4월 1일에 45개 농가의 소 86마리에 백신을 접종했다.

4월 11일, 정부는 새롭게 설정한 피난 구역을 발표했는데, 이타테촌 전체가 계획적 피난 구역이 돼 마을 사람들은 한 명도 빠짐없이 떠나야 했다. 계획적 피난 구역으로 지정되면, 한 달 뒤까지 구역 밖으로 나가야 한다.

4월 17일에는 에다노 관방장관이 이타테촌을 방문해 계획적 피난 구역에 대해 설명했다. 피난 기간을 한 달로 한정하지 않고 어느 정도 유연하게 대처한다지만, 아무런 위안이 되지 않았다. 히라노는 억울한 몸으로서 유죄를 선고받은 것 같다는 생각을 하는 가운데 마을 전체의 피난 결정을 들었다.

"지금까지 아무런 지시도 없다가 갑자기 도망 가라고 하면 어디로 가야 합니까. 언제 돌아올 수 있습니까. 일은 어떻게 되나요. 장애인이나 노인이 있는 가족은 어떻게 되고요."

네 명의 어린아이를 둔 젊은 엄마의 이런 말을 듣고, 히라노는 목구멍으로 치밀어 오르는 말을 참지 못했다.

"정부와 도쿄전력 관계자들에게 말하고 싶다. 당신들도 가족이 있고, 아이가 있을 것 아니냐"라고.

4월 30일, 진료를 마친 히라노는 오후 7시부터 이타테중학교 체육관에서 열린 주민 설명회에 아내와 함께 참석했다. 일찍 가서 앞쪽에 앉아 있던 히라노가 뒤를 돌아 봤더니 서 있는 사람 등등 발 디딜 틈도 없었다. 도쿄전력의 쓰즈미 노리오 부사장이 사과를 함과 동시에 경과를 설명했고, 주민들의 질문이 잇따랐다. 사고 수습을 위한 공정표가 제시되었을 뿐 "검토하겠습니다" "선처하겠습니다"라는 답변에 주민들은 납득하지 못해 성난 고함소리가 난무했다.

"저, 미래에 결혼은 할 수 있습니까? 아기는 낳을 수 있습니까?"

미래를 꿈꾸는 나이인 여고생의 절실한 발언에 히라노는 뒤통수를 맞은 듯했고, 체육관은 한순간 물을 끼얹은 것처럼 조용해졌다.

젖소도 육우도
사라져간다

5월이 되어도 여전히 원유 폐기는 계속됐다. 사회의 변동을 전혀 모르는 소들은 대지에 우유를 넘치게 하고 새 생명을 잉태하며 살고 있다.

5월 9일 새벽, 히라노는 수술 때 종종 조수 역할을 맡기곤 했던 이토이 지구 하라다 사다노리의 젖소를 진료하러 방문했다. 어제 분만하고 산후 경과가 나빠, 어미 소가 일어서질 못한다고 했다. 보액과 칼슘제 주사 치료를 했다. 하라다의 아내 기미코는 "소를 좋아하니까, 이타테촌을 떠나는 마지막 순간까지 젖을 짤 거예요"라며, 끝까지 꿋꿋한 모습을 보였다.

이튿날인 5월 10일에는 하라다의 기립 불능 소가 비틀거리며 느릿느릿 움직이면서 일어서 주인과 히라노를 안심시켰다.

그날 밤 와라비다이라 지구에서 소 개량 모임의 연수회가 있었다. 모임이 끝나자 "선생님, 한잔해요. 집에는 모셔다드릴게요"라며 초대를 받았다.

"목초는 수확할 수 없고, 건초를 보충하거나 사료를 구입하는 걸로 버텨왔지만, 먹이는 이제 한계에 다다랐습니다. 부부 둘이서 키워온, 자식이나 다름없는 소를 팔아넘기는 수밖에요. 이런 우리 마음, 선생님이라면 알아주시겠죠?"

조상 대대로 내려온 땅에서 소를 키우고 흙에 기대어 키워온 것이 무너져간다. 탁류에 휩쓸려가는 듯한 소 사육 농가의 앞날을 생각하니, 히라노는 아무리 마셔도 취하질 않는다.

이튿날인 5월 11일, 정부, 현, 도쿄전력 삼자가 축산 농가에 대해 설명회를 열었고, 이타테촌의 축산 농가 249가구 중 120가구가 참석했다.

"피난하는 경우 즉시 소를 처분하고, 축산을 계속하는 경우라도 주민들은 마을 밖으로 나가주세요."

"돌아올 수 있는 것은 몇 년 후인가"라는 질문에 도쿄전력 측은 "지금은 언제까지라고 말씀드릴 수 없습니다"라고 대답할 뿐이었다. 보상에 관한 구체적인 내용은 없어 축산 농가의 불안은 더욱 커져갔다.

히라노는 임신 감정을 기반으로 인증서를 발급하는 숫자가 늘어났다. 소는 경매에 내놓을 때 임신했는지 여부로 평가가 달라진다. 또한 임신 월령에 따라서도 다르다. 예를 들어, 임신 40일째인 소는 출산까지 앞으로 8개월 정도 먹이 비용이 들지만, 출산을 앞두고 있다면 출산까지 먹이 비용은 적게 든다. 암소가 몇 번째 출산인지도 평가 기준이 되고, 아비 소가 젊다면 태아의 평가도 높아진다. 고령 출산과 초산에서는 산유 능력이 떨어지기 때문에 송아지가 크게 성장하기 어렵다. 어미 소가 3~4세, 두 번째 출산할 송아지가 배에 들어 있는 경우가 특히 높은 평가를 받는다.

소를 팔아넘기려는 농가를 돌며 임신 감정을 계속하면서, 히라노는 드디어 피난 기한이 다가온 것을 느꼈다. 이타테촌에서 소가 사라져간다. 경매에 나오는 소, 피난민과 함께 이동하는 소, 식육 처분되는 소 등 소들의 운명도 크게 바뀌려 하고 있었다.

히라노는 아침 6시쯤부터 밤늦게까지 뛰어다니며 매일 10~20통의 인증서를 발급했다. 현장에서 임신 감정을 할 때는 항문에 손을 넣고 직장에서 자궁각을 손가락으로 직접 집어 촉감으로 알아내는 직장 검사법을 쓴다. 검사를 거듭하다보니 히라노는 어깨가 아파왔고, 팔을 들어올릴 수조차 없게 됐다.

농가엔 앞으로 열리는 임시 경매가 마지막 무대다. 하지만 고민은 깊다. 소를 경매에 내놓을지, 아니면 소와 함께 어디로든 이사를 갈지. 팔까, 팔지 말까. 어쨌든 전수 스크리닝 검사 후 마을에서 가축을 내보내야만 한다.

5월 26일, 모토미야시 가축 시장에서 열린 임시 경매에는 송아지 78마리, 다 큰 소 233마리 등 총 311마리가 나와 이타테촌을 떠났다.

젖소의 스크리닝 검사와 원유의 모니터링 검사도 이뤄져, 후쿠시마현 낙농업협동조합을 통해 현 내 다른 지역으로 팔려갔다. 고령의 소나 능력(번식 성적, 유량)이 떨어지는 소, 만성 유방염 등의 소는 가축 처리 시장으로 보내진다.

낙농가들은 지진 후에도 매일 외양간을 청소하고, 먹이를 주고, 송아지에게 우유를 먹이고, 아침부터 밤까지 젖을 짰다.

5월 31일, 히라노의 눈앞에는 차에 실려 운반돼가는 소에 감사하고, 눈물을 흘리며 손을 흔드는 낙농가 부부의 하염없이 이별을 아쉬워하는 모습이 있었다.

히라노는 이날 진료 일지에 "이타테촌에서 젖소가 사라졌다"라고 기록했다.

히라노 자신은 6월 초 후쿠시마 시내로 피난했지만, 무더운 시기에 이타테촌을 다니며 많은 소를 진료하고 있었다. 이타테촌은 후쿠시마 시내보다 시원하고 신록의 빛이 흘러넘쳐 재해 피해 지역이라는 것을 자꾸 잊어버리게 된다. 그러나 피난 농가의 외양간을 들여다보면 텅 비어 있고, 어디에도 소의 모습은 없으며 울음소리도 없었다.

6월 14일, 소마시의 한 낙농인이 '원전만 없었다면'이라는 말을 벽에 써서 남긴 채 목을 매 숨진 사실이 뉴스로 보도됐다. 히라노는 예전에 그곳에 왕진한 적이 있었다. 젖을 짜서 버리는 날이 계속됐고, 목을 맨 이는 낙농가 동료들에게 "피난 지시 구역이 아니기 때문에 보상은 없겠지"라고 말했다고 한다. 퇴비 창고에는 "남은 낙농인들은 원전에 지지 말고 힘내세요"라고 적혀 있었다. 이 낙농인의 지인인 이타테촌의 한 주민은 "나는 소 문제로 바빠서 아무런 상담도 해주지 못했다"며 눈물을 흘렸다.

6월 23일 경매에는 송아지 96마리, 다 큰 소 331마리 등 총 427마리가 나왔다. 6월 28일에는 송아지 51마리, 다 큰 소 229마리 등 총 280마리가 경매에 부쳐졌다. 이타테촌에서는 먼저 젖소가 사라지고, 육우도 점점 사라져갔다. 평소라면 앞으로 몇 개월 동안 어미 소의 젖을 먹을 수 있을 송아지들조차 경매를 계기로 어미 소와 이별했고, 더는 젖을 먹을 수 없었다.

7월 3일, 히라노는 이날 진료를 쉬고 지진이 발생한 날 밤 손전등 불빛 속에서 분만을 진행했던 야마다 다케시의 목장에 갔다. 마쓰즈카 지구의 야마다 목장에 남아 있던 다 큰 소 5마리, 송아지 6마리를 트럭에 싣는 것을 돕기 위해서다. 야마다는 이토이 지구의 하라다 사다노리와 함께 니시시라카와군 나카지마촌에서 폐업한 낙농가의 외양간을 빌려 소 번식을 계속해나가기로 결정했다. 이타테촌에서 나카지마촌까지 약 100킬로미터. 히라노는 야마다와의 재회를 기약하며, 소를 실은 일행을 배웅했다.

이타테촌에 히라노가 진료해야 할 소는 이제 한 마리도 없다.

가축이 없어진 마을에 수의사가 나설 곳은 없다. 히라노는 이타테촌에 마련한 아버지 묘에 꽃을 바쳤다.

7월 27일, 정례적으로 모이는 이타테촌 소 개량 모임 총회가 이자카 온천에서 개최됐다. 114명이 참석했다. 폐업할 때의 고뇌, 피난생활의 형편, 재취업의 어려움, 배상 문제 등이 화제에 올랐다. 농지와 산림의 오염 제거, 귀환 시기 이야기가 나오자 모두

어두운 표정을 지었다. 도로와 주택, 어떻게든 농지까지는 오염을 제거할 수 있겠지만, 마을의 75퍼센트를 차지하는 산림까지는 무리일 거라면서.

"할 수만 있다면 이타테촌으로 돌아가서 다시 소 사육을 하고 싶어요. 아직도 소에게 먹이를 주는 꿈을 꾸고 있어요."

이런 한탄을 듣고 있노라면, 히라노는 이타테촌에서 보낸 28년간 이타테 소 브랜드를 키우는 데 집념을 불태웠던 낙농인들과의 날이 떠올랐다.

원전 사고가 일어날 때까지는 마을 곳곳에 소가 있었다. 아직 잔설이 있는 3월 중순부터 마을 각 지구의 공동 목장에서는 목장 울타리 수리가 시작된다. 4월이 되면 히라노는 방목을 시작하기 전 검진을 위해 농가를 돌았다. 임신 감정, 백신 접종, 기생충 검사 등 고양이 손이라도 빌리고 싶을 정도로 바빴다. 골든 위크까지는 방목한다. 농가는 잎담배 심기가 끝나면 모내기 준비에 들어간다. 잎담배 수확·건조, 벼 베기……. 농번기가 지나고 겨울이 되기 전에 소는 방목장에서 외양간으로 돌아온다. 산림을 효과적으로 이용하는 공동 방목은 사료비와 노동력을 절감할 수 있다.

자급해서 사료를 조달하는 축산은 농업 복합 경영의 중요한 기둥이었다. 채소와 꽃을 재배하는 농가에도 소가 있었다. 용담이나 터키 도라지 옆에서 소가 풀을 먹고 있었다. 종종 냉해 피해를 입은 마을에서 소는 중요한 생활 수단이며, 노인도 어린아이도 소에게 애정을 쏟아왔다. 그 소중한 보물을 잃지 않도록 지키는 것이 히라노의 일이었다.

히라노 자신은 '흙'에서 사는 인간이 아니다. 하지만 이 마을에서는 사람도 소도 흙에 의지하며 살아가고 있었다. 그런 그들의 모습이 히라노의 마음을 사로잡아서, 그 자신도 이타테촌 주민으로 여생을 보낼 생각이었다.

이 땅의 흙이 키운 벼는, 사람과 가축에게 나뉜다. 소에게 볏짚은 식량이며, 잠자리도 된다. 흙이 키운 풀을 소가 먹고, 소가 배출한 배설물은 퇴비가 돼 흙으로 돌아간다. 그런데 그 흙이 오염돼버렸다.

소 사육 마을에 사람과 소는 없어지고, 방사성 물질만 남았다.

흩날린 방사성 물질

흙과 동물의 피폭

2200곳의 흙은
무엇을 이야기하나

　열심히 소를 살리려는 사람들이 있는가 하면, 흙에 주목하는 사람도 있었다. 원전 사고가 미치는 피해의 실태를 알려줄 뿐 아니라 이를 최소화하는 열쇠 또한 흙이 쥐고 있었다. 흙이야말로 원전 사고의 확산을 몸소 보여주는 증인이었다.

　2011년 10월, 내 눈앞에는 후쿠시마에서 멀리 오사카까지 운반되어온 많은 흙이 있었다. 그것은 수많은 연구자가 수집한, 후쿠시마 제1원전에서 100킬로미터 범위 안에 있는 곳곳의 흙이었다. 그러나 그때의 나는 여전히 소에게 흙이 어떤 것인지, 얼마나 중요한지, 소와 흙의 관계 등을 알지 못했다.

　오사카대학 핵물리연구센터의 한 연구실. 원전 사고에 따라 비산한 방사성 물질의 실태와 분포 상황을 파악하기 위해 채취

된 약 2200개소, 약 1만1000개의 토양 시료 대부분이 여기에 모아져 '본적지'를 쓴 골판지 상자 안에 담겨 있었다. 천장까지 높이 쌓인 상자에 방사선 측정기를 가까이하자 소리를 내, 상자의 내용물이 방사성 물질임을 알 수 있었다. 그 스위치를 끄지 않는 한 채취 지점의 위도·경도, 채취 날짜와 시각을 명기한 용기에 담긴 흙덩이는 삐삐, 빽빽 요란한 소리를 멈추지 않았다.

이 흙은 이미 하나의 역할을 마쳤다. 토양에 침착한 방사성 물질별 농도 분포 상태를 나타내는 지도 작성을 위한 역할이다. 또한 시료 보관 창고의 흙과는 별도로, 수직 깊이 30센티미터까지의 방사능 분포를 보기 위해 약 300개소에서 채취한 토양 시료도 있었다. 이쪽의 흙은 학생들이 게르마늄 반도체 검출기를 사용해 측정 중이었다.

그 흙들은 모두 서너 달 전까지는 자기 고향에서 '살아' 있었다. 초목을 기르고, 동물의 거처가 돼주었다. 미생물과 함께 유기물을 분해해 식물을 기르면서 먹이 사슬을 지원했다. 흙 본래의 기능을 하며, 앞으로도 계속 흙으로 후쿠시마 땅에 존재할 터였다.

그런데 왜 여기에 모아졌는지, 그 경위부터 적어두자.

2011년 3월 15일에서 16일로 날짜가 바뀐 심야, 오사카대학 핵물리연구센터 준교수 후지와라 마모루는 핵물리학자의 메일링 리스트를 활용해 원전 사고에 대응하자는 호소 메일을 보냈다. 그날 오후 핵물리연구센터에 70여 명이 모였고, 후지와라가 의장을 맡아 사고 대책에서 핵물리학자들이 할 역할을 검토했다.

거기서 제시된 것이 토양과 공간의 방사선 측정을 중심으로 피해 지역 사람들을 지원한다는 방침이었다. 후지와라가 전문적으로 연구하는 원자핵 구조와 핵분열·핵융합을 연구하는 핵물리학은 실험 현장에서 방사선 측정을 동반한다. 발전으로 이어지는 원자력 공학은 이 원자핵물리학의 응용이라고 할 수 있다.

"프랑스에서는 만약의 사태가 발생했을 때 필요한 분야의 전문가가 현지에 날아갈 수 있도록 준비하고 있다. 말하자면 '방사선 방호'를 위한 '결사대'가 존재한다. 일본에서도 1999년 도카이촌 JCO(일본 핵연료 컨버전) 임계 사고가 일어났을 때, 원자력 사고에 대응할 수 있는 조직을 만들어야 한다는 얘기가 나왔다. 그것이 어느새 원자력 사고가 일어날 리 없는데 그런 조직을 갖추는 것은 말도 안 된다는 논조로 바뀌고, 예산도 삭감됐다. 원자력 안전 신화가 화근이었다."

까놓고 솔직히 말하는 후지와라는 프랑스를 예로 들며 아쉬워했다. 핵물리연구센터 교수 다니하타 이사오도 물리학자들이 토양의 방사선량 조사에 협력한 이유에 대해 이렇게 말했다.

방사성 물질이 비산한 이상 그 피해를 최소화하기 위해 필요한 것은, 어떤 물질이 어디에 얼마나 있는지 정확하게 파악하는 것이다. 우리는 원자력공학 전문가가 아니지만 방사선 측정에 있어서는 프로다. 우리가 하고 있는 원자핵 연구는 방사선을 붙드는 것부터 시작된다. 현미경은 빛에서 물체를 볼 수 있지만, 너무나 작은 원자핵은 방사선으로 찾아서 볼 수밖에 없기 때문에, 우리는 연구

수단으로 항상 방사선을 취급하고 있다. 원전 사고가 일어나 방사능 공포에 떠는 사람들을 어떻게든 도울 방법이 없을까 하고 생각했다. 한시라도 빨리 현지 흙에서 나오는 방사선의 종류와 양을 측정하는 것이 중요하다. 토양의 피폭선량으로부터 계산하면 몇 년 후에 어느 정도로 방사능이 줄어들지 알 수 있다. 역산하면 연간 며칠 정도 일시 귀가가 가능한지를 나타낼 수도 있다. 현재 피난생활을 하고 있는 이들이 일주일만이라도 집에 돌아갈 수 있다면 상황이 전혀 다르지 않을까.

후지와라와 다니하타는 먼저, 사람에게 침투한 방사선량을 측정하는 검사에 협력하기 위해 3월 21일 후쿠시마에 와 있었다. 그리고 후쿠시마현 공무원에게 토양 측정의 필요성을 강하게 호소했다. 흙을 채취하려면 현지인의 허가를 얻어야 하기 때문이다.

이미 오사카대학에서는 3월 18일, 부흥지원 대책회의를 열고 총장인 와시다 기요카즈와 이사들이 토양의 방사선 측정 실시를 강하게 밀어붙여 후쿠시마 지원을 위한 임시 예산을 계상하기로 결정했다. 이 예산이 나중에 토양 조사에 큰 도움이 된다.

조사 규모가 점점 커질수록 채취한 흙을 넣는 용기 등의 자재가 대량으로 요구됐다. 그것들은 후지와라가 준비했다. 전용 플라스틱 용기 2만 개, 심도 분포 측정용 토양을 넣을 30센티미터 쇠파이프(원통형 관), GPS(위성 위치 확인 시스템) 등의 구입을 신속히 지시했지만, 피해 지역의 부흥 지원 때문에 자재들이 부족해 주문 후 도착까지 한 달 정도 걸렸다. 문부과학성의 의사 결정과 예산을 기다렸다가 움직였더라면 틀림없이 늦었을 것이다.

후지와라와 다니하타가 데이터 측정을 서두른 이유 중 하나는 대량 누출된 것으로 보이는 요오드131을 조금만 늦으면 측정할 수 없기 때문이었다.

인체에 위험한 요오드131은 반감기가 약 8일로, 80일이 지나면 1000분의 1 정도로 줄어든다. 체르노빌 원전 사고 때는 요오드의 측정 데이터가 전혀 없다. 충분하지 않아도 원전에서 나온 요오드를 측정한 것은 이번이 세계 최초다.

만일 한 달 앞서 본격적인 조사가 시작됐더라면, 다니하타가 "충분하지 않아도"라는 말을 붙이지 않았을 것이다.

약 2200개소, 1만 개 이상의 토양 채취·측정을 위해 후지와라 등은 방사선량 조사 제안서를 작성해 3월 31일 문부과학성에 제출했다. 일본 학술회의에도 4월 4일 방사선량 조사의 필요성을 긴급 제언했다.

후지와라 등은 방사선량 분포 지도 작성을 위한 대규모 조사 실시가 결정되길 기다리면서 독자적으로 토양을 채취하기로 했다. 5월 초순에는 파일럿 조사로, 후쿠시마 제1원전을 중심으로 해서 사방 10킬로미터마다 그물망 모양의 구획을 설정하고, 토양 채취와 측정을 시작했다. 방사선을 정확히 측정하는 데는 시간이 걸린다. 샘플 하나당 한 시간씩 측정해 1만 개를 한다 치면 1만 시간. 몇 안 되는 대학에서 할 수 있는 일은 아니다. 전국의 대학과 연구소에 얘기해 토양 채취 참가자 명단을 만들고, 오사카대학이 토양 채취를 정리하고, 도쿄대학은 측정된 것을 정리하기로 결정했다.

당초 5월 초부터 토양 채취를 하길 바랐지만, 문부과학성 예산을 한 달 넘게 기다리다가 결국 독립 행정법인 일본원자력연구개발기구JAEA를 중심으로 하는 프로젝트가 결정됐다. 6월 3일부터 시험 기간이라는 명목으로 채취를 시작, 공식적으로 6월 6~14일, 6월 27일~7월 8일 채취가 이뤄졌다.

구체적으로는 후쿠시마 제1원전에서 80킬로미터 범위는 사방으로 2킬로미터씩, 80~100킬로미터와 그 범위 바깥인 후쿠시마현(주로 아이즈 지방)은 사방 10킬로미터씩 한 곳에서, 합계 2200개소, 한 곳당 사방 3미터의 다섯 지점씩 표층 5센티미터의 토양을 채취했다. 후지와라 등이 실시한 파일럿 조사를 통해 거의 100퍼센트 확률로, 방사성 물질은 5센티미터 깊이까지 침착돼 있는 것을 알 수 있었다. 깊이 분포를 보기 위해 추가로 300개소에서 30센티미터 깊이까지의 샘플도 채취했다. 97개 기관 409명의 과학자와 학생 등이 참가한 이 토양 채취에서는, 후지와라가 미리 주문했던 용기와 원통형 관이 빛을 발했다.

원전 사고로 방출된 방사성 물질은, 이 단계에서는 토양의 극히 표층에만 존재했기 때문에 몇 센티미터 깊이에서 원통에 채취한 토양 시료의 방사선량은, 표면 부분이 가장 많았고 깊어질수록 급격히 감소했다. 따라서 시료 내의 분포를 균일화하여 측정할 필요가 있어, 토양의 채취 방법도 표준화했다.

우선 플라스틱 용기와 같은 용량의 튼튼한 흙 채취용 원통형 관을 표층 토양에 박아 채취하고, 그것을 폴리에틸렌 봉지에 넣고, 흙덩이를 주물러 깨면서 휘저은 뒤, 플라스틱 용기에 옮겨 보관했다. 시행착오 끝에 이 방법이 방사선량 측정 결과의 편차가 작은 것으로 확인됐다.

409명의 과학자와 학생들의 노력으로, 제1원전에서 반경 80킬로미터 범위의 사방 2킬로미터, 100킬로미터 범위의 사방 10킬로미터로 된 그물망을 대부분 구멍 뚫린 데 없이 차례차례 덮어 나갔다.

다만, 제1원전에서 가까운 곳에 구멍이 보인다. 이것은 당시 문부과학성 사업이라고 해도, 연구자가 경계 구역에 들어가는 것은 허락되지 않았기 때문이다. 사고 이후 원전에 드나들며 작업하는 기술자에게 의뢰해 토양을 채취해달라고 한 것이 최선이었다.

채취한 깊이 5센티미터 토양의 측정은 도쿄대학과 공익재단법인 일본분석센터가 중심이 돼, 게르마늄 반도체 검출기가 있는 21개 기관에서 이뤄졌다. 8월 30일 문부과학성이 세슘134와 세슘137의 토양 농도 지도를 발표했고, 요오드131은 9월 21일에 발표했다. 그 결과, 방사성 물질에 의한 토양 오염의 실태가 밝혀졌다.

후지와라, 다니하타 등은 약 2200곳의 토양 채취 지점에서 측정한 공간 선량률(대상 공간의 단위 시간당 방사선량)도 포함해 향후 5년간, 10년간, 30년간의 예측 선량을 산출해서 '후쿠시마 토양 조사'라는 명목으로 오사카대학 핵물리연구센터 홈페이지에 공개했다. 지표면으로부터 1미터 높이에서 측정한 공간 선량률은 대부분 표면에 달라붙어 있는 이들 방사성 물질에서 방출되는 감마선에 의한 것이다. 각 지점의 측정값과 반감기를 적용해 향후 공간 선량이 얼마나 감소하는지를 계산할 수 있다.

측정한 토양 속에는 세슘134와 세슘137이 거의 동일한 베크렐 수로 포함돼 있었다. 베크렐 수는 1초에 붕괴하는 원자핵의 수를 말하며 이것이 방사성 물질의 방사능 양을 나타낸다. 흙 속에서 세슘134와 세슘137이 같은 정도로 붕괴를 일으키고 있다는 것이다. 하지만 반감기는 세슘134가 2년이고 세슘137이 30년이므로, 함유하는 방사성 물질의 개수로는 세슘137이 세슘134에 비해 15배 더 많다. 세슘의 방사선량은 10년 후까지는 반감기가 짧은 세슘134의 영향으로 크게 낮아져 5년 후 60퍼센트, 10년 후 70퍼센트, 30년 후 85퍼센트 감소한다는 계산이 나온다.

그러나 30년 후인 2041년 3월이 돼도, 반감기가 긴 세슘137은 좀처럼 감소하지 않기 때문에 방사선량이 여전히 높은 지역이 존재한다. 예를 들어, 원전에서 서쪽으로 약 2킬로미터 떨어진 오쿠마정大熊町 오토자와초자하라가 가장 높아, 30년 후에도 시간당 10.32마이크로시버트, 연간 90.4밀리시버트를 유지할 것이다. 이 지점의 방사선량이 시간당 1마이크로시버트까지 떨어지는 것은 126년 후로 예측된다.

30년 후의 예측 값이 시간당 5~10마이크로시버트인 지점도 오쿠마정, 후타바정, 나미에정, 가쓰라오촌 4개 정·촌의 12개소다. 시간당 1~5마이크로시버트, 연간 8.76~43.80밀리시버트인 지점은 4개 정·촌에 미나미소마시, 도미오카정의 일부를 포함한 원전 주변과 서북쪽 6개 시·정·촌의 80개소에 이른다.

원전 주변과 서북쪽 약 30킬로미터는 30년 후인 2041년 3월 시점에도 역시 높은 선량이 남는다. 조사한 약 2200곳 중 약 100곳에서 시간당 1마이크로시버트, 연간 8.76밀리시버트를 초과할 것으로 예상된다.

또한 베크렐은 토양 외에 수돗물이나 식품 등의 검사에 사용되는 단위이며, 시버트는 공간 선량 등 피폭의 영향을 볼 때 사용되는 단위다.

조사 결과에서 산출된 수치는 방사선의 성질과 선량에 따른 추정치이며, 바람과 비에 의한 확산, 오염 제거의 경과 등으로 인한 변화는 고려하지 않았다. 후지와라 등은 측정 조사를 진행하면서, 표층 토양 5센티미터를 제거하면 오염 물질을 없앨 수 있다는 점을 호소했고, 이는 교정 등의 오염 토양 제거를 진행시키는 계기가 됐다. 방사능 수준을 낮추기 위해서는 토양을 파내려가 위아래를 뒤집는 방법도 현실적이라고 한다.

안전 신화가
무너진 후

　생물의 생육을 지원하는 토양이 만들어지기까지는 엄청난 시간이 걸린다. 1그램의 흙 속에는 미생물이 1억 개에서 10억 개까지도 존재하는 것으로 알려져 있다. 소를 포함한 크고 작은 동물, 미생물과 식물이 공생하는 토양의 피폭이 환경에 어떤 영향을 미칠까. 이것은 앞으로 긴 세월에 걸쳐 검증돼야 한다. 그러기 위해서는 정확한 방사성 물질의 농도 측정이 필수다.

　문부과학성에 의한 동일본 전역에 걸친 항공기 모니터링 결과 등에서 후쿠시마 제1원전의 100킬로미터 범위 밖의 토양에서도 방사성 세슘의 침착량이 상당히 높은 것으로 나타났다. 이에 문부과학성은 6개월의 조사(제1차 분포 상황 조사)에 이어 2011년 12월 6일부터 제2차 분포 상황 조사를 시작했다. 차로 이동하면서 공간 선량률 측정과 함께 새로운 이동형 게르마늄 반도체 검출기를 이용한 측정을 실시했다. 이것은 검출기를 옥외에 설치하고 측정해 지표면에 분포된 방사성 물질로부터의 방사선을 검출, 토양 속의 방사성 물질의 평균 농도를 분석하는 방법이다.

이 측정 조사도 일본원자력연구개발기구가 중심이 돼 실시됐으며, 현지 조사에는 프랑스 방사선방호·원자력안전연구소IRSN 멤버 7명이 참가했다.

IRSN은 원자력 안전 및 방사선 방호를 목적으로 만들어진 조직으로 의학, 농학, 수의학 등의 전문가를 포함한 연구자, 기술자 등 약 1700명을 거느리고 있다. 방사능 위험에 대비해 방사선 방호 훈련 교육을 실시하고 비상시 지원도 한다. 이 연구소에는 후지와라가 말하는 '결사대'도 포함돼 있다.

IRSN은 원전 사고 28일 후인 2011년 4월 8일, 사고 후 1년 동안 주민들이 받을 가능성이 있는 피폭 선량 지도를 세계 최초로 공개했다. 이 지도는 미국 에너지정보청 국가 핵 안전국이 4월 7일 인터넷 사이트에 공개한 항공기에 의한 방사선량 측정을 기초로 작성된 것으로, 일본 문부과학성에 의한 방사선량 지도의 공개에 앞선 것이며, 원전의 서북쪽으로 폭 50킬로미터, 길이 70킬로미터에 걸쳐 현저한 방사능 오염 지대가 있다는 것을 세계에 보여주었다.

IRSN이 가세한 후쿠시마현의 이 조사에 나도 이틀간 동행했다. 내비게이션 안내가 안 되는 산간 도로에서 운전자가 헤매는 일도 있었다. 이동 중인 차의 유리에는 아무것도 심어지지 않은 논밭이 펼쳐졌다. 허무하게 익어 떨어지는 감나무 열매의 붉은 빛이 검은 흙과 흰 서리, 눈 속에서 부각돼 눈이 부실 정도였다.

이 조사에서 IRSN은 현장에서 어떤 방사선이 나오고 있는지, 선량뿐만 아니라 스펙트럼도 표시되는 게르마늄 반도체 검출기를 네 대 가지고 있었다. 일본에서 게르마늄 반도체 검출기는 연구실 내에 설치돼 있어, 보통 그곳으로 토양 등의 시료를 가져가 측정한다. 하지만 IRSN이 보유한 것은 휴대 가능한 검출기 세트로, 현장에서 방사성 물질의 핵종(원자핵의 종류)을 분석하는 일까지 가능하다. 이 조사를 정리하는 일본원자력연구개발기구의 사이토 기미아키에 따르면 오래전부터 사용해온 방법이지만, 일본에서는 대응할 수 있는 사람이 적다고 한다.

일본에서는 시도하려 해도 좀처럼 팀을 짤 수 없습니다. 이번에는 7개 조의 일본 팀이 모였습니다. 일반적으로 적은 시료를 가지고 돌아가면 이를 긴 시간에 걸쳐 측정하게 되지만, 현장에 와보면 부근 일대에 시료가 널려 있습니다. 1차 조사에서는 사방 3미터 내 5개 지점의 흙을 채취해 방사성 세슘 등의 토양 표면 침착량을 측정했는데, 그 좁은 범위에서도 수치가 고르지 않다는 것이 확인됐습니다. 측정 지점에 분포돼 있는 방사성 핵종의 평균적인 침착량을 그 자리에서 평가할 수 있는 이것은 좋은 측정 방법이라고 생각됩니다.

그렇다면 왜 지금까지 실시되지 않았던 것일까.

일본에서는 그런 것을 할 필요성을 별로 느끼지 않았다고나 할까요. 아마 사고가 발생하지 않으리라는 믿음이 있었다고 생각됩니다. 사고 직후에는 여러 핵종이 나옵니다. 어떤 핵종이 얼마나 나왔느냐 하는 것은 스펙트럼을 확인하지 않으면 모릅니다. 그것이 있으면 내부 피폭선량 평가 등 여러 유익한 분석을 할 수 있었을 겁니다. 안타깝지만 그런 준비가 돼 있지 않아서……

요오드131을 비롯해 사고 초기의 핵종 데이터는 내부 피폭의 원인과 영향을 알아내는 데 있어서 빠뜨려서는 안 될 자료다. 일본에는 IRSN과 같은 방사능 위험에 대응하는 조직이 없고, 예산은 개발 우선으로 책정됐으며, 거국적인 안전 신화 속에서 실제 안전 방호는 뒷전이었다.

IRSN 멤버는 측정 지점에 도착하자 익숙한 손놀림으로 빠르게 측정할 준비를 했다. 게르마늄 반도체 검출기에 연결된 컴퓨터 화면에는 두 종류 세슘의 파형이 선명하게 보였다.

이번 조사에서는 한 곳의 측정 시간이 원칙적으로 한 시간이었다. 그러는 사이, 걱정스러운 얼굴을 한 주민이 상태를 보러 와서 질문하는 일이 있었다. 아이를 여기서 놀게 해도 괜찮은가, 앞으로 채소를 키워도 괜찮은가 등등. 그때마다 직원 한 사람이 방사선 측정기로 선량이 높을 것 같은 곳을 측정해 수치를 확인하면서 설명했다. 고리야마시 서쪽에 있는 지점은 대체로 지역 전체 선량은 낮았지만, 공원의 미끄럼틀 아래와 논두렁, 도랑 등에서는 다소 높은 값이 나타났다. 머지않아 오염 제거 작업이 실시된다고 한다. 근처에 사는 여성은 오염 제거 때까지 아이가 드나들지 말아야 할 장소가 어디인지를 확인하고, 조금은 안도한 모습이었다.

한편, 선량이 비교적 높게 측정된 지점도 있었다. 주민이 피난한 빈집을 창문 너머로 들여다보면 신단과 피아노가 남겨져 있고, 뒷문에는 "마음대로 들어오면 경찰에 신고하겠다"고 써 붙인 종이가 있었다. 산속에 들어가면 IRSN의 컴퓨터 화면에 그려지는 세슘 차트의 산이 높아지곤 했다.

후지와라는 방사선량을 보고, 여기라면 먹어도 지장 없다고 판단한 것인지, 아무도 먹지 않는 감을 따와서 IRSN 멤버들에게도 권하며 함께 먹었다. 감이 일본 고유의 맛있는 과일이라는 것을 영어로 설명하면서.

그들이 측정하는 동안 나는 주변의 야산을 걸었다. 까마귀와 새들도 다 먹을 수 없을 만큼 주렁주렁 열린 감나무 아래에는 멧돼지의 것으로 보이는 발자국이 있었다. 떨어진 감은 멧돼지가 좋아하는 음식이다.

논밭에는 작물이 없고, 검은색 흙만 눈에 띤다. 내게 익숙한, 산화철이 많이 함유돼 불그스름한 서일본의 흙과 달리 검기만 하다. 물을 머금는 것과 동시에 물 빠짐도 좋은, 매우 비옥한 흙이다.

그러나 원전 사고로 더 이상 농업을 지속하긴 불가능하다. 수확되지 않고 방치된 채소는 썩었고 바짝 말라 흙으로 되돌아가려 하고 있었다. 밭 한쪽 구석에는 파 줄기가 살아남아 싹을 틔

위, 간신히 푸른색을 유지하고 있었다.

밭고랑의 돌을 들춰보니 공벌레 5, 6마리가 잠을 자다 깨어 당황한다. 돌 아래라면 방사성 물질이 적을지도 모른다. 나는 부드럽게 돌을 내려놓았다.

12월의 야산은 해가 빨리 진다. 측정을 시작했을 때 석양을 받아 붉디붉은 빛을 발하던 감나무 열매가 측정이 끝났을 때는 캄캄한 어둠에 휩싸여 있었다.

농업의 기반이며, 야생동물의 거주지인 흙과 생태계는 분명 크게 바뀌어갈 것이다. 흙에 가까운 곳에 살고 있는 야생동물은 당연히 피폭량이 많아진다. 실제로 원전 사고 약 반년 후인 9월에 니혼마쓰시에서 포획된 멧돼지 고기에서 킬로그램당 1만 4600베크렐의 방사성 세슘이 검출됐다. 당시 국가의 잠정 규제치의 약 30배, 2012년 4월 이후의 식품 기준치의 약 150배에 달한다. 그 후에도 후쿠시마현 전역의 멧돼지 고기는 일제히 잠정 규제치를 초과하는 농도를 보였다.

이에 따라 정부는 2011년 11월 9일 제1원전 주변 12개 시·정·촌에서 포획된 멧돼지 고기의 섭취와 출하 제한을 현에 지시했다.

토양 조사를 취재한 나는 점차 흙과 동물의 관계를 깊이 생각하게 됐다. 그리고 흙과 가까이 접하고 있는 야생동물의 피폭에도 주목하게 돼, 사냥꾼이나 야생동물 전문가를 찾아다녔다. 사냥 등록을 포기한 사람들의 집에는 잘 손질해놓은 엽총이 가만히 놓여 있고, 마당 구석에는 녹슨 새장이나 덫이 놓여 있었다.

자신의 기질을 발휘할 장소를 잃은 사냥개는 하늘을 향해 컹컹 소리를 냈다.

한편, 소는 야생동물이 되어가고 있었다. 피난 구역에서 우연히 만난 야생소나 길가에 쓰러진 소의 참혹한 광경, 빈집이 된 외양간의 모습을 목격한 나는 소가 처한 상황과 이들의 앞날을 추적하지 않으면 안 되겠다고 결심했다.

오염된 대지에
사는 것들

대지의 피폭에 의해 사람이 생활하던 국토는 광범위하게 손실됐다. 사람이 들어갈 수 없는 지역이, 앞으로 어떻게 될지 전망도 불투명한 채 존재한다.

원전 사고로부터 1년이 지났을 무렵, 사람 하나 없는 마을은 야생동물의 낙원이 돼 있었다. 사람이 살 수 없게 된 곳에서 방사능 위험은 꿈에도 모른 채 동물들이 살고 있다.

2012년 3월 11일 전후 엿새 동안 나는 렌터카로 이타테촌의 계획적 피난 구역을 돌았고, 소의 안락사 처분에 동의하지 않은 채 사육 관리를 계속하는 목장의 차를 얻어 타 경계 구역 안으로 들어갔다. 멧돼지와 원숭이 등 야생동물과 우연히 맞닥뜨렸을 뿐 아니라 살처분을 면한 채 살아가는 소들도 만났다.

나는 이타테촌의 나가도로에서 나미에정의 쓰시마로 통하는 국도 399호선 주변의 선량이 높은 것에 놀랐다. 나가도로 일대는 이로부터 4개월 뒤 귀환 곤란 구역이 돼 출입이 제한되고, 도로에는 바리케이드가 설치됐지만, 당시는 아직 자유롭게 드나들 수 있었다. 계획적 피난 구역인 이타테촌 안에서 이곳이 귀환 곤란 구역이 된 것은 2012년 7월 17일 피난 지시 구역 개편 이후다.

마주 오는 차량과 엇갈려 지나가기도 어려운 비좁은 눈길을 짐승의 발자국이 가로지르고 있었다. 숲으로 눈을 돌리자, 종류가 다른 동물의 발자국이 가로세로로 달린 흔적이 보였다. 고개 근처에 차를 세우고 산속을 조금 걸어보기로 했다. 서쪽으로 산등성이가 이어지는 가운데 이보이시산과 하나즈카산이 있고, 북쪽으로 히소강을 사이에 두고는 다타카이산이 보였다. 동쪽으로는 나미에정 아코우기의 산들이 있고. 산마루에 눈보라가 흩날렸다.

동물 발자국을 밟으며 눈길을 걷다보니 분명히 멧돼지의 것이라 여겨지는 새로운 흔적이 있었다. 너구리의 것처럼 보이는 발자국이 어지러운 가운데, 좌우 발자국이 일직선으로 뻗어 있는 것은 여우의 것인가? 나비 모양으로 희미하게 뛰어간 작은 발자국은 아마 다람쥐의 것이리라.

이타테촌과 나미에정의 경계인 산등성이에서 만나는 것은 새와 짐승의 발자국뿐. 산기슭과 히소 강변에는 히소, 나가도로, 와라비다이라 등 이타테촌 안에서도 고선량 지역이 있었다. '전원3법' 교부금 등과 무관한 지역이다. 이 마을에 이제 소는 한 마리도 없다. 인간도 없다. 사람과 가축이 공존하던 아름다웠던 산골의 오염을 제거하는 게 어렵다는 사실을 떠올리면 그저 막막할 뿐이다.

배낭 안에는 개와 고양이를 만나면 줄 생각에 가져온 치즈와 소시지가 들어 있었다. 하지만 야생동물이 모습을 드러내는 일은 없을 것이다. 그들은 숲속에 몸을 감춘 채 위험한 인간으로부터 숨어서 살고 있다. 눈 위의 발자국만이 이리저리 뛰어다니며 생명의 자국을 그리고 있었다.

바로 옆 가지에서 새가 날아갔다. 선량계의 스위치를 켜자 수치는 시간당 10마이크로시버트를 넘어 점점 올라갔다. 바사삭하는 큰 소리가 나서 나무 위의 눈이 떨어졌겠거니 생각했는데, 또 새가 날아올랐다. 더 이상 숲에 들어가면 안 된다. 발걸음을 돌려 급히 차로 돌아왔다. 새들을 놀라게 하지 않기 위함이 아니다. 여기에 오래 머무르면 위험하기 때문이다.

눈 아래는 더 고선량이다. 눈 녹은 물에도, 흙으로 돌아가고 있는 낙엽에도, 봄기운에 휩싸여 방사성 세슘이 녹아 있다. 눈에 보이지 않는 곳부터 변해버린 대지.

광대한 숲은 절망적인 수준으로 오염돼 있었다. 사람은 단념하고 되돌아갈 수 있다. 그러나 야생동물은 그 훨씬 안쪽에서 먹이를 찾고, 새끼를 낳아 키우는 수밖에 없다.

동일본 대지진으로부터 1년이 지나도 경계 구역 안에는 잔해가 그대로 있었다. 쓰나미가 남기고 간 웅덩이의 소금기 있는 물을, 야생화되면서도 가축의 성격을 간직하고 있는 소가 마시고 있었다. 그들은 인간이 다가와도, 새나 원숭이처럼 도망가거나 하지 않는다. 흥미진진하다는 듯 이쪽의 모습을 엿본다. 사람에게 사육되던 시절의 기억이 사라지지 않고 남아 있는 것이다.

인간이 사라진 동물들의 나라에서 삶은 죽음과 이웃해 있다. 방치된 소 떼가 사납게 달려가 유유히 풀을 뜯는 옆에는, 죽은 지 얼마 안 된 것으로 보이는 소가 온몸에 진흙을 묻힌 채 옆으로 누워 있었다.

방사선 측정기는 스위치를 켤 때마다 바쁘게 울려댔다. 후쿠시마 제1원전의 문 앞을 지나, 굴뚝이 코앞에 보이는 근처에서 차 창문을 열자 곧바로 시간당 24마이크로시버트를 나타냈다.

제1원전에서 북쪽으로 우케도에 걸쳐 쓰나미에 휩쓸린 해변을 달렸다. 군데군데 건물이었던 듯한 것들의 뼈대가 남아 있지만, 눈에 들어오는 것은 주변 일대의 잔해가 대부분이다. 육지로 발사된 거대한 죽은 물고기처럼 반듯하게 눕거나 모로 누워 있는 엄청난 수의 자동차들. 바다에서 멀리 떨어져 도로와 주택지로 올라온 배 중에는, 아직 사용할 수 있다고 판단해 일으켜놓은 것인지, 땅에 고정돼 서 있는 선체도 있었다.

차에서 내려 조금 걷는 것만으로도 방향 감각을 잃고 만다. 산 중턱에 배가 있고, 바다 쪽에 주택과 거기서 영위되던 생활의 잔해가 있기 때문이다. 뱃머리가 문을 부수고, 선미가 자전거의 뼈대를 으스러뜨리고 있다. 쓰러진 전신주에 전선과 어망이 휘감겨 있다.

1년이 지나도 엄청난 양의 잔해가 전혀 치워지지 않고 남아 있는 상태다. 다만 해안은 원전에서 가까워도 방사선량이 시간당 1마이크로시버트 이하이며, 의외로 낮은 곳이 많다.

　먼 산을 바라보자 문득 방치된 소 두세 마리가 내 시야를 가로막았다. 소들은 자신의 키보다 큰 마른 풀을 뜯으면서 여유로운 발걸음으로 숲속으로 사라져갔다.

　인기척 하나 없는 나미에정의 중심가를 지나 변두리에 오자 또 다른 소 세 마리가 콧김을 거칠게 내뿜으며 우르르 달리기 시작하는 장면과 맞닥뜨렸다. 그쪽도 내 쪽을 주목했다. 차에서 내려 다가가자 이쪽과 일정한 거리를 유지하려는 듯, 논에서 인가 쪽으로 이동했다. 이 거리를 유지하는 것은 인간에게 관심이 크다는 증거다. 지진 후에 태어나 줄곧 야생에서 살아온 소가 아니다.

　겨울의 마른 잡초가 무성한 논밭을 지나 차가 야산으로 들어서자, 길가에 원숭이가 네댓 마리가 기대어 앉아 있었다. 일광욕을 하던 중일까. 창문을 열고 카메라를 꺼내자 쏜살같이 숲 안쪽으로 달아났다. 민첩한 몸놀림은 야생동물의 것 그 자체였다.

　원숭이를 쫓는 눈앞에는 거미의 훌륭한 보금자리가 구름 사이로 비치는 빛에 반짝반짝 빛나고 있었다. 거미는 먹이가 될 벌레를 기다리고, 그 거미를 또다시 벌과 새가 노린다. 땅속에서는 지렁이가 흙을 먹어가면서 굴을 파고, 매미의 유충이 수액을 빨고, 장수풍뎅이의 유충이 부엽토를 먹고 있을 것이다. 그런 흙에도 나무에도 방사성 물질이 널리 스며 있다.

반짝이는 거미줄 저편으로 원숭이 무리를 놓친 나는 그 자리를 떴다. 하지만 뭔가 기척을 느껴 차창에서 뒤쪽을 돌아보니 저 멀리 어른거리는 것이 있었다. 원숭이 무리였다. 그들은 차가 거의 다니지 않는 도로에 나와 둥그렇게 둘러앉은 채 일광욕을 계속하고 있었다.

동물들에게는 경계 구역도, 계획적 피난 구역도 없다. 피난 지시 구역 개편 후 귀환 곤란 구역도, 거주 제한 구역도, 피난 지시 해제 준비 구역도 없다. 아무도 선을 그을 수 없는 대지, 자신들을 낳은 부모, 또한 그 부모들이 대대로 태어나고 죽어간 대지가 있을 뿐이다.

석양에, 지장보살 석상 앞에 웅크리고 있는 원숭이를 나는 사람으로 착각했다. 무리에 섞이지 않은 한 마리가 합장하고 있는 것처럼 보였기 때문이다. 내 기척을 알아챈 원숭이는 희귀한 것이라도 되는 양 이쪽을 바라봤지만, 내가 한발 내딛자마자 쏜살같이 뒷산으로 뛰어 올라가버렸다.

지금, 피난한 부모들을 짓누르는 걱정은 아이들에게 미치는 방사능의 영향이다. 만약 어떤 건강 피해가 발생한다 해도 그것이 발견되는 때는 몇 년 뒤다. 주민들이 피난을 강요당하지 않았더라면 지장보살은 이 땅에서 합장한 부모들과 함께 무거운 불안을 짊어졌을 것이다.

지장보살은 아이들이 없어진 것을 어떻게 생각할까. 순산, 건강한 성장, 사후 평안까지 아이에 관한 다양한 소원의 짐을 지는 보살이 지장이다. 그 내력을 따라가면 인도 바라문교에서 대지의 덕을 구현한 땅의 신, 어머니인 대지의 신에 가닿는다. 일본에 전해져, 사람들의 고통을 대신 받는 '대역 지장' 믿음이 활성화되어 결국 아이의 수호신이 됐다.

무인無人의 대지에서 내가 본 지장보살은 대부분 길가의 작은 석상이었다. 아이들이 이 땅으로 돌아올 때까지, 지장보살은 대지의 신으로 돌아온 것처럼 언제까지나 내내 서 있을 것이다.

제4장

방치된 소와 소 사육사의 도전

울타리의 안과 밖, 소의 삶과 죽음

방치된 소의
말로

원전 사고가 일어나기 전까지 소는 어디까지나 가축이었지, 야
생동물처럼 들판을 자유롭게 뛰어다니며 스스로 먹이를 찾아 살
아가는 동물이 아니었다. 그러나 사고 이후 원전에서 반경 20킬
로미터 범위의 경계 구역에서는 주인의 손을 떠나 야생동물과
똑같이 살아가야 하는 방치된 소가 나타났다. 원전 사고 대응에
나서는 이 외에는 인간의 그림자도 얼씬하지 않아 소를 다룰 수
있는 사람이라고는 하나도 없었다. 인간이 없어진 경계 구역은
야생동물에게는 낙원에 가까웠지만, 과연 소에게는 어땠을까.

5월 12일 안락사 처분 명령이 내려질 때까지 지진 후 두 달
사이, 젖소 대부분은 외양간 안에서 사망하거나 빈사 상태에 빠
져 있었다. 육우의 일부는 외양간 안에서 사망했지만, 대부분은

외양간 밖으로 뛰쳐나갔기 때문에 원전 사고 현장에 출입하는 차량과 가축의 접촉 사고가 빈번하게 일어나고 있었다. 전신이 검정 일색인 검은 털의 소가 밤 그림자에 뒤섞여 뛰어다니는데, 사람 없는 길에서 차가 속도를 높여 달리기 때문에 위험하기 짝이 없다. 소와 충돌해 차가 불타는 사고도 있었다. 소에 의한 교통사고 때문에 소 포획을 서두른 까닭도 있다.

가축의 안락사 처분은 후쿠시마현 가축보건위생소의 수의사를 중심으로 현이나 시정촌의 직원, 농림수산성 등에서 파견된 국가 공무원도 참여해 진행됐다. 처음에는 번식력이 매우 높은 돼지가 소보다 우선 처리됐다. 소는 1년에 한 마리 출산하지만, 돼지는 1년에 두세 번 분만이 가능하고, 한 번에 열 마리 정도의 새끼가 태어난다. 지역 내 돼지 사육 가구 수가 적고, 방치된 돼지의 소유자를 특정하기도 쉬웠던 까닭에 초기에 동의를 얻어 안락사 처분이 진행됐다.

우리 안에 생존해 있던 돼지 2400마리에 대해 몇 주 동안 안락사 조치가 이뤄진 적도 있다. 포획하는 수고는 들이지 않았지만, 실내에서 중장비를 사용할 수 없기 때문에 사체 반출은 인해전술로 할 수밖에 없었다.

7월경부터는 안락사 처분의 주된 대상이 소로 옮겨가, 외양간 안에 남겨진 소에 이어 방치된 소가 처분되길 기다렸다.

방치된 소를 포획하려면, 먼저 소를 몰아넣기 위한 울타리를 설치해야 한다. 소 떼를 확인하고 발자국이나 배설물을 통해 행동 패턴을 확인할 필요도 있다. 동시에 매몰 장소를 정해두지 않으면 안 된다. 원칙적으로는 소유자의 토지에 매몰됐지만, 소유자가 이를 원하지 않거나 적당한 매몰지가 없으면 시정촌의 공유지에 묻었다.

안락사는 구체적으로는 미국 수의학회에서 권장하는 진정·마취·근육 이완의 3단계로 진행됐다. 진정제를 근육에 투여해 얌전하게 만든 뒤, 정맥에 마취제를 투여해 잠들게 하고, 근육 이완제로 죽음에 이르게 한다.

우선 진정제를 소의 목이나 어깨, 엉덩이 등에 살짝 투여한다. 소가 멍해지거나 혹은 소란스럽게 날뛰거나 하지 않게 됐을 때, 사람이 붙잡아 못 움직이게 하고 정맥에 주사한다. 그중에는 보통 양의 2배를 넣어도 진정되지 않는 소도 있다. 날이 갈수록 소는 야생화되어 진정제가 효과를 내기 어려워졌던지, 작업자를 위협하며 돌진해오는 위험한 장면이 연출되곤 했다.

처분 작업이 시작되고 몇 달은 사람이 그립다는 듯 소 쪽에서 다가왔다. 사람이 가까이 가도 도망가지 않고 풀 뜯는 데 여념 없었다. 강렬한 햇살을 피하기 위해 자신이 사육되던 외양간으로 돌아갔다가 날이 저물 때까지 지붕 아래에서 지내는 소도 있었다. 주인이 아니라도 가볍게 얘기하면서 소들을 쉽사리 울타리 안으로 유도할 수 있었다.

하지만 지진 후 2년이 지난 시점에는, 혹여 소가 울타리 안에 들어갔더라도 사람이 전혀 접근할 수 없게 돼, 진정시키려면 불어서 쏘는 화살과 마취총을 사용해야 했다.

매몰 장소, 안락사 처분에 종사하는 직원, 죽은 소를 옮겨 묻는 중장비를 다루는 업자의 삼박자가 갖춰졌을 때는, 한 번에 30~40마리를 매몰시키기도 했다. 그중 한 가지 요소라도 빠지면 작업이 멈춰버린다.

예를 들어 600킬로그램이나 나가는 소를 이동시키려면 크레인이 필요한데 BSE 검사 등으로 소를 전문적으로 운반해온 업자도 경계 구역 안에는 들여보내지 않았던 탓에 원전 관련 작업을 하는 건설업자에게 의뢰할 수밖에 없었다. 그들에게는 본래 맡은 바 일이 있어 매몰을 원하는 날짜와 시간에 맞춰 올 의무는 없었다. 소를 포획했어도 처분 작업이 계속 지연되고, 직원이 매일 먹이와 물을 줘야 하는 일도 있었다.

후쿠시마 현청의 수의사에 따르면, 안락사 처분을 추진하는 데는 연락 조정도 힘들었다고 한다. 시정촌 사무소는 이미 장소를 옮겼고, 제 기능을 하지 못하고 있었다.

자기 땅엔 묻고 싶지 않다는 사람의 심정도 알 거 같아요. 돌아왔을 때 거기에 소가 묻혀 있다면 괴로울 겁니다. 매몰지를 조정하는 과정에서 수원지에 가깝다든지 또는 쓰나미에 떠내려갈 위험이 있다든지 하는 이유로 백지화된 적도 있습니다. 소유자한테 허락을 받아 (시정촌) 사무소가 정한 장소에 울타리를 만들어도 인근 농가에서 안락사 처분을 여기서 하지 않았으면 한다는 목소리도 나옵니다. 울타리를 다시 만들려면 돈과 에너지를 쏟아부어야 하지만, 결국 이동시킬 수밖에 없네요.

지진 당시부터 1년간, 이와키 가축보건위생소에 근무하던 이수의사는, 최전선에서 안락사 처분 작업을 하지 않으면 안 되었다.

처음에는 피폭이 두려웠어요. 방사성 물질은 색과 형태가 없어 눈에 보이지 않는데, 선량계를 보니 숫자가 점점 올라가는 곳에 들어가게 됐더라고요. 피폭량을 최소화하면서 효율적으로 작업하려고 했지만, 어쨌든 그런 일은 다시는 하고 싶지 않아요.

동물을 좋아해 수의사가 되어 가축의 생명을 구하고 축산 농가를 지원하는 일에 보람을 느꼈는데, 무슨 운명인지 살처분을 하는 역할을 떠맡게 됐다. 아침부터 방호복을 착용하고 일단 경계 구역에 들어가면 저녁에 돌아올 때까지 물은 마셔도 식사는 전혀 할 수 없다. 더운 날씨에 장화 속은 땀이 연못처럼 고이고, 땀으로 부풀어 오른 장갑을 벗으면 수도꼭지를 튼 것처럼 땀이 쏟아져 나왔다.

죽은 소는 깊이 파인 구멍의 바닥에 크레인으로 한 마리씩 옮겨 그 위에 1미터 두께 이상 흙을 덮는다. 복토가 얕으면 아무리 소독약을 뿌려도 야생동물이 와서 파내버린다. 안락사 처분을 할 때마다, 국화 등을 올리고 합장하며 묵념하는 방호복의 모습이 보였다. 매몰 작업에 참여하는 건설 회사 직원 중 승적을 가진 사람이 있어, 방호복 위에 검은 옷과 황토색 가사를 입고, 흙 위에 솔도파(죽은 이의 공양 등을 위해 범자나 경문 구절 따위를 적어 묘지에 세운 뾰족하고 갸름한 나무판 ─ 옮긴이)를 세운 뒤 경을 외우고 공양했다.

"작업하는 사람 모두 제각각 '어째서 우리는 이런 일을 하고 있지?' 하는 응어리가 있었던 듯합니다. 업자 분들 역시 마음의 정리를 하고 싶겠지 하는 생각이 들었어요."

이렇게 말하는 이 수의사는 지금도 때로 플래시백 현상이 일어나, 당시의 정경이 문득 눈앞에 떠오른다고 한다. 그 외에도 날이 밝든 저물든 안락사 조치에 쫓기는 사람들은 마음에 크고 작은 상처를 입었다.

"안락사 처분은 결코 하고 싶지 않았는데, 사람이 되돌아올 수 있는 환경 만들기의 첫걸음이라며 스스로를 타이르고 다잡는 느낌이네요."

이런 이야기를 해준 수의사는 죽음을 맞이할 소를 애도하기 위해 향을 준비하며 안락사 처분 작업에 임하고 있었다. 짧은 불경의 문구를 기억해 마음속으로 읊으면서.

2010년 미야자키현에서 발생한 구제역으로 살처분에 관여한 수의사와 작업원, 입회한 농가 사람들 중에 외상후 스트레스 장애PTSD를 앓는 이들이 있다. 구제역은 가축 전염병이기 때문에 안락사보다 신속한 대량 살처분이 우선시돼 수의사의 손을 빌리지 않고 죽이기도 했다. 하지만 이번 상대는 감염시키는 바이러스가 아닌 생물을 피폭시키는 방사능이며, 가축 소유자의 동의를 얻은 후 이뤄진 안락사였다. 그런 까닭에 농가도 수의사도 장기간에 걸쳐 괴로운 마음과의 싸움을 피할 수 없었다.

방치된 소의 안락사 처분에 박차를 가하기 전부터 많은 소가 죽음을 맞이했다. 수의사들은 습지 안에 소 14, 15마리가 빠져 벗어나지 못한 채 죽은 것을 본 적이 있다. 소는 자력으로 기어오를 수 없게 돼 점점 가라앉는다. 움직이면 움직일수록 더 가라앉는다. 사람의 힘으로도 어쩔 수 없었다. 사람이 자유롭게 드나들고 크레인 등을 준비할 수 있으면 도왔겠지만, 경계 구역 안에서는 바랄 수도 없는 일이었다.

소는 발버둥치고 있었지만, 몸 절반이 늪에 빠지자 거의 움직이지 못하게 됐다. 진흙투성이가 된 소 떼를 달이 비췄고, 곧이어 태양이 불타올랐다. 일주일이 지나자 그곳엔 구더기가 무서운 기세로 번식했고, 2주 정도 지나자 소들은 백골이 됐다.

이 무리는 주인이 일주일에 두 번 정도 물과 먹이를 주러 다니던 목장의 소들이었지만, 동물애호 단체 회원들이 울타리를 열어 내보내버렸다. 그들은 외양간 안에서 굶어 죽은 소의 끔찍한 모습을 봤는지도 모른다. 또는 사육 관리를 받는 소라는 것을 알지 못한 채 안락사로부터 구하려 한 것일까. 목이 마른 소들은 한 마리가 물을 마시려고 늪에 발을 디디자 나머지도 눈사태가 난 듯 우르르 쏟아져 들어간 것이다. 가축인 소가, 사람이 도망쳐버린 피폭된 대지에 방치돼 야생동물로 살아가는 곳에는, 인간이 상상도 못 할 어려움이 도사리고 있었던 것이다.

경계 구역 안에서는 목장 울타리 바깥에 방치된 소가 포획되면 그 자리에서 운명이 갈린다. 안락사에 동의한 농가의 소라면 처분되지만, 동의하지 않은 농가의 소는 주인에게 넘겨져 소는 원래 목장으로 돌아갈 수 있다. 그러나 굶어 죽거나 병들어 죽지 않고 방치된 소로 살아남는다 해도, 일단 안락사 처분용 포획 울타리 안으로 들어가버리면 주인의 판단에 따라 계속 사육될지 안락사 처분될지 생사의 갈림길이 기다리고 있다. 그리고 시간이 흐르면서 소들은 점점 더 안락사의 길을 걷게 되었다.

원전 사고 후 반년 정도는 기르던 농가별로 한데 뭉쳐 이동하는 소가 대부분이었지만, 그 안에 다른 그룹의 소가 섞이거나 처음부터 뿔뿔이 행동하는 소도 있었다. 포획 울타리에 들어간 소는 대부분 낯선 사람이 오면 재빨리 도망치려 하거나 거칠게 날뛰면서 위협한다. 그러나 주인에게 극진히 보살핌을 받은 소는 안락사 처분을 하는 작업원이 접근해도 도망치지 않고 다가온다고 한다. 사람을 신뢰하며 살아왔고, 사람과 친숙한 채로 신뢰하다 죽어간 것이다.

주인이 안락사 처분 현장에 입회하는 일은 거의 없었다. 피난처에 있다가 입회 허가증이 필요한 경계 구역에 지정된 날짜에 맞춰 오는 일은 쉽지 않았고, 주인으로서도 되도록 보고 싶지 않은 광경이었을 것이다. 반면 자신들은 가족처럼 소를 대해왔기 때문에 마지막 순간도 길거리에서 헤매게 놔두지 않고 끝까지 지켜봐주는 것이 가족으로서 할 일이다, 라고 말하며 입회하는 사람도 있었다.

미야자키의 구제역 때는 열심히 노력해 조만간 축산을 재개하자는 생각으로 살처분에 임했지만, 울부짖는 돼지와 소의 울음소리가 트라우마가 되는 참혹한 현장을 체험한 뒤 가축 키우는 것을 포기한 농가들도 있다. 후쿠시마에서는 안락사 처분에 동의

할지 말지에 대해 깊이 생각할 시간이 있었던 만큼, 마음의 갈등도 오래 지속됐다. 일단 동의했다가 철회한 농가도 있었다. 농부들의 이야기를 듣다가도 안락사 부분에 이르면 모두 입을 다물거나 입이 무거워진다. 심리적으로 궁지에 몰려 입은 상처는 1년이나 2년으로는 아물지 않는다.

소를 살리기 위해
울타리로 둘러싸기

안락사 처분 가축을 남 보듯 하며 태어나 자란 목장으로 돌아온 소도 있다. 경계 구역 안에서도 특히 피폭량이 많은 나미에정 오마루의 목장으로 이야기를 되돌려보자. 와타나베 후미카즈의 쌍둥이 소들은 어떻게 되었나.

아이즈에서 두 달여 피난생활을 한 와타나베는 2011년 8월 초 니혼마쓰시의 가설 주택으로 옮겼다. 여기서 쌍둥이 형제가 있는 목장을 둘러보러 가려면 경계 구역 출입 허가증이 필요했다. 그걸 얻기 위해 나미에정 사무소에 들렀을 때, 소 사육 동료인 하라다 료이치도 출입 허가증을 받으려고 열심히 협상을 계속하고 있다는 것을 알게 되었다. 와타나베와 똑같이 '나미에정 소 개량 모임' 회원인 하라다는 1961년생으로 당시 50세였다.

JA(후타바 농업협동조합)에 근무하면서, 지진 당시에는 부모와 함께 소 13마리를 기르고 있었다. 와타나베는 자신과 마찬가지로 어떻게든 소를 살리려는 사람이 가까이에 있다는 것이 든든하게 느껴졌다.

번식 농가는 소를 사들인 즉시 출하할 수 있는 것이 아니다. 내 집에 있는 소는 내 마음에 들도록 수십 년이나 교배를 거듭해 혈통을 만들어온 것이다. 송아지 때부터 내 집에 있는 녀석을 보면, 죽이자는 말을 들어도 그렇게 간단히 죽일 수 없다. 울며 겨자 먹기로 동의한 사람은, 멀리 피난해 있어 오가며 관리하는 것이 불가능하다고 여겨서 포기했을 거라고 생각한다.

하라다가 이렇게 말하는 것을 듣고, 와타나베도 "죽이는 그런 잔혹한 짓을 하지 않고 어떻게든 살릴 방법은 없는 걸까. 울타리는 어떻게 됐을까"라며, 늦여름에는 지평선 저편에서 뭉게구름이 피어올라, 소나기가 내린 뒤 기분이 상쾌해지는 오마루의 목장을 떠올렸다.

하라다의 목장은 후쿠시마 제1원전에서 서북쪽으로 9킬로미터, 나미에 시가지와 가까운 다카세 지구에 있었다. 하라다는 지진 후 쓰시마를 거쳐 후쿠시마 시내로 피난해, 니가타의 친척 집으로 갔다. 두 아들이 있는 도쿄에서 한 달 가까이 지낸 후 직장인 JA 후타바의 가설 사무소가 있는 후쿠시마 시내의 임대 주택으로 옮겨왔다.

피난할 때 소가 외양간 안에서만 자유롭게 걸을 수 있도록 해 놓고, 건초를 대량으로 놓아두었다. 전기는 들어왔기에 퍼올린 물만 마시고 있으면 살 수 있겠다는 판단이었다. 그런데 그로부터 2주 후에 도쿄에서 돌아와 보니 전기는 끊겼고 물통은 녹슬어 있었다. 그래도 소는 살아 있었지만, 언제 또다시 올 수 있을지는 예상도 할 수 없었다. 어쩔 수 없이 남은 먹이를 외양간에 넣고 입구를 조금 열어놓은 채 나왔다.

하라다와 와타나베는 '나미에정 소 개량 모임' 회장인 야마모토 유키오를 대표자로 내세워, 경계 구역의 목장 출입을 마을 사무소에 계속 요구했다. 나미에정 의원을 지낸 바 있는 69세의 야마모토는 국가와 현에도 동시에 제안했다. 행정부와 협상을 거듭해, 최종적으로는 자기 책임임을 전제로 하여 드디어 9월부터 주 1회만 출입이 허용됐다.

이렇게 해서 와타나베는 경계 구역이 설정된 후 넉 달여 만에 오마루의 목장으로 되돌아왔다. 오던 길에 벼가 노랗게 결실을 맺고 있는 논이 눈에 들어왔다. 순간 환상을 보고 있나 생각했는데, 그것은 양미역취(세이타카아와다치소背高泡立草) 군락이었다.

모내기를 하지 않은 논도, 소의 겨울철 먹이로 주던 옥수수 사일리지(옥수수를 사일로에서 발효시킨 것)용 밭도, 풀이 무성하게 자라 황폐해져 있었다. 한 번의 여름에 이렇게 풀이 잔뜩 나 버렸군. 목장은? 차로 방목지에 들어가자, 소가 풀의 뿌리 아래까지 뜯어 먹고 짓밟아서 황폐해져 있었지만, 녹색은 간신히 남아 있었다. 소는? 처음에는 멀리서 경계하며 이쪽을 바라볼 뿐

다가오지 않았다. "뭐야 저 녀석은" 하는 듯한 싸늘한 시선조차 느껴졌다. 차에서 내려 근처에 있는 가축의 이름을 부르며 앞으로 나아가자, 소는 엉덩이를 보이며 멀어져갔다. 사람보다 자동차를 무서워하는 듯한 기색으로 차에서 최대한 멀리 떨어지려고 했다. '인간 불신'에 빠져 있는 모양이다.

조금 거리를 두고, 한 마리 한 마리 건강 상태를 확인하는데, 소 떼 뒤 지평선 저편에서 이쪽으로 다가오는 두 개의 검은 물체가 눈에 들어왔다. 분명히 두 마리 소가 걸음을 옮기고 있다.

저것은?

틀림없이 야스이토마루와 야스이토마루 2호다!

두 마리는 조금씩 발걸음을 재촉하면서 당황해 서 있는 소를 지나쳐 빠르게 앞으로 나왔다. 순간 멈췄나 싶었는데, 육중한 걸음으로 와타나베 곁으로 다가왔다.

쌍둥이 형제는 헤어진 넉 달 전보다 훨씬 훌륭한 어른 소가 되어 있었다. 검은 털은 비에 씻기고 풀에 닦여 빛나고 있었다.

허약했던 두 마리 소는 아침저녁으로 보살피며 돌봐줬던 것을 기억하고 있을까. 송아지 시절 계속 설사를 해 앙상하고 휘청거리던 둘에게 매일 포카리스웨트를 먹여준 것은 겨우 1년 전의 일. 그 이후로 너무도 많은 일이 있었다.

음매, 음매. 두 소는 한 번씩 울었다. 와타나베는 두 팔을 목에 두르며 안았다. 번갈아가며 뺨을 비볐다. 얼마 안 있어 3마리, 4마리, 형제 뒤로 소들이 모여들었다.

"오늘은 선물이 이것밖에 없어."

와타나베는 차로 돌아와 배합 사료의 포대를 꺼냈다. 포대 끝을 잘라내자 소들의 눈빛이 바뀌었다.

앞으로 몇 달은 일주일에 한 번, 본격적인 겨울이 되면 일주일에 두 번 오지 않으면 안 될 것이다. 사료 보충을 어떻게 할까. 자급하는 볏짚과 옥수수 사일리지가 없는 게 아쉽다. 사료를 구입하면 축산 경영이 어렵기 때문에 그동안 계속해서 자기 논밭에서 수확한 것을 소의 먹이로 제공해왔다. 상품으로서의 가치가 소멸하고 있으니 경영이고 뭐고 다 소용없는 것이지만.

와타나베는 경계 구역에 들어갈 때 의무적으로 휴대해야 하는 선량계를 꺼내보았다. 스위치를 켜면 금세 시간당 20마이크로시버트를 초과한다. 목장 안을 걷다보니, 30마이크로시버트를 나타내는 지점도 있다. 생물의 거주지로서는 상상을 초월하는 선량인 것이다.

이에 비해, 와타나베의 목장에서 동쪽으로 8킬로미터 떨어진 하라다의 목장 주위는 시간당 0.6마이크로시버트 이하였다. 와타나베의 목장보다 원전에 가까이 있는데도 선량은 훨씬 낮다. 이 정도라면 조만간 귀환이 이루어질 것이라고 와타나베는 생각했다. 아직 경계 구역 안쪽이라 오염 제거는 전혀 이뤄지지 않고 있지만, 미래에 벼농사를 재개하겠다는 것이 불가능한 꿈은 아니리라.

두 목장에는 선량의 차이뿐만 아니라, 넓은 산에 방목할 수 있는 산간 지역의 목장이라는 점과 도심에 가까운 외양간 사육이 중심이 되는 논 지대의 목장이라는 차이도 있다. 하지만 소중하게 키운 소를 살리고 싶다는 바람은 똑같았다. 두 사람은 먹이를 주러 다니면서, 얼마 안 있어 소를 가둬 사육하기 위한 울타리 정비에 힘을 쏟게 됐다.

이 무렵 하라다의 소는, 매주 먹이를 주러 가보면 집 앞 외양간 주변에 무리를 이루고 있었다. 꽤 멀리까지 갔던 소도, 먹이를 넣어주는 그릇이 먹이통에 닿을 때의 소리를 듣고 돌아왔다. 소의 귀는 사람보다 훨씬 감도가 좋다. 특히 고음은 사람보다 감지 영역이 4~5배 높은 것으로 알려져 있다.

그러나 이대로 방치하면서 키우는 것은 곤란하다. 다른 주민들에게 폐를 끼치게 된다. 주택가를 활보하거나 인가를 망쳐놓거나 하지 않도록 소를 가둬놓고 관리해야 한다. 그렇다고 매일 다니면서 사육 관리를 할 수 있는 상황도 아니다. 2주마다 출입 허가를 신청해야 했던 것을 한 달로 늘려달라고 요청하는 것만으로도 옥신각신한 적이 있다.

하라다는 여름 산 방목 때는 소가 마음대로 풀을 먹는다는 말을 와타나베로부터 들었다. 그렇다면 풀이 자라게 놔두고 있는 논 주위에 소를 풀어놓으면 어떨까. 와타나베도 이전부터 물이 없는 논에 소가 들어가 묵묵히 풀을 뜯어 먹는 것을 자주 봤다.

2012년 2월, 두 사람은 우선 시가지에서 가까운 하라다의 논을 단관 파이프 울타리로 둘러쌌다. 피폭한 논에서 실험적으로 소를 기르는 시도를 시작한 것이다.

다만 방치된 소가 몇 번이나 울타리를 부수고 침입해오는 것은 곤란했다. 들어오는 것뿐이라면 상관없지만, 암소가 임신하는 것은 그냥 둘 수 없다. 그래서 5월부터는 태양광을 이용한 전기 울타리로 바꾸기로 했다. 울타리 안에는 여러 종류의 목초 씨앗을 뿌리고, 네 구획으로 나눠, 소가 깨끗하게 먹으면 순차적으로 옆으로 옮겨가도록 했다.

전기 울타리 속의 소는 울타리에 닿으면 위험하다는 것을 알기 때문에 나가는 일은 없다. 하지만 간혹 외부에서 억지로 울타리를 부수고 들어오는 소가 있었다. 울타리 밖에서는 살처분이 진행되고 있었다. 침입자를 밖으로 내쫓으면 죽게 될지 모른다는 생각에 그렇게 하지 못했다. 게다가 소가 집과 부지를 망쳐놓고 있다는 얘기를 들으면, 자신의 소가 아니어도 소 사육자로서는 어깨가 움츠러든다. 와타나베는 그런 소가 나올 때마다 이표를 확인하고는 주인에게 연락해 양해를 얻은 소는 넓은 오마루의 목장에 넣어줄 수 있게 됐다.

소가 있으면 농지는
황폐해지지 않는다

울타리 만들기를 통해 와타나베 후미카즈와 하라다 료이치는 소와 관련된 일을 다시 검토하게 됐다. 그 성과는 몇 달 만에 나타났다. 파이프를 둘러싸고 소를 풀어놓은 논은 풀이 깨끗하게 뜯어 먹혀 있었지만, 그 옆의 논은 잡초의 길이가 날로 늘어날 뿐이었다.

사람이 들어갈 수 없는 경계 구역의 농지는 내버려두면 몇 년 만에 덤불로 바뀐다. 조만간 야생동물이 뛰어다니는 황무지가 되리란 것이 눈에 선하다. 소는 농지가 황폐해지는 것을 막는 데 한몫하고 있는 게 아닐까.

효과를 느낀 와타나베는 2012년 7월부터 8월까지 전기 울타리 설치로 바빴다. 논이나 산림을 광범위하게 둘러싸고, 주거지 침입 방지용으로도 울타리를 둘렀다. '나미에정 소 개량 모임' 회원의 울타리를 확대해가면서, 찬성하는 소 사육사가 있으면 나미에 이외의 마을에도 다녀왔다.

뜻을 같이하는 소 사육사가 연대하지 않으면, 개별 농가의 힘만으로는 경계 구역에서 소를 계속 키우는 것이 불가능하다. 자원봉사 단체의 지원으로 전기 울타리 비용을 제공받은 것도 감사할 일이었다. 설치 장소 결정, 말뚝 박기, 잡초 제거 등 지원자의 협력도 있어서 일은 순조롭게 진행됐다.

와타나베 등이 소를 관리하기 위해 적극적으로 움직이기 시작한 2012년 4월 말경, 즉 총리의 안락사 처분 지시로부터 약 1년 후, 경계 구역에서 소를 키우던 농가 277호 중 이에 동의한 곳은 약 60퍼센트인 175호에 불과했고, 절반가량의 농가는 아직 동의하지 않았다. 소의 숫자를 보더라도 약 3500마리 가운데 안락사 처분이 831마리, 안락사와 외양간 내 사망을 포함한 매몰 조치가 1885마리로, 아직 절반가량의 소가 살아 있었다.

안락사 처분에 동의하지 않은 농가 중 하나인 '나미에정 소 개량 모임' 회장 야마모토 유키오는 원전 사고 후 쓰시마 지구에서 동생이 사는 도쿄, 그리고 우라반다이로 피난했다. 우라반다이는 4월이 돼도 눈이 깊게 쌓여, 피난소로 돌아가던 중 길에 차를 버리고 걸어간 적도 있을 정도다. 그 야마모토가 우라반다이에서 7시간을 달려 목장이 있는 나미에정 스에노모리의 집으로 돌아왔을 때 이런 일이 있었다.

초산을 눈앞에 둔 소가 뒷산에서 울고 있었다. 해질 무렵 불러보고 찾아봐도 나오지 않았기에 그날은 가축의 먹이를 준비해놓고 발길을 돌렸다. 신경이 쓰여 이틀 후에 가보니 소 엉덩이에서 다리가 나와 있었다. 수의사에게 부탁하려고 해도 경계 구역 안으로 들어올 수가 없었다. 소를 단단히 묶어놓고 이미 죽은 송아지를 어떻게든 꺼냈다. 이 어미 소는 다행히 지금도 건재하다고 한다.

야마모토는 와타나베보다 열여섯 살 많은 1942년생. 전통 있는 '소마노마오이' 신사 합동 제례에서는, 시네하(나미에·후타바·오쿠마의 옛 지명)를 총괄하는 마을 대장을 맡았다. 지진 당시 야마모토의 목장에는 소가 33마리 있었지만, 산에서 물을 끌어오고 우물도 있었으므로 인근 외양간에서 아사 직전의 소를 목격하면 물을 가져다 마시게도 했다. 또 소를 살리기 위해 도쿄에 진정하러 가기도 했다.

니혼마쓰시 야마모토의 가설 주택에는 지진 이후 다양한 상담이나 불만이 들어와 있었다.

잠깐 귀가해서 보면 소가 정원수를 먹고 있고, 출입구에 똥을 싸질러놓고 있어요. 불만이 나오는 것은 당연해요. 그런 상황이라, 다른 분들께 폐를 끼칠 수는 없다며 울면서 살처분에 동의해 소를 죽게 한 사람도 있어요. 현의 직원도 나한테는 말하지 않았지만, 여러분에게는 나름 강한 압력이 있었지요. 소가 다른 사람 소유의 토지에 침입해서 물건을 부수거나 폐를 끼치거나 하면, 그것은 주인인 당신의 책임이요, 이렇게 말했다고 합니다. 나는 현의 어떤 직원이 그런 말을 했는지 듣고 바로 전화했습니다. 누구 때문에 소가 사람들한테 가서 폐가 되는 짓을 하고 있나? 먹을 것이 하나도 없는 것은 어째서이지? 주인이 나쁜 것인가, 국가가 나쁜 것인가, 아니면 도쿄전력이 나쁜 것인가라고.

그중에는 보상금을 받았는데 안락사 처분에 동의하지 않는 것은 괘씸하다는 목소리도 있었다. 그러나 보상금은 어디까지나 농가가 입은 경제적 손실에 대해 지불되는 돈이다. 그것은 도쿄전력에 대한 손해배상 청구일 뿐, 원자력재해대책특별조치법 규정에 근거해 총리가 내놓은 안락사 처분 지시와는 관계없다. 내가 들은 바로는, 2011년 6월 나미에정의 축산 농가를 대상으로 열린 설명회에서 후쿠시마현과 농림수산성의 담당자가 안락사 처분에 이어 보상 이야기를 했기 때문에 안락사 처분을 보상 조건이라고 여긴 농가도 많았던 것 같다. 하라다도 그 설명회에 참석했었다.

'빨리 안락사 처분을 하십시오'라고 이야기한 뒤, '보상금이 나와요'라는 말로 넘어갔기 때문에, 안락사 처분에 동의하면 보상금을 받을 수 있다고 착각한 농가가 많습니다. 집에도 돌아갈 수 없고, 소 관리도 할 수 없다면 이제 남은 것은 동의하는 일밖에 없다고.

이 같은 설명회가 열린 이듬해인 2012년 4월 5일, 안락사 처분을 명령한 기존 총리의 지시가 일부 변경됐다. 원칙적으로 안락사 처분을 하되, 출하 제한 등의 조건을 준수하면 '통근'이 가능해진 농장 등에서의 사육 관리도 인정한다고 발표한 것이다. 이것은 새롭게 피난 지시 해제 준비 구역과 거주 제한 구역이 설정된 데 따른 조치였다. 나미에정처럼 아직 피난 지시 구역 개편이 이뤄지지 않은 경계 구역에는 적용되지 않았다.

총리의 새로운 지시로, 원자력재해대책본부와 농림수산성은 국가와 후쿠시마현이 추진해야 하는 기본 방침을 제시했다. 여기엔 다음과 같은 항목이 포함돼 있다.

포획된 가축의 소유자가 다녀가는 게 가능해진 농장에서 사육을 계속하기를 원하는 경우
① 해당 가축의 새끼를 포함해 출하·이동·번식 제한
② 개체 식별 철저(외견상 명백히 구별 가능한 표시, 이표 장착 확인 등)
③ 격리 사육(울타리가 있는 전용 장소에서 사육, 외부인 출입 금지 간판 설치 등)
④ 가축의 선량 관리를 소유자에게 철저히 할 것을 요청한 뒤 해당 가축을 넘긴다.

'외견상 명백히 구별 가능한 표시'라는 것은, 소의 체모를 특수한 방법으로 저온 처리해, 탈색해서 목장의 심벌마크를 새기는 것이다. 이것은 오염된 소가 식육용으로 유통되는 것을 방지하기 위한 조치이기도 하다.

이러한 사회의 움직임과 인간들의 의도가 있었지만, 2012년 여름 경계 구역의 태양광 울타리 안에서 소들은 자유롭게 돌아다니며 부지런히 풀을 뜯어 먹을 따름이었다. 늦여름에서 초가을에는 그 성과가 일목요연하게 나타났다.

소들의 튼튼한 입과 위장에 의해 잡초는 깔끔하게 평정됐다. 방사성 물질만 없다면, 물을 끌어다 댈 경우 당장이라도 논으로 돌아갈 것 같다. 울타리 밖 논으로 눈길을 돌려보니, 봄부터 초여름에 걸쳐 잡초가 제멋대로 자란 곳은, 가을이 무르익음과 동시에 황색 페인트를 분사해놓은 듯한 양미역취의 거친 바다가 돼 있었다.

역시 소의 힘은 대단하다. 인간이 없어도 소만 있다면 논이나 밭이 황무지가 되는 것을 막을 수 있다. 농지를 농지인 상태로 유지할 수 있다.

와타나베는 자신의 키보다 높고 무성한 양미역취의 그늘에 앉아, 눈앞에 펼쳐진 하라다의 논을 바라보고 있었다. 여기라면 분명 쌀도 재배할 수 있을 것이다.

사람이 수고를 들이지 않고도, 소들은 제초기보다 더 깔끔하게 제초 역할을 해줬다. 혹시 방사성 물질을 포함한 풀을 먹은 가축의 배설물을 회수하면, 그 토지의 오염 제거 효과까지 기대할 수 있지 않을까.

마을은 방범에 힘을 쏟는 듯한데, 땅이 황폐해지지 않고 옛날의 경관이 유지된다면 보안 측면에서도 좋을 것이다. 겨울에 이 일대가 마른 들판이 돼 불이라도 붙는다면 순식간에 번져 손을 쓸 수 없을 것이다. 마을에는 소방 시설은커녕 사람 한 명 없고 수도도 끊겨 있다. 소는 마른 풀도 먹어준다.

사람이 들어갈 수 없는 경계 구역의 농지를 소에게 개방하면 어떨까. 사람이 귀환할 수 있는 날까지 농지를 농지인 상태로 계속 유지하는 데 소의 역할은 크다. 소의 혀, 소의 입과 위를 빌리는 것이다. 소는 씹는 것을 일로 삼는 동물이기 때문이다. 헤어졌던 소와 재회하고 나서 딱 1년. 와타나베는 '피폭한 소가 살아가는 의미'의 단서를 드디어 찾았다는 생각이 들었다. 소를 살려둘 이유와 더불어 소 사육사가 피폭한 소와 함께 살아가는 의미도.

하지만 이것이 안락사 처분을 철회해야만 하는 이유가 될 수 있을까. 아니, 이론보다 증거, 이 경치를 보여주면 된다.

와타나베는 일어나서 쌍둥이 소가 있는 오마루의 목장으로 향했다. 그곳에는 고선량 상태에서 많은 소가 살아 대지가 낳아 기르는 풀을 깨끗이 먹어치우면서, 가끔 오는 사람을 기다리고 있다.

'희망의 목장
후쿠시마' 발진

경계 구역 안에서는 M목장의 무라타 준과 요시자와 마사미가 '소를 살리는 것의 의미'를 둘러싼 투쟁을 벌이고 있었다. 피폭한 소이지만 수고를 들이고 사료 값을 들여 상품 가치가 없어진 터라도 계속 사육한다. 어떻게든 거기서 자타가 인정할 만한 의미를 발견해야 한다.

무라타는 책임감이 강한 소 사육 경영자다. 요시자와도 곤란에 빠진 동료를 도와주는 의협심 있는 소 사육사다. 완고한 구석은 있어도 두 사람 다 열린 마음의 소유자였다. "모두가 아이디어를 내고 지혜를 짜내 이 소들이 살아가는 의미를 찾아내자"라는 태도로 일관했다. 연구자나 정치인의 시찰, 미디어의 취재도 마다하지 않는다는 자세였다. 그것은 한편 오프사이트 센터

(원자력 재해 현지 대책본부)나 현·정 관료의 신경을 날카롭게 긁는 원인이 되고 있었다.

중의원 의원인 다카무라 쓰토무의 조언으로 '가축의 위생 관리' 명목하에 출입 허가증이 나온 뒤에도, 출입 및 사육 관리를 둘러싼 문제는 여러 차례 발생했다. 특히 국가의 안락사 처분 지시에 따라 두 사람에게 '반대 스위치'가 켜지고부터는 서로 330마리의 소를 지키기 위해 투쟁도 불사할 생각이었다.

두 사람은 이후에도 다카무라와 이따금씩 만나 경계 구역 안의 소에 대해 의견을 교환해왔다. 가장 신경 쓰이는 점은 겨울 동안 이만큼의 두수에 맞는 충분한 먹이를 확보하기 어렵다는 것이었다. 아무도 살 수 없는 경계 구역 안에서 소를 돌보는 사람의 문제도 있었다. 다카무라는 현지 취재를 통해 알게 된 기자에게도 말을 걸었다.

그중에서 APF 통신사의 두 젊은 기자가 협력을 제안해왔다. 그들은 취재를 통해 굶어 죽은 동물들의 매우 비참한 상황을 보고 왔다. 수십 마리가 목을 늘어뜨린 채 아사한 외양간. 구더기가 들끓고, 파리의 서식지로 변한 외양간. 그 처절한 사체 냄새에 비하면 분뇨 냄새 등 자연의 배설물은 살아 있는 증거로 여길 수 있다. 두 사람은 지금까지 소와 아무런 인연도 없었던 초짜지만, 소를 돌보거나 외양간을 청소하는 일에도 적극적으로 참여했다.

두 기자는 동료들에게도 널리 알려, 교대로 후쿠시마에 머물면서 협력했다. 정보 발신이 중요해졌기 때문에 목장 안의 현실을 전하는 생방송 카메라도 설치하고, 인터넷 방송을 시작했다.

그리고 2011년 7월 M목장 나미에 농장을 모체로, 무라타와 요시자와를 중심으로 하는 프로젝트 '희망의 목장 후쿠시마'가 출범했다. 나미에 농장의 소 사육 관리에 그치지 않고 소 사육사 동료들 간의 연계를 강화하며, 경계 구역 내의 소와 농가를 지원하는 활동 단체라는 성격도 지닌다.

활동 목적으로는 '원전 사고로 생명 존속의 위기에 처한 동물들의 보호·구조 활동과 사육·관리 활동'을 내세웠다. 실제로 자신들의 소 사육을 계속하면서 다른 농가에 먹이를 제공하거나, 기를 수 없게 된 소를 넘겨받았다. 안락사 처분용 울타리에 잘못 섞여 들어간, 안락사 처분에 동의하지 않은 농가의 소들을 차에 태워 주인의 목장까지 옮겨주기도 했다.

취지서에는 "이런 동물들을 계속 사육함으로써 향후 방사능 재해 예방에 기여할 수 있는 귀중한 과학적 데이터를 축적하고, 학술 연구 등 공익성이 높은 목적에 활용하는 목적"도 밝혀두었다.

경계 구역의 농가가 소를 기를 수 없게 되고 안락사를 선택할 수밖에 없는 상황에서, 소들을 살리는 제3의 길을 모색해나가는 것이 활동의 주축이 된다. 여기에는 피폭한 소에 대한 조사·연구도 포함된다.

그때까지 경계 구역 안의 가축 중 생존을 인정받아 구역 밖으로 반출 허가를 받은 일은 두 번밖에 없었다. 우선 특례로, 유서 깊은 전통 행사 '소마노마오이'의 보존을 위해 미나미소마시 오타카구에서 사육되던 제사용 말 28마리가 5월에 구역 밖인 미나미소마시 하라마치구의 공공 승마장으로 옮겨졌다. 다른 사례는 학술 연구 목적으로 6월에 미나미소마시에서 이바라키현 가사마시의 도쿄대학 농학부 목장으로 옮겨진 돼지 26마리다. '귀중한 고유 축종'이며, '방사선에 의한 영향을 조사 연구할 수 있는 가축'이기 때문에 용인됐다. 그 외의 가축은 살아서 경계 구역 밖으로는 나갈 수 없었다.

요시자와 등은 '희망의 목장 후쿠시마'에 의한 '보호·구조 활동'과 '사육·관리 활동'이 공개적으로 인정되기를 기대했다. 그러나 현실은 가혹했다. 생각지도 못한 곳에서 간섭을 받았다. '학술 연구'에 협력한다는 것을 내걸었기 때문에, 동물 애호가나 애호 단체로부터 동물 실험에 소를 제공한다는 게 도대체 무슨 의미냐는 식의 항의에 시달리게 된 것이다.

그래도 공식 블로그에 호소한 모금이 조금씩 모여 요시자와는 한 달에 몇 차례, 거리 선전 차량으로 도쿄와 후쿠시마 시내에 가서는 원전 사고로 파괴된 마을의 절망적인 상황, 경계 구역 피난민의 마음에 대해 계속 호소했다. 자신들은 마을에 언제 돌아갈 수 있을지 모른다, 돌아가더라도 자녀가 없는 마을, 쌀과 야채를 생산해도 팔리지 않는 마을인 나미에정은 일본의 체르노빌이 돼버렸다고.

한편 무라타는 M목장 경영에 필사적이었다. 소유한 1200마리 중 피난 구역 내에서 경제적 가치가 없어진 약 600마리에 대해서는 보상이 있다 하더라도, 나머지 600마리는 소문 탓에 시장 가격이 절반 가까이 하락했다. 게다가 출하도 정지됐다.

2011년 7월 미나미소마시의 농가가 도쿄에 출하한 소의 고기에서 킬로그램당 2300베크렐의 방사성 세슘이 검출됐고, 이는 곧 방사성 물질에 오염된 볏짚을 먹인 것이 원인으로 확인됐다. 후쿠시마현은 7월 14일 현 내 전역의 소에 대해 식육 출하 자숙을 요청했다. 19일에는 국가가 소의 현 외 이동(12개월령 미만 제외)과 도축장으로의 출하 제한 지시를 내렸다. 계획적 피난 구역, 긴급시 피난 준비 구역 지시가 있었던 사육 농가에 대해서는 전수 검사(모든 소를 현 내에서 도축한 뒤 정밀 검사를 실시), 그 외의 후쿠시마현 전역에는 전호 검사(농가마다 첫 출하 소 중 한 마리 이상 검사)를 실시하고, 나아가 현은 국가의 잠정 규제치인 킬로그램당 500베크렐보다 더 엄격한 50베크렐을 새로운 기준으로 정했다. 그 결과 8월 25일 출하 제한의 일부가 해제됐다. 그러나 출하 정지 기간이 지난 후에도 시장 가격은 낮아진 그대로였다.

M목장의 소도 전수 검사를 받고 다시 출하할 수 있게 됐다. 그러나 무라타는 후쿠시마에서 번식과 송아지 육성은 계속하더라도 비육 거점을 다른 현으로 옮기는 것을 고려하지 않을 수 없게 되었다.

무라타는 "소비자에게 팔기 위해서는, 문제가 있는 고기는 결코 시장에 나돌지 않는다는 확신을 줄 필요가 있다"고 말했다.

후쿠시마라는 브랜드에 대해 언제쯤 색안경을 벗고 다른 브랜드와 똑같이 인식해줄까. 안타깝지만 '후쿠시마'는 전 세계 사람들이 다 아는 곳이 돼버렸다. 체르노빌이라는 이름을 알고 있는 것처럼 말이다. 반영구적으로 '후쿠시마'라는 네 글자가 사람들의 머릿속에서 사라지지 않는다면, 후쿠시마 브랜드는 언젠가 사라질 운명인지도 모른다. 극단적인 얘기지만, 그런 것도 염두에 두어야 한다. 그런 상황에 있으니 계속 후쿠시마 브랜드를 고집한다면 회사를 꾸려나갈 수 없게 돼버린다.

무라타는 힘든 결단을 내렸다. 지진 1년 후, 비육 농장의 일부를 미야기현으로 옮긴 것이다. 소 브랜드는 번식·육성 기간보다는 오래 비육한 곳으로 결정된다. 원전 사고 이전부터 후쿠시마에서 태어난 송아지가 비육우로 팔려간 곳에서 성장해 각각 야마가타 소와 요네자와 소, 히다 소 등이 됐다. 피난 구역 밖에 있던 M목장의 일부 소도 미야기현의 농장에서 비육돼 센다이 소가 됐다.

무라타는 경영상의 판단을 하면서도, 원래대로라면 후쿠시마에서 번식부터 사육까지 일관되게 해나가고 싶다는, 고향에 대한 생각도 버리지는 않았다. 옮긴 뒤에도 '희망의 목장 후쿠시마'에 먹이를 계속 제공했다.

"여기 후쿠시마에서 경제활동을 재개하는 것이 역시 최종 목표니까 그때까지는 견디면서 도망치지 않는다."

무라타는 요시자와와 함께 국가 및 도쿄전력과 싸워야 하고, 눈에 보이지 않는 방사성 물질, 얼굴이 없는 평판과도 싸워나가야 한다.

소 사육사 동료가 있으면
마음은 꺾이지 않는다

사람도 가축도 생존하는 데 필사적이었다.

2012년 3월 12일, 내가 찾아간 '희망의 목장 후쿠시마'에서는 교통사고로 중상을 입은 송아지가 열심히 자기 다리로 일어서려 하고 있었다. 무라타가 목을 안고 들거나, 다리를 받쳐 어떻게든 일어섰겠거니 생각하면 금방 꽈당 하고 넘어져 엎어진다. 요시자와도 와서 거들었다. 소는 두 사람에게 의지해 스스로 목을 조금 들고 먹이를 맛있게 받아먹었다. 무라타는 여기저기 상처난 곳에 약을 발라줬다.

이 송아지는 한 달 전쯤, 2월 14일 후쿠시마 원전 정문 앞에 쓰러져 있던 것을 요시자와가 구조해왔다. 원전 작업원이 '희망의 목장 후쿠시마' 사무국에 전화해 어미 소와 송아지가 작업

관계자의 차에 치여, 어미 소는 즉사했지만 송아지는 살아 있다고 말해 요시자와가 현장으로 달려갔던 것이다.

'희망의 목장 후쿠시마'에 데려와 수의사에게 진찰시켜보니 척추가 손상돼 하반신이 마비됐고, 폐도 거의 망가져 호흡곤란에 빠질 것이라는 진단을 받았다. "오래 살지는 못할 거"라는 얘기였다. '후쿠'라는 이름이 붙여진 이 송아지는 그러나 스스로 물이나 먹이를 조금씩 먹을 수 있게 됐고, 혹시 회복될지 모른다는 기대감을 안겨주었다.

공식 블로그에 게재한 사진과 사고를 당한 장소 및 약 6개월의 추정 월령을 근거로 따져보니 사이타마현에서 피난생활을 하고 있는 후타바군 축산 농가의 소임이 틀림없다는 연락이 왔다.

주인과의 대면이 이뤄졌을 때 '후쿠'는 응석을 부리듯 큰 소리로 울고 네 다리로 버티면서 비틀거리며 일어났다고 한다. 요시자와 등은 처음 보는 모습이었다. 이날을 기점으로 휘청거리면서도 스스로 일어나 두 걸음, 세 걸음 열심히 걸으려고 하는 모습을 볼 수 있게 됐다.

투병의 나날 동안 사람에게 익숙해진 모양이다. 내가 가도 붙임성 좋게 강아지처럼 손을 핥았다. 무라타는 니혼마쓰로 돌아오는 차 안에서 나한테 불쑥 말을 꺼냈다.

"후쿠는 언젠가 가망 없게 될 거예요. 어느 시점에는 장례식을 치르지 않으면 안 돼요. 그 전까지는 최대한 돌보겠지만요."

무라타의 말대로 일주일 뒤인 3월 19일 '후쿠'는 경련과 발작을 일으키더니 죽었다. 아사와 달리 편안한 얼굴을 한 송아지는 목장의 남쪽, 마을이 내려다보이는 언덕 위 바람이 적은 장소에 묻혔다.

'후쿠'의 일은 TV로도 소개돼 전국에서 모금이 이뤄졌다. 농가로부터 먹이를 지원하겠다는 신청도 있었다. 요시자와 등은 그 지원금을 '사육·관리 활동' 외에, '보호·구조 활동'에 충당해 소가 계속 살 수 있도록 돕는 소 사육사 동료들을 지원하는 데에도 썼다.

2012년 6월, 나라하정 농가와 지원 단체가 기르던 소 약 60마리를 새롭게 '희망의 목장 후쿠시마'에 받아들였다. 사육 관리를 계속하기 어려워져 살처분이 임박한 데 따른 결단이었다.

이 목장은 이미 수용 능력을 초과했다. 그렇다고 60마리의 목숨을 못 본 척 포기해도 되는 것일까. 그러면 경계 구역에서 고생하며 소를 살려두고 있는 농가의 마음이 꺾여버린다. 혼자라면 쓰러지겠지만 격려하는 동료가 있으면 힘을 낼 수 있다. 지금, 우리 소는 대부분 방목장을 사용하고 있다. 신참 소에게는 외양간을 개방하면 된다. 사람은 앞으로 채워나가면 되지 않겠나.

그러나 어쨌든 소에게는 생존 경쟁이 더욱 힘들어진다. 성장한 소는 추위에 지지 않지만 송아지는 약하다. 실제로 싸구려 건초로 버티던 겨울철에 많은 송아지가 목숨을 잃었다.

요시자와라고 딜레마에 빠지지 않을 도리가 없다. 투우처럼 돌진해왔지만, 스스로의 무력함에 의욕을 잃기도 하고, 귀에 들려오는 말에 마음이 상하기도 했다. 잘못된 비판과 분별없는 야유는 흘려넘긴다 해도 지진 피해자끼리, 소 사육사끼리 으르렁거리는 것은 참을 수 없다.

왜 너희는 국가의 안락사 지시를 따르지 않느냐, 경계 구역의 소가 평등하게 죽어주지 않으면 너희가 소를 살려두는 동안 안락사에 동의한 우리는 손해를 본다 등등. 소 사육사 동료들 사이에서 얼굴을 붉히고 이런 말다툼이 일어난다. 어째서 피난민끼리 싸우지 않으면 안 되는 것일까. 잘못된 일이다. 거대한 조직인 도쿄전력과 국가 쪽을 보지 않고, 아무래도 눈앞의 의견이 다른 사람에게로 향하게 된다. 살처분을 실시한 가축보건위생소의 수의사와 그 자리에 입회한 동사무소 직원도, 소를 죽이는 것을 견딜 수 없어 한다. 가능한 한 죽이고 싶지 않지만, 직무상 처분하지 않으면 안 될 입장인 것이다. 소 사육사로서 못 본 척할 수 없어 먹이를 나르고 돌봐온 우리는 옳은 일을 했다고 생각한다. 그렇지만 긴급 피난할 때 소를 두고 도망간 농가도 그렇게 할 수밖에 없었고, 그 모든 게 올바른 판단과 행동이었다. 본의 아니게 안락사에 동의할 수밖에 없었던 것은 틀림없다. 죽이자, 죽이지 말자, 우리 모두가 말다툼을 하고 점점 힘이 빠져, 이미 이렇게 돼버렸나 하고 도장을 찍을 수밖에 없다. 원전 사고란 그런 것이다. 그렇게 해서 소를 묻은 장소가 도처에 있다. 언젠가는 위령비를 만들어야겠다고 생각하곤 한다.

2012년 12월 요시자와를 만났을 때, 그는 트럭의 운전석 구석에 흰 천으로 감싼 솔도파를 꺼내 보여줬다. '나무관세음보살 여시축생발보제심실개성불애동물제령공양탑南無觀世音菩薩如是畜生發菩提心悉皆成佛愛動物諸靈供養塔'이라고 적혀 있었다. 요시자와는 그 며칠 전, 목장 안에 떨어져 있는 소뼈를 주워 모아 위령제를 지냈다.

많은 소가 죽었다. 다른 한편으로는 태어난 소들도 있다.

'희망의 목장 후쿠시마' 안에서도 한때 매일같이 송아지가 태어났다. 원전 사고 전에 번식을 위해 종자 소를 데려왔기 때문이다. 330마리 중 거세된 수소를 제외한 약 200마리가 암소였다. 방목된 유일한 종자 소는, 자유롭게 이리저리 돌아다니다 연인을 찾으면 자식을 늘리기 위해 노력을 다했다. 그러더니 결국 홀쭉하게 야위어버렸다.

'시게시게'라는 이름의 이 종자 소는 M목장에서 공로가 컸는데, 그만 무라타의 대처가 늦었다. 다른 목장으로 이동하는 것은 금지됐고, 관리 인력도 부족할뿐더러 당시에는 거세 수술을 이유로 수의사가 경계 구역 안으로 들어갈 수 없었기 때문이다. 얼마 뒤 거세된 '시게시게'는 본래의 임무를 상실하고 갈 곳을 잃은 채 목장에서 살아가고 있다.

'시게시게'뿐만이 아니다. 경계 구역에 살아 있는 소들에게는 갈 곳이 없다. 갈 곳이라 함은 소들이 살아가는 장소이기도 하다.

"팔지 못하게 돼 경제적으로 아무런 가치도 없는 소에 대해 국가는 '정리해라, 죽여라'라는 말밖에 하지 않았다. 분명히 살아 있는 소들은 더는 가축이라고 부를 수 없을 것이다. 그렇다고 애완동물도 아니다. 내 목장을 보고 있으면, 방목하는 동물원 같다. 자연 동물 공원이랄까"라며 요시자와는 웃는다.

목장 밖에서는 여전히 거세되지 않은 소가 돌아다니고 있었다. 그들은 암소와 어울려 새끼를 만들고, 그 새끼는 태어날 때부터 사람을 모른다. 인간에게 먹이와 물을 받아먹은 기억도 없는 야생에 가까운 소다.

안락사
처분 현장

소는 기억력이 좋으며, 무서운 체험을 하면 학습하고 잊지 않는다. 공포의 감정이 소의 생육을 저해한다는 사실을 아는 소 사육사는 소에게 결코 고함을 지르거나 때리거나 발길질하지 않는다. 소의 목을 어루만지면서 말을 걸고, 스트레스 없는 쾌적하고 청결한 외양간 환경을 갖춰주려 한다.

안락사의 위험을 감지한 소는 아무리 먹음직스러운 먹이를 놔두어도, 포획용 울타리에는 들어가지 않는다. 동료가 포획돼 다시는 일어서지 못하는 것을 보던 소, 스스로 안락사 처분 직전까지 갔다가 도망친 소는 먹이의 유혹 앞에서도 결코 경계심을 잃지 않는다.

안락사 처분 작업원들은 모처럼 잡은 방치된 소가 흥분해 포획 울타리에 몸을 부딪혀 파손되거나, 높이 2미터인 울타리를 뛰어넘어 도주하는 것을 봤다. 소를 포획하고 있던 울타리가 무언가에 의해 파손돼 소가 사라진 일도 있었다.

'위험한 곳!' 소가 그렇게 느낀 것인지는 알 수 없다. 하지만 도망간 소는 이제 돌아오지 않았고, 멀리서 상황을 살피면서 울타리 안에는 들어가지 않았다.

포획의 위기를 벗어난 소는 가끔 경계 구역에 들어오는 인간을 관찰한다. 그 인간들은 지금까지 각양각색의 다양한 모습을 하고 있었는데, 지금은 한결같이 '흰옷'을 입고 있다. 그 '흰옷'이 가까이 다가오면 소는 비틀거리며 쓰러져 다시는 일어서지 못했다. 점차 소들은 '흰옷' 집단을 두려워하게 됐고 그들이 만든 울타리에는 들어가지 않았다.

포획 울타리는 소가 들어가면 자동으로 문이 닫히는 장치가 돼 있고, 안쪽에서는 열리지 않는다. 처음에는 한 마리마다 닫히는 장치였으나 이후 몇 마리가 한꺼번에 들어간 다음 닫히도록 고안됐다. 안락사 처분 작업은 사람과 소의 머리 싸움 양상을 띠고 있었다.

국도에서 10미터가량 떨어진 덤불 속에서, 장마가 끝나고 곧바로 설치된 울타리가 둔한 빛을 발하고 있었다. 왼쪽 뿔이 부러진 소 한 마리가 울타리에 접근했다가 멀어졌다가를 몇 번이고 반복하고 있었다. 울타리 안에는 향기로운 건초와 강한 냄새를 풍기는 사료가 놓여 있었다. 소들이 지붕 아래 살고 있을 때 주인이 아침저녁으로 빠뜨리지 않고 눈앞까지 가져다주던 것이다. 그 향기로움은 울타리가 보이지 않을 정도의 먼 곳까지도 바람을 타고 풍겨온다. 그 냄새에 소는 그리움과 동시에 위협을 느낀 모양이다. 울타리 안으로는 발을 들여놓으려고 하지 않는다.

소가 위험한 냄새를 등진 채 딱딱해진 쑥과 조릿대 잎을 갈아 먹고 있을 때였다. 국도 쪽에서 발굽 소리가 들리더니 소 세 마리가 달려왔다. 울타리 입구 앞을 천천히 왔다 갔다 하나보다 생각했는데 가장 큰 소가 울타리 안으로 쑥 돌진했다. 두 마리도 뒤따라 한꺼번에 돌진했다. 세 마리는 문이 닫힌 것도 모른 채 얼굴을 먹이에 파묻고 있었다. 억센 혀에 부딪혀 건초가 춤을 추고 배합사료가 흩날렸다.

이튿날 오후 '흰옷' 남자들이 왔다. 그늘에서 이를 지켜보던 소에게는 의외의 일로, 울타리 안에 있는 세 마리는 다가온 '흰옷'과 접촉했는데도 쓰러지지 않았다. 그뿐 아니라, 그들은 옮겨온 큰 주머니를 칼로 찢어 먹이를 듬뿍 두고 떠났다. 그 짙은 냄새가 울타리를 넘어, 뿔이 부러진 소가 있는 덤불 안쪽까지 퍼졌다. 세 마리의 소는 초조해하지 않고 느긋하게 계속 먹고 있었다. 입구의 문은 역시 닫힌 상태다.

해가 질 무렵, 이번에는 다른 두 마리 소가 울타리 앞에 나타났다. 울타리로부터 몇 미터 떨어진 곳에 서서 더는 가까이 가려고 하지 않는다. 안에 있는 소들이 먹이를 먹고 물을 마시는 것을 잠시 봤지만, 획 하고 몸을 날리더니 덤불 속으로 사라졌다.

소 세 마리가 울타리에 들어간 지 사흘이 지나 다시 '흰옷'이 모습을 드러냈고, 먹이를 두고 물을 채운 뒤 서둘러 돌아갔다.

나흘째 아침, 전날의 두 마리가 또 모습을 드러냈다. 그 외에 다섯 마리가 더해져 일곱 마리의 집단이 돼 있었다. 울타리 안세 마리와 바깥의 일곱 마리는, 울타리 너머로 코와 코를 비비거나 머리를 문지르고 있었다. 애초에 같은 목장에서 길러졌던 양서로 친근하게 울음소리를 내는 소도 있었다. 부모와 자식 관계이거나 어쩌면 형제가 있는지도 모른다. 소들에게 점차 '흰옷'에 대한 경계심은 사라졌다.

울타리 밖 일곱 마리는 천천히 울타리 주위를 돌기 시작했다. 그 움직임이 멈췄을 때, 놀랍게도 또 다른 입구가 하나 더 있었다. 이곳의 문은 열려 있었다.

한 마리가 슬슬 들어가고, 이어서 여섯 마리가 앞 다퉈 걸음을 빨리하며 진입했다. 일곱 마리의 눈과 코 앞에 건초와 배합 사료가 기다리고 있었다. 진수성찬을 맛볼 틈도 없이 문이 쾅 하고 닫혔다.

이 울타리는 안에 두 개의 칸막이가 있으며, 각각 입구가 붙어 있었다. 먼젓번 소가 들어간 입구가 닫히더라도 그 소가 미끼가 돼 동료를 유인하고, 다른 한쪽의 먹이가 있는 곳의 입구가 활짝 열려 있는 것이었다. 포획 울타리이기 때문에 물론 출구는 없다.

다음 날 정오쯤, 강한 햇볕을 반사하는 '흰옷'을 입은 수십 명의 남자가 찾아왔다.

"와, 포획 작전 대성공! 즉시 처분하지 않고 기다린 보람이 있었네요."

"항상 둘러봤던 터라 무리의 수는 거의 파악하고 있었으니까. 아직 상당수가 근처에 있을 거라고."

"잡은 뒤 매일 먹이와 물을 주는 것은 우리 쪽이기 때문에 장기전이 되면 괴로웠을 텐데. 싱거울 정도로 일망타진이네요."

"오늘은 저녁부터 비가 내릴 것 같으니, 작업을 서두르지 않으면……"

안락사 진정 단계에서, 맨 먼저 울타리에 들어간 세 마리는 스스로 찾아왔기 때문인지 금세 무릎을 접고 웅크렸다. 마침 정맥주사의 규정량이 다 들어갈 무렵 소는 바닥에 머리를 대고 잠들었다. 그리고 주사기가 작은 병에 들어 있는 근이완제를 빨아올렸다.

옆의 일곱 마리의 무리 중 다섯 마리는 진정 주사기를 든 수의사가 조금 쫓아다녀야 했지만, 마침내 얌전히 무릎을 꿇었다. 남은 두 마리는 애를 먹었다. 흥분해서 미친 듯이 날뛰고, 몇 번이나 울타리에 몸을 부딪혔다. 울타리를 넘으려고 뛰어오르다 무릎 근처를 세게 부딪혔다. 소들은 아직 울타리를 부수거나 뛰어넘을 정도로 야생화되지는 않았던 것이다.

열 마리의 소가 바닥에 검고 작은 산을 이룬 뒤에는 크레인 차례다. 한 마리씩 들어올려 덤프트럭에 싣는다. 소의 거대한 몸이 적재함에 내려질 때는, 소에게 고통을 줘서는 안 된다는 말을 들은 듯 주의를 기울이고 있는 것을 알 수 있다.

"매몰지 준비는 돼 있나?"

"네, 이 산 너머인데 차로 10분도 걸리지 않습니다. 이제 구멍을 파기 시작했어요. 보세요, 중장비 소리가 들리죠?"

소 1진이 도착했을 때, 매몰 작업원은 이미 깊이 3미터 정도의 구멍을 파고 있었다. 대지의 바닥을 조금이라도 깊이 파면 안락함이 늘어날 것처럼, 한 번 더 파고 또 파면서 포클레인으로 판 흙을 쌓고 있었다.

열차 한 량을 묻을 정도의 매몰 벙커에 비닐 시트가 펼쳐지고, 소가 한 마리씩 살며시 내려진다.

때로는 연구자가 소를 해부하기 위해 매몰 벙커의 바닥에 내려가 작업하는 일도 있다. 소석회가 살포돼 복토될 때까지 30분에서 한 시간 정도 해부한 뒤 연구 재료를 채취하는 것은 극히 어려운 일이다. 어쨌든 소가 크레인으로 일단 땅에 내려지면, 더이상 몸의 방향을 바꾸는 것은 불가능하고, 인체용 해부 도구로는 작업할 수 없다.

"선생님, 벌써 날이 저물고 있습니다. 슬슬 끝냅시다."

"조금만 더 부탁해요. 지난번처럼 머리에 소석회를 뒤집어쓰는 것은 저도 사양이니까, 곧 끝낼 거예요. 빨리 경계 구역을 나가고 싶은 마음은 알지만, 그렇게 재촉하지 말아요."

"업자들도 피폭 연구가 중요한 것은 이해해줍니다만, 이렇게 끝도 없이 계속하면 곤란해요. 편도 두 시간 이상 걸려 여기까지 와준 사람도 있으니까요."

가축보건위생소의 수의사와 연구자의 이런 대화가 계속되는 가운데, 작업의 동정을 살피려는 듯 뿔이 부러진 소가 어디선가 나타났다. 바로 근처에서 소의 모습을 알아챈 '흰옷'이 이표를 확인하려고 다가가자 싹 하고 도망갔다.

고— 고— 하는 땅울림을 일으키며 흙이 다시 묻힌다. 겹쳐져 잠들어 있던 소들의 모습은 금세 흙 속으로 사라져갔다. 이윽고 독경 소리가 울리고 향 연기가 피어오르자 방금 전의 소가 돌아왔다. 하지만 이제 인간에게는 결코 접근하지 않는다.

나란히 묵념한 '흰옷'이 뒷정리를 시작했다. 그들이 탄 차가 보이지 않게 되자, 뿔이 부러진 소는 약간 높아진 매몰지까지 와서 어둠이 내리깔았는데도 그 자리를 떠나려고 하지 않았다.

제5장

고향에서 멀리 떨어져

소의 시간과 인간의 시간

소와 함께
귀향하는 날은 올까

2013년 3월 11일, 동일본 대지진 발생으로부터 딱 2년이 되던 이날. 모토미야시에 있는 후쿠시마현 가축 시장에서 소 경매가 열렸다.

그곳에 이타테촌에서 피난 온 두 쌍의 부부가 있었다. 그들이 이타테촌에서 데려온 어미 소 '쓰노다 40'이 낳은 송아지 '나카지마 9'가 경매에 나온 것이다.

야마다 다케시와 요코는 지진이 있던 밤의 어둠 속에서 손전등 빛에 의지해 수의사인 히라노 야스유키와 함께 송아지를 여진이 계속되는 지상으로 끌어낸 그 사육사다. 코 안쪽을 볏짚으로 자극하자 재채기와 함께 숨을 쉬기 시작한 송아지는 태어난 뒤에도 다난한 밤을 보냈다. 아무리 애를 써도 초산인 어미 소가 젖을 주지 않았기 때문이다.

장남인 유타카는 수유를 싫어해 송아지에게 엉덩이를 향하고 있는 어미 소를 진정시키고자 잠도 자지 않고 곁에 달라붙어 있었다. 송아지에게 자신의 손가락을 빨게 하고 그대로 유두로 유도한다. 송아지의 빠는 힘이 약해서 잘 빨아먹지 못하는 경우도 있지만, 이번에는 어미 소가 어떻게든 먹이려고 하지 않고 발을 들어 송아지와 유타카에게 발길질을 했다. 대용 우유보다도 어미 소의 젖을 먹게 하는 편이 품이 적게 들뿐더러 금전적으로도 도움이 된다. 흥분해 있던 어미 소가 조금 온화해진 모습을 보이기 시작한 오전 3시가 돼서야 유타카는 한숨 자려고 집으로 들어갔다.

이튿날인 3월 12일 이른 아침부터 유타카는 소의 식수로 옆집에서 저장해둔 물을 받아다놓고, 곧바로 처갓집이 있는 와라비다이라로 차를 달렸다. 그곳은 산에서 끌어다 쓰는 물이 풍부했기 때문이다. 저녁에 라디오에서 흘러나온 것은 원전이 폭발했다는 소식이었다.

"거짓말이겠지, 영화가 아니니까."

처음에는 반신반의했지만, 사태의 심각성이 시시각각 전해져 왔다. 외양간에서는 이달 안으로 열 마리 가까운 소가 출산 예정이고, 이 가운데는 유타카가 직접 인공 수정한 소도 포함돼 있었다. 무엇보다 만삭의 아내, 아유미의 제왕절개 수술 예정일인 3월 22일이 코앞에 다가와 있었다.

바로 '가족회의'를 열었다. 당시 야마다의 집에는 다케시의 어머니가 건재하고, 아들인 유타카와 아유미 부부, 그들의 1년 8개월 된 장녀까지 4세대가 동거하고 있었다. 아유미는 노인 요양원에서 근무 중이지만 지진이 일어난 당시에는 출산에 대비해 출산 휴가를 낸 터였다.

아유미는 할아버지에게 달라붙어 지내는 장녀를, 할아버지와 떨어지게 하고 싶지 않다고 말한다. 유타카는 최악의 경우 혹시 죽더라도 인생은 모두 즐겁게 함께 생활하는 편이 좋은 것이라고 생각했다. 우리가 그동안 꽤 전기를 써왔으니까 어쩔 수 없이 이렇게 돼버린 거다. 하지만 아이는 이런 일과 관계없지 않나 생각하던 중 가슴이 두근거리고 온몸이 심하게 흔들렸다. 그때 딸이 "앙" 하고 울기 시작했다. 왜 다들 그렇게 어두운 거야, 마치 그런 느낌으로.

다케시가 "나를 빼고 일단 대피하도록 하렴. 앞으로 어떤 일이 일어날지도 몰라. 피난 연습이라고 생각하고 가면 돼"라고 말했다. 다케시 외에 모두가 울었다. 그날 밤 다케시를 남겨두고 가족은 후쿠시마 시내에 있는 요코의 친정으로 피난했다.

1982년생인 유타카는 현립 후쿠시마 상업고등학교 시절 야구부에서 유격수를 맡았고, 봄여름 두 차례 고시엔에 출전한 바 있다. "잘 못하는 데다 다리도 느린 것을 스스로 알았기에 야구는 고등학교까지만"이라고 결정해놓고 있었다. 대학 진학을 생각했을 때, 개발도상국 농촌에 가서 배울 수 있다는 도쿄 농업대학의 국제농업개발학과 팸플릿이 눈에 들어왔다.

괜찮을 거 같아 이 학교에 입학했다. 처음에는 농업을 이을 생각은 없었다고 한다. 그런데 베트남 등 개발도상국에 가보니, 가난하고 인프라도 갖춰져 있지 않지만 일본인보다 눈이 빛나고 활기찬 생활을 하고 있었다. 한편, 일본의 농촌 지역에서는 농업에서 희망을 찾지 못해 자살자가 나올 정도이니, 선진국이라 불리지만 선진국이 아니라고 느끼게 됐다. 일본의 농업에도 여전히 다른 방법이 있는 것은 아닐까. 대학 4학년이 됐을 무렵 유타카는 소 사육업을 잇기로 결정했다.

후쿠시마로 돌아와서는 인공수정사 자격도 취득해 교배 경험을 조금씩 쌓아갔다. 지진이 있었던 3월에 출산 러시였던 것은 소 영양 관리가 잘되고 있었기 때문이다. 2월에는 현에서 보내준 뉴질랜드 연수를 다녀왔고 "이제 본격적으로 소를 키우자"고 마음을 결정하자마자 지진이 발생했다.

후쿠시마시로 피난한 유타카의 가족은 3월 14일 저녁에 후쿠시마 원전 2호기의 연료봉이 노출됐다는 보도를 듣고, 15일 아침 아유미 친구의 권유로 야마가타현 사가에시로 옮겼다. 다행히 걸어다닐 수 있는 거리에 산부인과가 있었고, 아유미는 4월 5일 제왕절개로 둘째 딸을 무사히 출산했다. 아기를 데리고 후쿠시마 시내 요코의 친정으로 돌아왔다. 그동안에도 유타카는 가끔 이타테촌으로 돌아가 지역의 소방단 일을 했다.

유타카는 피난생활을 경험하고도, "소를 키우고 싶다"는 마음이 자기 안에서 사라지기는커녕 오히려 강해지고 있음을 느꼈다. 어쨌든 소에 관해서 공부가 되는 일을 찾으려고 생각했다. 조금 전 잡지에서 '맛있는 고기'를 특집으로 다룬 것을 생각해내고 그 잡지를 꺼냈다.

기사를 다시 읽은 유타카는 "여기에 연락해보자"며, 도쿄의 정육점과 미야자키현의 목장 두 곳을 선택해 인터넷으로 알아봤다. 가공 유통 판매점과 생산자라는 차이는 있지만 양쪽 다 마음이 끌렸다. 이곳에서 청소를 해도 공부가 될 것이다. 만약 일이 힘들어서 견디지 못하면, 거기서 아르바이트라도 찾아 생활해나가자며 아유미와 의논했다.

먼저 전화를 걸었던 도쿄의 가게에서, 가게 주인의 부모가 마침 교토에서 가게를 하고 있고, 다지마 소 농가와도 가깝기 때문에 그곳을 소개해줬다.

"일단 와봐라."

이에 유타카와 아유미는 두 아이를 데리고 5월 중순 교토로 옮겼다.

남아 있는 아버지 다케시는 결단을 내려야 했다. 소 사육을 포기할지, 어디론가 이사를 가서 계속할 것인지. 차례로 태어나는 송아지를 돌보다 눈이 핑핑 돌 정도로 힘겨운 나날. 몸속 깊은 곳에 피로가 두텁게 쌓이는 것을 느낀다. 이제 슬슬 소 사육을 포기할 때인가. 아니, 나는 아직 연금을 받고 살 나이가 아니다. 이 조여오는 듯한 짓누르는 피로는 몸의 피로가 아니라 태어나고 자란 고향, 이타테촌에서 쫓겨나듯 떠나야 한다는 사실에서 오는 것이다.

2011년 7월 3일, 다케시와 요코, 다케시의 어머니 세 사람은 이타테촌에서 서남쪽으로 약 100킬로미터 떨어진 니시시라카와

군 나카지마촌으로 옮겼다. 낙농을 폐업한 농가의 외양간을, 같은 이타테촌의 하라다 사다노리·기미코 부부와 공동으로 빌려 소 번식을 계속하기로 결정한 것이다. 그러나 외양간에 거주 설비는 없기 때문에 근처 아파트를 빌렸다. 말하자면 통근 소 사육이다.

다케시의 아버지인 겐이치는 이타테촌의 촌장을 15년간 맡았던 인물이다. 다케시 자신도 마을회 의원을 맡아 3기째인 2004년에는 촌장 선거에 출마했는데 현직인 간노 노리오에게 지고 말았다. 이후 소 사육에 전념해온 만큼, 이타테촌의 토지와 축산에 대한 애착은 누구보다 강하다. 지진 때 야마다 목장에는 어미 소만 30마리 가까이 됐고, 송아지를 포함하면 50마리 정도 있었다. 게다가 쌀과 담배, 브로콜리도 재배하는 이타테촌 농가의 전형이기도 했다.

"결국 시기를 봐서 돌아갈 수밖에 없다"며 다케시는 망향의 심정을 에둘러 말한다.

"이타테의 풀을 소에게 먹일 수 있는 상태가 되면 어떻게든 돌아갈 수밖에 없다. 그때까지 적어도 논만이라도 풀이 수북한 상태로 두고 싶지 않다."

아들인 유타카는 어떻게 생각하고 있을까. 나는 모토미야시에서 경매를 취재하고 나흘 뒤, 교토에서 유타카를 만나 이야기를 들었다. 유타카가 일하는 쇠고기 매장은 전국에서 일류 요리사와 정육 부문의 전문가들이 자주 견학하러 오는 유명한 가게다. 공부에 열심인 유타카는 일주일에 이틀의 휴가 중 하루를, 가게가 고기를 매입하는 날에 맞춰 다지마 소의 산지에 동행하고 있다고 한다. 송아지 보는 법, 가격 매기는 법, 무엇보다 지방의 질 등 맛을 추구하는 것을 배우고 있다는 점에서는 자신이 원하는 대로 됐다고 할 수 있다.

"규격상 입상할 정도의 소라도, 실제로 먹었을 때 맛이 떨어지는 건 왜 그럴까 전부터 생각해왔죠. 이타테촌으로 돌아가 소를 기르거나 혹은 다른 데서 소를 기른다고 해도 교배가 중요해지기 때문에 그걸 공부하고 싶어요."

유타카는 예전부터 고기와 송아지의 가격이 사시라고 불리는 지방의 마블링 상태에 따라 결정되는 데 의문을 품고 있었다.

불행히도 그것은 맛과 관계있는 지표가 아닙니다. 농가는 가급적 비싸게 사주기를 바라기 때문에 사시가 들어가기 쉽게, 그 부위가 아주 크게 되도록 겹쳐서 교배를 합니다. 그것이 일본 축산 농가의 현재 상황입니다. 저도 그렇게 했고요.

나는 소 사육사였던 유타카가 정육을 취급하는 현장에서 축산 방식을 모색하고 높은 품질을 추구하려는 데서, 유타카의 젊음과 새로운 축산업 세대의 등장을 알 수 있었다. 잡지와 인터넷에서 진로를 발견하고, 자신의 혀를 믿고 '맛있는 고기'를 만들고자 한다는 점도 기존 축산 농가의 후계자에게서는 볼 수 없었던 점이다.

번식 농가는 가축 시장에서 매매된 뒤의 비육에는 관심이 적고, 고기가 돼 매장에 진열되는 데까지 시야를 넓히지는 않는다. 현재 목장과 식탁은 단절돼 있다고 할 수 있다. 다만 유타카도 앞으로의 일은 아직 결정하지 않았다.

"나야 이타테로 돌아가고 싶지만, 지금은 아이를 심신 건강하게 키우는 것이 제일 중요하죠."

아유미의 친정이 있는 와라비다이라는 이타테촌 안에서도 피폭량이 높은 지역이다. 그동안 버섯과 산나물을 채취하고, 밭에서 키운 야채를 먹고 자랐다. 만약 그것이 불가능한 토지라면 돌아가고 싶지 않을 것이다. 쓸데없이 억울한 생각을 하게 될 테니, 라며 아내를 배려했다.

소를 키우면 그 지역에 뿌리를 내리고 20년, 30년 범위로 생각하고 시작해야 하기 때문에 장벽이 꽤 높아요. 지금은 정육 공부를 하고 있지요. 내가 하고 싶었던, 맛있는 고기를 만들고 싶다는 것은 축산 농가의 본질에서 벗어나지 않기 때문에 정육점을 해나갈 수 있지 않을까 생각합니다. 이타테촌에 돌아갈까 말까, 소 사육을 할까 말까. 아이가 초등학교에 들어가는 시기에 결정하고, 중학교를 졸업할 무렵까지 그 지역에서 어떻게든 발붙이려 생각하고 있습니다.

유타카는 "내가 돌아가 처음부터 다시 소 사육을 시작하는 것은 힘들므로 아버지가 외양간을 빌려서라도 계속 유지하고 있는 것"이라고 추측한다. 집 근처에 외양간이 있으면 교배의 기준이 되는 발정의 울음소리도 들리겠지만, 통근해서는 그렇게는 안 된다. 그래도 다케시는 다음 세대에 축산을 물려주기 위해 소 사육을 계속하는 것이라고 했다.

지진으로부터 2년. 소들에게는 인간과는 다른 시간이 흘렀다. 3월 11일의 경매에 나온 송아지의 어미 소 '쓰노다 40'은 지진 직전 유타카가 경매에서 구입한 소다. 그 '쓰노다 40'이 처음 임신한 아이가 10개월 가까이를 태내에서 보내고 2012년 5월 19일에 태어났다. 그로부터 296일이 지나 이제 경매장에 끌려온 것이다. 소의 성장은 인간보다 훨씬 빠르다.

이날 이른 아침, 아직 어둠이 가시지 않았을 때 송아지는 다른 송아지 두 마리와 함께 정든 나카지마촌의 외양간을 나왔다. 다른 두 마리도 나카지마촌에 올 때 다케시가 사서 키워온 이타테촌 소의 새끼였다.

성장한 세 마리의 송아지는 한때 어미 소들이 실려 있었던 같은 트럭에 실렸다. 신기한 듯 뛰어올라가는 소도 있고, 아쉬운 듯 외양간을 떠나려 하지 않는 소, 싫은 기색을 내비치며 타지 않으려 하는 소도 있었다.

아침저녁으로 단 하루도 쉬지 않고 먹이를 준 사람과 함께, 지금은 출발할 때다. 이제 이 외양간으로 돌아올 일은 없다. 소들이 토해내는 숨이 하얗다. 세 마리 소를 태운 트럭은 천천히 움직이기 시작했다.

이타테촌을 나온 어미 소의 새끼가
길을 떠나다

야마다 다케시와 마찬가지로 이타테촌에서 나카지마촌으로 옮겨온 하라다 목장의 하라다 사다노리·기미코 두 사람에게도 경매에 임하기까지 2년 동안은 괴로운 세월이었다.

지진이 일어나기 전 몇 년 동안 낙농 전업 농가에서 조금씩 소 번식으로 비중을 옮겨왔고, 50마리에서 60마리 선을 유지하며 소를 기르고 있었다.

지진이 일어난 날 기미코는 이제 막 제출하려고 확정 신고서를 쓰고 있었다. 격렬한 흔들림을 느낀 기미코는 밖으로 뛰쳐나와 외양간으로 달려갔다. 외양간 앞에서 기미코는 "신이시여, 제발 외양간만은 망가뜨리지 말아주세요. 집은 망가져도 상관없으니 외양간만큼은"이라며, 주저앉아 빌었다고 한다.

정전 상태가 오래 지속돼, 손으로 젖을 짜는 날이 이어졌다. 게다가 그 앞에는 원유의 출하 제한과 원유가 폐기될 날들이 기다리고 있었다. 그리고 수의사인 히라노 야스유키가 진료 일지에 "이타테촌에서 젖소가 모습을 감췄다"고 적은 5월 31일이 됐다.

장소를 옮겨 낙농을 재개하는 것은 무리인 터라 젖소에서 손을 떼지 않을 수 없었고, 사다노리와 기미코는 남은 육우를 어떻게 할지에 대해 논의했다. 사다노리는 야마다 다케시보다 일곱 살 어리고, 아들은 농협에서 일하고 있다. 이타테촌을 떠나야 한다면, 소 번식을 폐업하는 것도 염두에 두고 있었다. 반면 기미코는 단호히 반대했다.

"소 키우는 것을 그만두는 일은 도쿄전력에 지는 것이다. 소를 팔아 보상을 받고 살아가는 것보다 소와 함께, 소를 데려가 제2의 인생을 내딛는 것이 좋다."

사다노리와 기미코는 7월 초 다 큰 소 열여덟 마리, 송아지 세 마리와 함께 나카지마촌으로 이사해, 야마다 다케시 부부와의 공동 외양간에서 축산을 재개했다. 그 뒤로 두 가족은 협력해 소 사육을 계속하고 있다. 기미코는 소득에 보탬이 되도록 요양사 자격증을 따서 노인 요양원에 풀타임으로 취직했다. 외양간 임대료를 지불하고 사료를 구입하면 소를 키워 경매에 내놓아도 손에 얼마 남지 않기 때문이다.

하라다 사다노리와 기미코, 야마다 다케시와 요코 네 명은 소 사육을 하는 틈틈이 외양간 사무실에서 자주 이야기를 나눴다. 내가 방문한 날엔 다케시가 부재중이었다. 소에 관한 일이라면 기미코는 열정적이다.

쓰나미로 죽은 사람의 가족은 비록 국가의 도움이 없더라도 열심히 노력하고 있어요. 우리는 원전 때문에 고생했고 피폭 중이기 때문에 방사능으로 병에 걸릴 가능성도 크지만, 목숨까지는 잃지 않았습니다. 자신의 발로 걸어갈 수 있는 한 열심히 하지 않으면 안 되겠지요. 낙농은 계속할 수 없고, 소(육우)도 팔아서 보상을 받는 편이 좋다고 말하는 사람이 많았지만, 우리는 보상보다 우리 소를 선택했으니까요. 아무리 변상을 받아도 문제는 그런 게 아니에요. 우리에게는 가족과 같으니까요. 이 사람도 인공수정사 자격을 가지고 스스로 지금까지 해왔기 때문에, 낙농과 소로 경영이 이뤄져온 것이에요. 나는 아직 젊으니까 다른 일을 해도 상관없지만, 우리 남편은 이제 와서 토목 작업에 나선다고 하면 큰일이고, 다른 사람 밑에서 일하면 스트레스로 인해 그야말로 병에 걸릴 거라고 생각해요. 그래서 소를 데려온 것은 후회하지 않아요.

기미코의 의견에 따라 가축 사육을 계속했지만 사다노리는 "180도 환경이 바뀌었다"고 말한다.

"소 사육사가 설마 아파트 생활을 하리라고는 생각도 하지 못했죠. 외양간에서 아파트까지 차로는 고작 몇 분이고 걸으면 20분 정도 거리이지만, 지금까지처럼 잠깐 외양간을 들여다보고 오겠다고 할 수는 없습니다. 저녁에 반주라도 하면 일하고 싶지 않은 마음이 불쑥 들기도 하고요. 최근에는 익숙해졌지만."

똑같이 아파트 생활을 하며 소를 계속 사육하는 야마다 다케시의 아내 요코도 "더러워진 옷 그대로 아파트에 들어갈 수도 없고요"라고 말한다. "이타테촌 부흥은 축산에서부터"라며 소 사육에 집념을 불태우는 다케시와 함께해왔지만 지금은 회의적일 수밖에 없다.

소문 피해로 후쿠시마 사람 모두가 고통을 받는 가운데 농작물 등 식재료를 취급하는 것은 굉장히 어렵다고 생각합니다. 내가 만약 어린아이를 둔 젊은 엄마라면 후쿠시마산은 역시 피할 겁니다. 하물며 이타테에서 소를 기르는 것은 차마 생각할 수도 없지요.

하라다 사다노리도 "나는 다케시 씨보다 기개가 부족하니 언제까지 소 사육을 계속할 수 있을지 모르겠어요. 이타테에서는 이제 축산은 할 수 없을 것 같다는 생각이 드는데요"라고 중얼거렸다.

"할 수 없을 것 같다는 생각이 드는 게 아니고, 할 수 없게 된 것이라니까"라며 기미코의 어조가 격렬해져 나는 3명의 대화를 옆에서 듣고만 있게 됐다.

"방사능은 5년이나 10년 안에 사라지지 않는 거야. 세슘134는 조금씩 줄어들지만 137은 거의 줄어들지 않아. 그게 무서운 거야. 나는 (이타테에는) 돌아오지 않을 거야. 요코 씨 농장도 후계자 유타카 군이 돌아와 이제부터 새롭게 시작하는 곳이었는데……."

"그래요, 우리 가족은 그림에 그려진 집처럼 행복했죠."

"정말 그래요. 그게 단번에 지옥이 돼버렸어요. 분하네요"라며 기미코가 한숨을 계속 내쉬었다.

"이런 걸 생각하면 정말 우울해지니까 생각 않고 긍정적으로 일할 뿐. 그러다보면 길도 열릴 거라고 믿으니까."

"기미코 씨와 우리 남편은 무척 긍정적이에요"라며 요코가 내 쪽을 향해 말했다.

"어차피 나는 브레이크예요"라며 사다노리가 얘기에 끼어들자, 모두 웃었다.

"그렇지만 브레이크도 소중하지요. 긍정적인 사람도 필요하지만, 그 뒤를 커버하는 사람이 없으면 안 돼요. 우리 남편은 마을회 의원은 그만뒀지만 아직 여러 직책으로 밖에 나가 있는 일이 많기 때문에 사다노리 씨에게 도움을 받지 않으면 나는 소를 돌보는 게 정말 불가능해요. 이타테촌에 있을 때는 주로 담배랑 브로콜리 재배가 내 역할이었으니까."

"다케시 씨가 아무리 노력해서 돌아가려 해도 현실적으로 무리인 것은 무리니까. 제염 따위는 아무리 말해도 2층에서 눈에 안약을 넣으려는 것에 비유할 수 있죠. 밑 빠진 독에 물 붓기예요. 나는 돌아가지 않아요. 돌아가고 싶은 사람은 부디 돌아가세요. 나는 여기서 내가 쓰러질 때까지 일할 테니까."

이런 기미코의 말을 듣고는 요코가 이렇게 말했다.

"긍정적인 의미에서 돌아가지 않는다는 사람과, 반대로 긍정적으로 돌아간다는 사람. 두 쪽 다 적극적인 것이지만…… 부부가 생각하는 게 제각각이네요."

"그래요. 피난생활이 이혼으로 이어지는 사람이 많이 있어요"
라고 말하면서 기미코는 미소를 약간 띠었다.

"그래도 이렇게 서로 도와가며 그럭저럭 해나가고 있으니까요.
가끔 일이 끝난 뒤 근처 온천에 갈 수 있다는 건 행복이죠. 낙농
에만 매달려 있을 때는 그런 시간 여유 따위는 없었으니까요."

기미코는 소뿐만 아니라 아파트에 개와 고양이도 데려다놓았다.

"남편한테서 나랑 소 어느 쪽이 더 중요하냐는 핀잔을 듣지만,
귀여운 것은 귀여운 것이니까요. 고양이도 귀엽고 개도 귀여워
요. 자기 아이랑 똑같지요."

이타테촌 하라다의 집 주변에는 정착해서 사는 야생 고양이
의 절반이 아직 남아 있다고 한다.

"주변 사람들은 내가 고양이를 좋아한다는 것을 알기 때문에
우리 집 주위에 고양이를 놓아두곤 했죠. 아침에 젖 짜는 압축기
를 돌리는 소리가 나기 시작하면, 아, 우유를 마시겠다고 고양이
도 닭도 다 모여들었어요. 먼저 짠 것을 담은 용기를, 자 하며 근
처에 놓으면 모두 모여서 마시는 거예요. 고양이는 열 몇 마리 있
었지요. 교통사고를 당하거나 하기 때문에 늘어날 것 같은데 늘
어나질 않아요. 이 일이 아침저녁으로 하루 두 번."

기계로 짜기 전에 손으로 짜는 것을 전착이라고 하는데, 젖꼭지
가 자극돼 젖이 잘 나오며 이상도 발견할 수 있다. 고양이들은 그
접대를 받고 있었던 것이다. 그런 평온한 생활이 파괴되어 1년이
지나고 2년이 지났다. 지금은 후쿠시마 시내에 있는 아들이 가끔
집을 살펴볼 겸, 주위 고양이들에게 먹이를 주러 다닌다고 한다.

2013년 3월 11일 경매 당일. 하라다 사다노리·기미코가 이타테촌에서 데려간 두 마리의 어미 소가 낳은 송아지도, 오전 8시를 지나 모토미야시 후쿠시마현 가축 시장에 도착했다. 태어난 지 295일 된 히사타다의 어미 소는 우메야스후지이고, 아비 소는 야스후쿠히사다. 297일 된 후쿠하루의 어미 소는 후쿠하루, 아비 소는 기타노다이후쿠다. 후쿠하루는 이번이 초산. 최근 2년 사이에 송아지는 성장해서 어미 소가 되고 새끼를 낳은 것이다. 태어난 송아지가 겨우 제 몫을 해 이날 경매에 임한다. 히사타다와 후쿠하루는 트럭에서 내려 많은 소와 함께 약 한 시간 후에 시작될 경매를 기다린다. 붉은 옷과 장화 차림의 기미코가 긴장한 기색인 소 두 마리의 목과 등을 부드럽게 문지르며 정성껏 솔질해준다.

그 옆에는 야마다 다케시·요코의 소 세 마리도 나란히 있다. 요코는 회색 머리에 연한 자주색 스카프를 감고 연분홍 장화를 신고 있다. 반짝반짝 빛나는 진지한 눈빛이 소의 전신을 향하면서 역시 솔질에 여념 없다. 마치 '소 사육 소녀' 같은 느낌이다.

334마리가 나온 경매에서 하라다 소의 입장 번호는 선두에 가까운 3번과 4번. 야마다의 소는 8, 9, 10번이다. 소들은 머리에 번호표를 붙이고 있다.

경매 개시가 선언됐다. 소들은 주인이 밧줄을 쥔 채로 번호 순서에 맞춰 경매장으로 향한다. 앞으로 가길 꺼리며 날뛰는 소도 있다. 나는 앞질러서 구매자들이 진을 치고 있는 계단식 의자 좌석 뒤에서 하라다와 야마다의 소 경매를 보게 됐다. 경매장에 들어온 다케시와 요코가 이따금 이야기를 나눈다. 사다노리와 기미코는 긴장한 기색이다.

드디어 하라다의 소 차례다. 사다노리와 기미코 두 사람은 가축 시장 담당자에게 밧줄을 넘긴 채 출구에 서서 지켜봤다. 갑자기 전광판에 빨간색으로 가격이 표시되고, 수치는 순식간에 바뀌어 상승했나 싶었던 무렵 멈췄다. 후쿠하루는 62만 엔이라는 높은 값이 매겨졌다. 그때 사다노리와 기미코가 눈빛을 교환하며 살짝 미소를 짓는 모습이 내 눈에 들어왔다. 멀리서도 기미코의 하얀 이빨이 빛나는 게 보였다.

아들인 유타카가 구입하여 야마다 다케시가 이타테촌에서 데려온 '쓰노다 40'이 낳은 송아지에도 50만 엔이 넘는 가격이 붙여졌다.

경매장을 나온 소들은 다른 건물 안에서 머무르다 새로운 주인의 손에 이끌려 다음 거주지로 길을 떠난다. 그곳에서 일부 소는 어미 소가 돼 새끼를 계속 낳고, 다른 많은 송아지는 앞으로 20개월 정도 비육우로서의 삶을 살게 된다.

원래 주인과의 이별은 태어나고 자란 외양간을 떠날 때 이미 이뤄졌다. 소들은 이제 가축 시장 직원에게 이끌려 차례로 경매장을 떠났다.

야마다 목장은 이날 송아지가 태어날 예정이었기 때문에 요코만 서둘러 나카지마촌으로 돌아갔다.

제6장

소가 계속 살아가는 의미

소 사육을 지원하는 연구자

피폭한 소의
존재 가치

　소를 계속 사육하는 농가뿐만 아니라, 안락사 처분 지시가 나온 직후부터 경계 구역의 소를 살리려는 연구자들의 움직임이 있었다. 그들 또한 피폭한 소를 계속 살게 할 의미가 무엇인지를 생각해왔다.

　무엇보다 연구자에게는 피폭한 생물이 이렇게 많았던 때가 없었으니, 의미 있는 연구 대상이 되리라는 것은 자명한 이치다. 의학, 생물학, 생태학, 방사선학 등 분야를 막론하고 전 세계 어디를 가도 이 같은 대규모 생물 피폭 실험은 할 수 없다. 체르노빌에서 할 수 없었던 면밀한 조사를 통해 분석 결과를 공표하는 것은 원전 사고를 일으켜 방사능 오염을 확산시킨 나라의 과학자가 질 책무라고 할 수 있다. 내부 피폭이 진행되고 있는 소를 살처분하고 되돌아보지 않는 것은, 미래에 도움이 되는 지식과 과학적 진실을 얻을 기회를 스스로 저버리는 것과 같다.

이와테대학 농학부의 오카다 게이지 준교수는 2011년 여름부터 경계 구역 안에 들어갔고, 피폭한 소의 존재 가치를 호소해 왔다.

오카다는 '동물 의료 없는 지역'으로 변한 현실을 보고는 살처분에 동의하지 않는 농가의 소를 진찰함과 동시에 황소를 거세하고 다녔다. 내버려두면 점점 교배돼 우왕좌왕하는 순간 두수가 늘어나버리기 때문이다. 그러면 경계 구역은 야생소투성이가 돼, 포획하려고 해도 따라잡지 못하게 된다. 이듬해 4월 이후는, 학창 시절부터 친구인 수의사의 도움을 받아 100마리가 넘는 황소를 거세했다.

메스와 가위를 사용하는 거세 수술은 5분이면 끝나지만, 마취하고 잠들게 하기까지가 힘들다. 한 마리에 세 시간 넘게 걸린 적도 있다. 얌전한 소에게는 살며시 다가가 살짝 주사를 놓을 수 있지만, 접근하는 일은 점점 어려워졌다. 계속 야외에서 살아온 황소는 1년을 지나 서너 살이 되면 거의 맹수에 가깝다. 접근이 여의치 않으면 주사기를 창끝에 붙이거나, 입으로 부는 화살을 이용하기도 한다.

계속해서 거세하며 다닌 결과, 마지막에는 보통의 5배 이상의 진정제를 주입해도 뛰어다니는 강자들만 남았다. 보통은 5분에서 10분이면 약이 효과를 내는데, 30분이 지나야 겨우 우르르 무너지듯 무릎을 굽히고 잠드는 사나운 녀석들이다. 밧줄을 손에 든 남자들이 소를 쫓고, 성난 소가 온몸으로 덮쳐오는 등 마치 서부극의 세계 같다.

오카다는 대학에서 학생들에게 소를 진료할 때 필요한 처리 (보정)에 대한 실습 지도도 해왔다. 날뛰는 소에 대한 대처법에도 어느 정도 자신이 있었지만, 한 걸음만 잘못 움직여도 뿔에 찔리거나 걷어차여 목숨을 잃을 위험이 있다. 야생에 눈을 뜬 황소들은 자손을 만들 씨가 끊긴다는 걸 느끼는지, 결사적으로 저항한다. 마지막에는 굴복하더라도 시술 후 각성제를 맞으면 다시 일어선다. 소들은 의식이 몽롱해진 상태에서 비틀거리며 일어서서는 다시 넘어지면서도 대지를 딛고 떠나갔다. 다 큰 소의 고환은 한 손 가득할 정도의 크기여서, 준비한 자동차 냉장고의 문이 닫히지 않을 정도였다.

거세의 목적 중 하나는, 소의 혈액과 고환의 방사능 정도를 측정하는 것이었다. 나미에정 오마루 지구의 와타나베 후미카즈 목장의 소는, 고환 속 방사성 세슘이 킬로그램당 평균 8892베크렐이었다. 나미에정 수에노모리 지구에 있는 야마모토 유키오의 목장은 1406베크렐, 다카세 지구의 하라다 료이치의 목장은 241베크렐……. 고환 속 방사성 세슘 값의 차이는 장소의 공간 선량의 차이를 여실히 반영하고 있었다.

오카다는 거세 수술을 하면서 경계 구역 안에서는 동물 의료가 전혀 이뤄지지 않는 현실을 다시금 눈으로 확인했다. 살아 있다고는 하지만 병들어 쇠약해진 소가 너무 많고, 살아남은 가축의 삶의 질 향상과 먹이를 주러 다니는 농가의 피폭을 줄일 필요성을 강하게 느꼈다고 한다.

경계 구역에 생존해 있는 소는 가축도 아니고 야생동물도, 애완동물도, 실험동물도 아니며 동물원이나 수족관에 있는 전시 동물도 아닙니다. 이처럼 어느 범주에도 속하지 않는 소는 가축, 즉 산업동물로서의 앞날도 끊겨 있습니다. 이미 소의 생체 오염 제거에 관해서는 전망이 서 있으며, 오염되지 않은 사료를 석 달 정도 먹이면 소의 체내를 피폭 전과 같은 수준으로 청정화할 수 있다고 알려져 있습니다. 우리도 청정 사료를 섭취하던 경계 구역 내 소의 40퍼센트 이상이 출하 기준을 충족시켰다는 것을 확인했습니다. 소의 오염은 원전 20킬로미터 범위에서도 저마다 달라 일률적으로 살처분할 이유는 없습니다. 그러나 고선량으로 쉽게 오염을 제거할 수 없는 지역도 있어, 소문 피해는 앞으로도 계속될 것입니다. 갈 곳 없는 소를 살아남게 할 가능성이 있다면, 연구 대상으로 사용할 수밖에 없습니다. 저선량 장기 피폭의 지속적인 연구는 물론이며, 소에 의한 농지 보전 연구도 유망하다고 생각합니다.

소에 풀을 먹여 농지 황폐화를 방지하는 시도는, 앞서 설명한 것처럼 2012년에 와타나베 후미카즈 등 '나미에정 소 개량 모임' 회원의 목장에서 그 효과가 입증됐다. 내가 이야기를 들은 2013년에는, 오카다가 와타나베 등이 실천한 것을 더 진행해 '소를 방목하여 방사능에 오염된 농지와 마을 산을 제염하는 것' '가축의 무인 관리 시스템 구축'까지 연구 과제로 삼고 있었다.

도시와 농지에서 세정하기, 표토 벗겨내기 등으로 제염이 진행되고 있지만, 광대한 삼림 지역의 제염은 뒷전이라고 할까, 아직 방법을 찾아내지 못했다. 그러나 축산 농가 대부분은 산지와 휴경지에서 소를 사육해왔기 때문에 선량이 높은 지역에서는 가축에 미치는 영향이 의심돼 미래의 영농 재개에 걸림돌이 된다. 그래서 초지와 삼림지에 방목했을 때의 방사성 물질 동태와 가축에 미치는 영향을 조사해, 축산 안전성 확보를 위한 기초 데이터를 수집하고 소를 이용한 제염 가능성도 검토하기로 한 것이다.

오카다는 지진 이전부터 소의 움직임을 잡아내는 센서를 사용해 외양간 내부 소의 행동을 파악하는 무인 감시 시스템을 개발해왔다. 몸의 흔들림이나 걸음걸이 변화를 통해 발정, 분만, 건강 상태 등을 알아내고 질병의 예측과 진단에 활용하는 것이다. 예를 들어 무인 관리로 소에 방사선 센서를 부착하면, 소의 생애 피폭량을 알 수 있고, 사육하는 주인의 피폭량도 줄일 수 있다고 한다.

살아남은 소를 연구에 활용함으로써 피폭한 소를 돌보는 농가의 부담을 줄이고, 결과적으로 소를 계속 살려둘 수 있다. 그래서 오카다는 소의 피폭 조사에 열심히 임하고 있는 다른 연구자와 일본 수의사협회에 손을 써, 자신이 사무국장을 맡는 '일반 사단법인 도쿄전력 후쿠시마 제1원자력발전소의 사고와 관련된 가축과 농지 관리 연구회'(통칭 '가축과 농지 관리 연구회')를 설립, 2013년 초부터 활동을 시작했다.

참가하는 농가는 '나미에정 소 개량 모임' 회원 외에도 오쿠마정, 후타바정, 도미오카정, 미나미소마시의 피난 지시 구역의 농가로, 소 두수는 총 360여 마리. 이타테촌의 소는 모두 그 이전에 마을 밖으로 내보내졌기 때문에 여기에는 포함되지 않는다.

2월부터 3월에 걸쳐 오카다 등은 서둘러 소의 개체 식별 및 관리 목록 작성에 착수했다. 목장에 울타리를 설치하고 가축을 몰아넣은 뒤 이표 장착, 임신 진단, 거세 등을 실시했다.

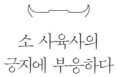

소 사육사의
긍지에 부응하다

　방사선 외부 피폭에 관해서는 지금도 히로시마와 나가사키의 원폭 피폭자의 기록이 인체에 미치는 영향을 파악하는 데 평가 기준이 되고 있다. 내부 피폭에 대해서는 쥐 등을 사용한 실험도 있었지만, 아무래도 한계가 있다. 불행한 일이긴 하나 사고에서만 배울 수 있는 과학적 지식도 있는 것이다. 후쿠시마 원전 사고로 피해를 입은 가축은, 내부 피폭이 생물에 미치는 영향을 알게 하는 귀중한 자료가 될 수 있는 것이다.

　수의방사선학 전문가인 기타사토대학의 이토 노부히코 교수에 따르면, 가축을 대상으로 하는 방사성 세슘의 생물학적 반감기에 관한 데이터는 그동안 거의 없었지만, 이번 사고에서 피폭한 소의 조사를 통해 근육의 종류에 따라 세슘이 줄어드는 양상이 전혀 다르다는 것과 그 규칙성도 알게 됐다고 한다. 덧붙이자면, 생물학적 반감기라는 것은 체내에 들어온 방사성 물질이 대사 및 배설에 의해 절반으로 줄어들기까지의 시간을 의미한다.

'가축과 농지 관리 연구회'에 참여하기 전부터, 이토는 경계 구역 안에서 포획돼 안락사 처분을 기다리는 소를 사용해, 사육 환경과 영양 상태를 단계적으로 개선하면서 해부하고 생물학적 반감기를 조사해왔다. 먼저 근육과 장기를 72종류의 조직으로 나눠서 채취한 다음 내부 피폭의 변화를 조사했다. 전신의 근육을 모두 조사한 결과 근육의 크기와 생물학적 반감기의 관련성이 발견됐다. 즉 체내의 방사성 물질에 의한 내부 피폭이 감소하는 속도가 근육과 관련 있었던 것이다. 내가 취재한 2013년 4월 기점의 새로운 데이터 일부를 소개해주기도 했다.

그에 따르면 근육은 부위마다 방사성 세슘의 신진대사 속도가 달라, 근육이 클수록 생물학적 반감기는 길어지는 경향을 보였다. 예를 들어 턱을 움직이는 근육인 교근은, 첫 번째 측정에서는 매우 높은 값을 보였지만, 깨끗한 먹이를 먹기 시작하자 농도가 금세 떨어졌다. 그러나 깨끗한 먹이를 줘도 수치가 천천히 떨어지는 근육도 있었다. 교근의 반감기는 2주 정도로 가장 짧았고, 대퇴 사두근과 대퇴 이두근, 중둔근은 4주 정도로 길었다.

또한 청정 사료를 먹기 전 소의 각 조직 세슘 농도는 침샘, 근육, 신장 등에서 높고, 장관, 신경조직, 갑상선에서는 낮은 값을 보였다. 체내 세슘 보유량은 제1위장의 내용물이 가장 많았는데, 전체의 60퍼센트 가까이 됐다. 다음으로 많은 것이 심근과 혀를 포함한 근육으로 전체의 25퍼센트 정도였다. 제1위장 내용물의 세슘 보유량이 가장 높은 것은 풀을 주식으로 대지에서 살아가는 소의 숙명이다.

깨끗한 먹이를 주고 며칠 지나면 방사성 물질이 체외로 배출될까? 이를 예측할 수 있다면 의미가 매우 크다. 체내 청결도를 파악하고 오염되지 않은 것을 알면 소문 피해를 방지하고, 미래의 축산 부흥에도 도움이 될 것이다. 이토는 "소를 그냥 죽이는 것만이 아니라 연구에 이용해 향후 살릴 수 있는 정보를 발신하는 것은 소비자의 안심으로도 이어질 것입니다"라고 말한다.

앞으로 소의 혈액과 소변에 있는 방사능으로부터 체내 오염 농도를 추산하는 방법이 확립되면, 소를 죽여서 조사하지 않아도 내부 피폭 상황을 알게 될 것이다.

'가축과 농지 관리 연구회'는 2013년 5월 최초의 대규모 종합 조사를 시작했다. 이후 매년 세 차례 실시하면서 연구자 및 소 사육자와 협력해 동물의 내부 피폭에 관한 더 폭넓고 상세한 데이터를 축적하고 있다.

소의 누적 피폭량(외부 피폭) 및 섭취량(내부 피폭)과 방사성 물질의 장기 분포는 어떤 관계가 있을까? 그 생체 조직에 미치는 영향은 무엇인가? 언젠가는 염색체 분석을 통한 저선량 지속 피폭의 유전적 영향 평가도 나올 것이다. 이번 조사 내용에는 세슘뿐만 아니라 '방사성 스트론튬의 오염 상황을 소를 통해 모니터링하는 방법의 확립'도 포함돼 있다. 스트론튬90은 생물학적 반감기가 약 50년으로 매우 길고, 뼈에 침착하기 쉬워 장기간 축적되는 매우 위험한 물질이다.

방사성 물질의 종류별로 그 체내 분포와 시간에 따른 변화를 알게 되면, 이는 장차 인간의 내부 피폭의 영향을 평가할 때도 기초 데이터가 된다. 앞으로의 조사·연구하는 데 있어 주목해야 할 이유다.

흙이 오염되면 풀도 오염된다. 그리고 그것을 먹는 소도 피폭하게 된다. 소는 대지와 함께 살고 있다. 그 대지의 방사능 오염은 놀라울 정도로 광범위하게 퍼져, 미야기현을 넘어 이와테현에도 영향을 미치고 있었다.

이와테대학에 있는 오카다의 동급생으로, 경계 구역의 소 거세 수술을 도와온 수의사 미우라 기요시는 이와테현 오슈시 에사시구의 단코 지역 농업공제조합 가축진료소에 근무한다. 그의 집은 소를 기르는 번식 농가이기도 하다.

지진 발생 때 번식 장애를 진료하던 중이었고, 그때 막 항문에서 직장으로 손을 밀어넣고 있었다고 한다. 결국 원전 사고로 흩날린 방사성 물질이 이와테현까지 도달했다는 것을 안 미우라는, 친구들과 측정한 높은 공간 선량률에 놀라 이후에도 토양과 목초를 계속 조사하고 있다.

미우라의 소는 매년 5월부터 10월 말까지 외양간을 떠나 공동 방목장이 있는 아바라산에서 보낸다. 아바라산에서는 매년 주변 농가의 소 약 200마리가 방목되는데, 지진 후 목초 1킬로그램당 500베크렐 전후의 세슘 오염이 판명돼 2012년에는 방목이 중지됐다.

이듬해인 2013년 3월 후쿠시마에서 이와테까지 발을 넓힌 나는, 눈이 남아 있는 완만하고 낮은 산 사이에 논이나 목초지가 드문드문한 길을 차로 달려 외양간이 있는 미우라의 집에 도착했다. 오슈시 미우라의 집에서 '도노 이야기'의 무대가 된 도노시까지는 30킬로미터쯤 떨어져 있다.

미우라는 히로시마현에서 태어났고 부모님은 원폭 피폭자다. 이와테대학을 졸업한 뒤 수의사로서 히로시마 현청에 취직하고, 6년간 주로 바이러스 검사 등으로 하루 종일 현미경을 들여다보는 일을 해왔다고 한다. 그런데 소를 기르고 벼농사를 짓는 자급자족 생활에 대한 동경이 쌓여 이와테의 산골에 땅을 마련했다. 그 산골까지 원전 사고의 방사능 오염이 확산됐다. 해당 연도는 6월 3일부터 방목이 정해져 있었지만 심한 지역은 오염이 약 30퍼센트에 달해 쓸 수 없는 상태였다. 미우라 자신의 목초지도 처음에는 목초 중 방사성 세슘 농도가 킬로그램당 250베크렐 전후의 높은 수치로 측정됐지만, 제염 후에는 어떻든 간에 20베크렐 정도로 떨어졌다.

나는 소 거세를 위해 경계 구역에 출입해온 미우라 기요시에게 물어봤다. 고선량인데도 계속 먹이를 주러 다닌 농가에 대해 같은 소 사육사로서 어떻게 생각하는지.

"그것은 역시 소 사육의 긍지죠"라는 답이 돌아왔다.

"이곳은 방사선량이 높아 예전과는 처지가 달라졌지만, 소가 죽임을 당하지 않고 자연 속에서 즐겁게 살아갈 수 있다면, 그렇게 피폭 위험을 무릅쓰고 돌보지 않아도 소 사육사는 납득하지 않을까요."

동시에 미우라는 살처분된 소와 함께 사라져버린 소리가 있다는 것을 이야기했다.

가장 상처를 입은 것은 소를 묶어둔 채 달아난 사람들, 안락사시킨 사람들일지도 몰라요. 살처분에 동의하는 것은 도호쿠 농민 입장에서는 성실한 행동이에요. 정부 시책에 따라 도호쿠 농가가 걸어온 길을 생각하면 정부와 농림수산성이 결정한 것에 말참견을 한다는 일은 있을 수 없어요. 좋든 나쁘든, 이런 도호쿠의 '마을사회의 연결'을 원전 사고는 무너뜨렸습니다. 엉망으로 끊어져버린 아픔이 있어요. 입을 다문 채 소 사육과 농업을 그만두는 사람이 꽤 나오고 있는 것 아닐까요. 피난한 채 파묻힌 것처럼 살고, 말하지 않는 사람이 많으니까요. 수의사의 관점이 아니라 농가의 관점에서 보면, 이것은 정말 비참한 일이라고 느껴집니다. 뛰어다니는 소는 제대로 관리해주기만 하면 돼요.

'가축과 농지 관리 연구회'는 오마루의 목장과 산림 일대에 대한 장기적인 관찰 및 연구를 위해 일종의 전시 시설로 만드는 계획도 가지고 있다. 이에 대해서도 미우라에게 물었다.

토지가 좁고 가축의 밀도가 높으면 소가 나무껍질을 먹어 나무가 말라버리는 일도 있지만, 오마루 정도로 넓은 목장이라면 이상적이죠. 그것을 인위적으로 도태시키고 암소만 남게 한다면 아마 앞으로 10년여 후 소는 거의 없어질 거예요. 이것은 문외한인 저의 개인적인 의견이지만, 그만큼의 면적이라면 어느 정도는 자연 도태로 수가 줄어들 것 같습니다. 돼지라면 멧돼지와의 교배 위험성도 고려해야겠지만, 소와 교배할 수 있는 동물은 일본에 없기 때문에 자연의 유전자를 교란시킬 우려도 없습니다. 50~100년 동안 산에 사람이 들어갈 수 없는 상태에서 소가 없으면 방치된 원생림으로 되돌아갈 뿐입니다. 사람의 손이 닿기 때문에 자연림의 상태가 유지되는 거죠. 사람이 살 수 없게 된 대지를 소가 밟으며 걷고, 먹으며 걸어서 100년 후, 200년 후까지 소처럼 큰 반추동물을 중심으로 한 자연 주거 환경을 유지하는, 일종의 장대한 실험의 가치는 매우 높다고 생각합니다.

미우라의 집에는 다 큰 소 다섯 마리에 송아지도 있다. 미우라는 풍모가 좋고 과묵한 말투도 좋을뿐더러 넓은 바다와 같은 마음에 온기까지 있어 어딘지 모르게 소를 떠올리게 하는 인물이다. 좋아하는 소와 오랫동안 가까이 접했던 사람은 아무래도 소의 분위기가 몸에 달라붙는 것일까.

"이 녀석들은 1년 중 출산할 때 하루 일할 뿐이고 나머지 364일은 놀면서 살고 있어요"라고 말하며, 미우라는 해가 기울어져 목장에서 외양간으로 돌아온 소를 쓰다듬으면서 웃었다.

소가 '행복하게'
살기 위해

이와테에서 미우라를 만나기 한 달 전, 나는 도호쿠대학의 사토 슈스케 교수를 방문하러 후쿠시마에서 센다이까지 자동차로 눈길을 왕복했다. 어떻게든 묻고 싶은 것이 있었다.

그것은 가축인 소가 야생동물처럼 살 수 있을까 하는 의문이었다.

후쿠시마에 다니면서 나는 방치된 소가 마치 야생동물처럼 뛰어다니는 모습을 여러 차례 목격했다. 그 야성은, 시간이 지나면서 더 강해지는 것처럼 느껴졌다. 오마루에서 와타나베 후미카즈에게 사육되고 있는 소도, 울타리 안에 있긴 하나 목초지와 논밭과 숲을 자유롭게 왕래하고, 여름에는 스스로 먹이를 구하며 살고 있다.

한편, 길가에 끔찍하게 쓰러져 있는 모습을 목격하는 일도 있었다. 몸 어디에도 상처가 없어 아마 병사인 듯싶었고, 암석 덩어리 같은 거구가 옆으로 누운 채 흙으로 되돌아가는 장면도 있었다. 어느덧 나는 오마루에서 키우는 목장의 소들도, 야생의 강함과 가축의 약함을 모두 지니고 있다고 여기게 됐다. 예를 들어, 쌍둥이 형제 소의 날카롭게 뻗은 뿔과 약동하는 거구는 야성 그 자체지만, 어린 시절에는 와타나베가 밤낮으로 돌보지 않았으면 살아남을 수 없을 정도로 허약했다. 또한 소는 풀의 종류를 불문하고 억센 입과 위에서 항상 씹고 반추하지만, 송아지는 금세 설사를 하고 만다. 인간이 손을 대지 않으면 자랄 수 없다.

내가 느끼는, 이 소라는 생물의 강함과 약함. 과연 가축으로 살아온 소가 들판에서 야생동물처럼 살아갈 수 있을까.

사토는 동물행동학자로서 야생의 소를 오랫동안 연구해왔다. 나는 축산 관련 전문지에서 사토를 처음 찾았다. 지진 이후 그는 응용동물행동학회 및 도호쿠대학 연구자들과 공동으로 미나미소마시의 낙농가의 외양간과 풀 채취 지역을 임대해 60마리 이상의 피폭한 소를 기르면서 토양과 풀 조사를 계속하고 있었다. 방사성물질 오염이 소의 건강과 행동에 미치는 영향을 조사하면서 소를 이용한 방목지의 제염 기술 개발을 목표로 삼는다고 한다. 또한 소가 사람의 돌봄을 거의 받지 않고 스스로 먹이를 확보하면서 '행복하게' 살아간다는 획기적인 아이디어도 있다고 한다. 과연 그런 일이 가능할까. 이것도 함께 물어보고 싶었다.

소가 조상인 오록스로부터 가축화된 것은 8000년쯤 전으로 여겨집니다. 멧돼지로부터 돼지가 가축화된 것도 이 무렵입니다. 그러나 가축에게는 문명으로 인해 멸종한 야생동물의 유전자가 면면히 살아 있습니다. 수백만 년에 걸쳐 축적된 야성은 그다음 만 년 정도의 인공 사육으로 바뀔 수 있는 것이 아니며, 모든 가축은 환경에 적응하고 생존할 수 있는 야생동물로서의 능력을 아직도 계속 유지하고 있습니다.

그렇게 말하면서 꺼낸 자료 속 한 점의 사진이 내 눈을 사로잡았다. 덤불이 우거진 숲속, 대여섯 마리의 소가 무리지어 있다. 숲은 깊어 보이지만 빛이 뚫고 들어와 밝고, 소의 털이 반들반들 아름답게 빛나고 있었다. 나는 후쿠시마에 올 때까지 목장의 외양간과 초원, 논에 있는 소밖에 본 적이 없었다. 나무가 우거진 이런 숲속에서 소는 살아갈 수 있는 것일까. 어쩐지 그림책이나 동화의 삽화 같아서 실제로 찍은 사진이라고는 생각되지 않는다. 나는 사토의 이야기를 차분히 들었다.

이 사진은 아키타현 가즈노시의 국유림에서 예전부터 행해졌던, 울타리를 사용하지 않는 방목 풍경입니다. 이곳에서는 농가가 맡긴 일본의 짧은 뿔 암소 30여 마리와 그 송아지, 거기에 황소를 한 마리만 섞어 모내기 전인 5월 초순부터 벼 베기 후인 10월 중순까지 방목하고 있었습니다. 방목하는 동안 송아지는 무럭무럭 자라고 암소는 자연 임신을 합니다. 소는 혈연이나 출신 농가별로

5~15마리의 무리를 만들고 있었습니다. 오래되지 않은 조림지에서 자라는 풀과 나무, 덩굴을 먹고 삼나무와 너도밤나무 숲에서 휴식을 취하고 있었죠. 자연에 맡겨놓았는데도 어미 소는 점잖았고, 송아지는 건강하게 체중을 늘리며, 조림된 삼나무에 대한 해충 피해나 야생동물에 대한 영향도 발견되지 않았습니다. 이 산에는 원래 산토끼가 많고, 영양과 곰, 여우와 너구리도 서식하고 있습니다. 이 조사에서 소들이 야생동물과 공존해 살아갈 수 있다는 것을 알게 됐습니다.

사토 등은 1996년부터 현지 조사를 실시했고, 2000년 이후에는 GPS를 달아 소의 위치를 계속 기록해왔다. 가축의 행동으로 볼 때 산림은 가축을 기르는 장소로 적합한 것일까.

"소가 걷는 것으로 자연에 소의 길이 만들어지기 때문에, 인간도 산에 들어가기 쉽습니다. 실제로 버섯과 산나물을 채취하러 사람들이 다니고 있습니다. 산과 들의 들풀은 소가 먹어도 자연에서 또 자라나고, 목초의 파종과 시비도 필요 없을뿐더러 울타리가 없기 때문에 울타리 비용과 유지비도 들지 않습니다. 이것은 경비라곤 감시하는 사람 한 명의 인건비뿐인, 극히 낮은 비용의 가축 생산 시스템입니다."

오염 제거가 어려운 산림에서 지금은 사라진 이런 옛날 사육법을 응용해 생물 다양성과 소의 토지 이용 능력을 연구한다. 감시를 자동화하고 수림지의 덤불뿐만 아니라 일본의 재래 잔디형 초지와 억새형 초지를 함께 이용하는 것을 통해 그것이 가능하다고 사토는 생각한다.

내게는 이 숲속에 평온하게 자리 잡은 소의 모습이, 미래의 야스이토마루 형제의 이미지처럼 생각됐다. 오마루의 목장 뒤에 펼쳐진 숲. 그 숲속에 야스이토마루가 들어가면 사토가 보여준 사진과 똑같이 될 것이다. 그렇다, 이 사진의 광경을 오마루에서 재현할 수 있지 않을까. 야스이토마루 형제 또한 야생동물의 유전자를 이어받아 와타나베에게 사육되면서도 야산을 뛰어다니며 씩씩하게 살아 있다.

"주어진 먹이가 아니라 다양한 음식을 먹고, 자고, 놀고, 사랑하고, 아이를 키우기 위해 열심히 일할 필요가 있는 생활이야말로 동물에게 '행복한' 생활 아닐까요."

사토는 '동물 복지' 연구자로 알려져 있다. 동물 복지라는 말은 일본인에게는 친숙하지 않다. 원전 사고 후 경계 구역에 들어갈 때까지 내 머릿속에서도 그 단어는 한쪽 구석에 처박혀 있었다. 그러나 동물의 뼈가 굴러다니고 아직 온기가 남아 있는 듯한 소의 앙상하게 마른 사체를 만났을 때, 이 말이 남 일이 아닌 의미를 내포한다는 것을 알아차렸다.

소를 품고 있는 농가의 심정을 고려하면, 국가는 전 두수 살처분 지시가 아니라 더 세심한 대응을 했어야 한다고 사토는 생각한다. "일본인에게 소는 감정적으로는 가족의 일원이지 서양인이 생각하는 고기와 우유를 생산하는 단순한 산업 동물이 아니"라며.

사토는 소의 행동을 24시간 내내 관찰해 소가 무엇을 생각하는지를 유추했다. 소를 기르는 환경을 정비하거나 소의 행동 자체를 제어하는 데 도움이 되게 하려고 말이다. 소의 모든 행동을 봐왔지만 학창 시절에 한 번 경험한 '황소의 통곡'은 지금도 마음에 걸리는 모양이다.

그것은 한여름 오후, 사람 키 높이를 넘는 억새 초원에서 일어났다. 사흘 동안 실종됐던 암소의 사체를 발견한 황소가 예전에는 낸 적 없는 큰 소리로 '음매' 하고 몇 번이나 반복하며 눈물을 펑펑 흘렸다고 한다.

이후 소의 감정과 행동을 객관적으로 파악하고, 어떻게 소의 마음에 다가가느냐가 사토의 연구 주제가 되었다. 재난을 겪고도 살아남은 소를 죽여서는 그것은 불가능하다.

센다이에서 후쿠시마로 돌아오는 길, 나는 차의 운전대를 쥐고 큰 소리로 울었다는 소의 눈물에 사로잡혀 있었다. 그리고 경계 구역에 사는 소들, 특히 방치된 소가 사는 모습과 죽음의 순간을 떠올리면서, 나도 소의 마음에 다가가보고 싶다는 생각을 간절히 했다.

제7장

피폭의 대지에서 살다

가축과 야생의 틈에서

오프사이트 센터의
보이지 않는 위협

　연구원들이 설립한 '가축과 농지 관리 연구회'에 '희망의 목장 후쿠시마'는 참여하지 않았다. 활동 내용에서 소의 사육에 관한 구체성이 결여돼 있어 언제까지 계속될지 여부가 불투명할 뿐 아니라, 기간과 예산이 미정 상태인 것도 요시자와 마사미가 '당장은 불참'을 결정한 이유였다. 안락사 처분 방침을 끝까지 바꾸지 않는 농림수산성과의 관계도 신경 쓰이는 일이었다.

　'희망의 목장 후쿠시마'는 2012년 12월 M목장에서 독립해 비영리 사단법인이 됐다. 그 이후 요시자와는 M목장의 직원이 아닌 대표이사로서 350마리의 소를 계속 살려나가게 된다. M목장 사장 무라타 준도 이사로 참여한다. 요시자와는 소와 운명을 같이하려고 각오한 것이다. 그 각오의 정도를 묻는 듯한 위기가 금세 닥쳐왔다.

내가 '희망의 목장 후쿠시마'를 방문한 2013년 1월 22일, M목장 명의로 나미에정에 신청한 목장 출입 허가증의 기간은 전날 이미 만료됐고, 새롭게 '희망의 목장 후쿠시마' 명의로 신청한 허가증은 아직 나오지 않았다. 그때까지 목장에는 거의 매일, 출입 허가증이 있는 전용 차량으로 오래되지 않은 채소와 사과 등의 음식물 찌꺼기를 실어 날랐다. 허가증이 발급되지 않으면 소의 입에 음식을 넣어줄 수 없다. 그러면 목장 덤불을 이미 다 먹어치운 한겨울에 소는 굶어 죽을 수밖에 없다.

방문 전날 밤 미나미소마시에서 숙박하고 있던 나는, 이제 막 업데이트된 '희망의 목장 후쿠시마'의 공식 블로그를 보고 경악했다. 거기에 사무국의 하리가야 쓰토무가 "출입 허가가 인정될 때까지 소들의 생명을 지키는 것을 최우선으로 생각해 오늘 21일 24시 00분을 기해" 소를 가두고 있는 전기 울타리의 스위치를 끊기로 했다고 쓰여 있었기 때문이다. 그 시간이 다가오고 있었다.

울타리의 전기를 끊는다는 것은, 굶주린 소들이 먹이를 찾아 밖으로 나간다는 것을 의미한다. 밖으로 나오면 황폐한 땅이 돼버린 논에는 마른 잡초가 충분히 있고, 산에는 푸른 나무들도 살아 있다. 그것으로 연명해갈 수는 있다. 하지만 사람이 없는 마을을 뛰어다니고 인가를 망칠 일이 예상되는데, 그러면 인근 주민과의 사이에 문제가 일어나 지금껏 2년 가까이 고생해 울타리 안에서 관리하고 사육해온 노력이 모두 물거품으로 돌아갈 우려가 있다.

하리가야는 통신사의 취재를 계기로 이 목장의 소를 돌보게 됐고, 지금은 요시자와의 조수를 맡은 저널리스트다. 정의감이 강한 데다 미간의 깊은 주름이 그의 한결같은 자세를 입증해주는 듯하다. 그가 전기 울타리의 스위치를 끊는 결단을 내린 데에는 이유가 있었다. 공식 블로그에는 대표이사 요시자와 마사미와 사무국장의 이름으로 정, 현, 관계 부처, 정부에 보낼 예정인 문서도 게재돼 있었다. 경계 구역에 대한 출입 허가 신청 때 나미에정 동사무소와 지금까지 교섭해온 과정, 오프사이트 센터(원자력 재해 현지 대책 본부)가 가해온 여러 제한 등을 열거한 뒤 다음과 같이 끝맺었다.

후쿠시마 제1원전 폭발 방사능 누출 사고로부터 머지않아 2년이 경과합니다만, 국가는 지금도 머릿속에 피폭한 소를 살처분하는 것밖에 없고, 경계 구역에서의 소 사육 관리를 허용하지 않고 있습니다. 자신의 피폭을 무릅쓰고 소의 보호와 사육을 계속하는 농가 및 자원 봉사자들은, 피폭지라는 절망적인 상황에서도 소가 살아가는 의미를 모색해(방사능 피폭에 의한 건강 영향 조사 등) 소들을 필사적으로 계속 살려가고 있습니다.
뜻있는 여러분께 부탁드립니다. 다시 한번 피폭지 농가와 살아남은 소들에게 눈길을 주십시오.
우리는 오프사이트 센터에 대해, 신속한 출입 허가증의 발급을 요구합니다.
이상.

그러나 이 문서는 가축의 사육 관리에 관한 개별 관공서를 향해 발신되지 않고 인터넷에 게재되는 데 그쳤다. 요시자와가 직전에 제동을 걸었기 때문이다.

"나미에정 동사무소를 통해 오프사이트 센터와 충돌해도 한계가 명확하지 않다. 피난 지시 구역의 행정을 총괄하고 있는 혼마루는 오프사이트 센터니까 거기에 가서 직접 협상하자. 이쪽의 진심은 '위협하려는 것'으로는 전해지지 않는다. 얼굴을 마주보고 말해야 한다."

하라가야는 위협이 아니라 진심으로 전기 울타리의 스위치를 끌 생각이었다. 요시자와도 한때는 그것을 승인하는 방향으로 각오를 하고 있었다.

그렇지만 그런 방법으로 괜찮은 걸까? 하고 자문하게 됐다. 혈기로 일을 저질러서는 해결되지 않는다. 중요한 것은 앞으로 5년, 10년을 이곳에서 소와 함께 살아가기 위해 어떻게 하면 좋은가다.

요시자와가 출입 신청 창구인 나미에정 담당자에게 22일 이후 출입을 허가할 수 없는 이유를 묻자, "출입 허가증은 출입 신청의 심사를 하고 있는 오프사이트 센터의 동의가 없으면 발급할 수 없다" "오프사이트 센터는 '희망의 목장 후쿠시마'가 제한에 동의하지 않으면 허가증을 내주지 않는다고 말하고 있다"는 대답이 돌아왔다.

요시자와는 한 정치인에게 연락해 오프사이트 센터와의 면담을 주선해달라고 했다. 오프사이트 센터와의 협상은, 지금까지의 경위를 생각하면, 보통의 방법으로는 어려우리라 예상됐다.

경계 구역에서 가축을 사육해온 요시자와 등은 나미에정의 배후에 있는 오프사이트 센터의 위협을 절실히 느껴왔다. 예를 들어 한때 출입 목적을 '가축 탈출 방지 울타리의 설치만으로 한다' 등 8개 항목에 걸친 동의서를 나미에정에 제출할 것을 요구했다. 그 안에는 '언론 등의 취재에는 절대 동행하지 않는다' '작업 내용과 결과를 인터넷 등에 공개적으로 홍보하는 경우에는 반드시 나미에정의 허가를 받는다'는 항목도 포함돼 있었다.

이에 대해 M목장의 무라타, 요시자와 등은 자신들과 대화도 하지 않고 일방적으로 가해지는 행정적 제한을 철회하고자 변호사를 통해 나미에정에 공개 요청서를 제출했다. 그 결과 앞으로는 8개 항목의 동의서를 요구하지 않는다는 동장 명의의 답변을 받았다. 경계 구역이 설정되고 1년이 지났을 무렵의 일이다. 오프사이트 센터 측에는 불필요한 혼란을 피하고자 하는 의도가 있었는지 모르겠지만, 무엇이든 간에 은폐하려는 공무원 체질에서 오는 과도한 반응이었다는 느낌은 떨칠 수 없다. 사실을 보도하는 입장에 서 있는 하리가야가 승복할 수 없는 것은 당연했다. 하물며 그들은 먹이를 찾아 울부짖는 소들과 매일 마주하고 있었던 것이다.

소 사육과 출입 허가 신청을 둘러싼 마찰은 이후에도 관공서와의 사이에서 많이 일어났고, 이번에도 나미에정에 제출한 '공익 목적 경계 구역 임시 출입에 관한 신청서'는 빨간 글자로 수정 지시가 들어간 채 반환됐다. 수정하라는 내용은 '공익활동'의 내용으로 적은 '소 사육 관리의 부대 업무(먹이의 반입, 먹이 주기 등)'에 대해서는 '조정'이 필요하다는 것이었다. 작업 시간은 애초에 제출한 '약 15시간'을 지우고 '약 5시간'으로 변경해놓았다. 오가는 길 검문소 통과 시간에 관하여 '소의 출산, 질병·부상소가 있는 경우 등 긴급 상황에는 왼쪽에 적은 시간 이외의 통과도 인정한다'는 부분 또한 삭제돼 있었다. 빨간 글씨로 지시된 부분은 아마도 오프사이트 센터와의 협상에서 절충 포인트가 될 것이다.

소는 피폭의 산증인,
이야기꾼이다

1월 22일에 '희망의 목장 후쿠시마'를 방문했다가 오프사이트 센터에 동행하게 됐다. 센터는 지진 직후 오쿠마정에서 후쿠시마 시내로 옮긴 상태였다. 원래 이날 목장을 방문해서 요시자와에 게 경계 구역 내 소의 매장지를 안내받을 생각이었지만 아무래 도 그럴 수 있는 상황이 아니었다.

요시자와와 하리가야가 일과인 먹이 운반과 외양간 청소를 끝낸 뒤 나도 동승해 출발했다. 이타테촌, 가와마타정을 경유해 약 두 시간, 후쿠시마시의 오프사이트 센터에 도착했을 때는 오후 4시가 가까웠다.

원자력재해대책본부의 두 사람과 도호쿠 경제산업국의 과장 보좌가 즉시 나타났다. 세 명 모두 매우 상냥하게 여겨진 것은 기분 탓일까. '희망의 목장 후쿠시마' 측에서는 요시자와와 하리가야가 왔고, 지원자로서 나도 동석했다. 요시자와는 상냥한 편이지만 하리가야의 미간에는 주름이 깊다.

요시자와는 공익 목적의 임시 출입 신청자가 M목장에서 '희망의 목장 후쿠시마'로 바뀌자마자 허가가 나오지 않는 것은 곤란하다며 지금까지의 경위를 설명했다. 반면 오프사이트 센터 측은 신청자가 바뀐 것이 문제가 아니라, '소 사육 관리의 부대 업무(먹이의 반입, 먹이 주기 등)'라고 적은 내용과 작업 시간이 문제라고 주장했다.

"예전에 전기 울타리 점검 수리 및 위생 관리, 소의 사체 정리 등이라고 쓰지 않으면 허가증이 나오지 않았기 때문에 그렇게 쓰지 않을 수 없었던 겁니다. 물론 그런 작업도 하고 있습니다만, 주된 일은 소 사육 관리입니다. 국가의 방침이 경계 구역의 소들은 전 두수 살처분이므로, 먹이를 주는 것은 소를 살리는 일과 마찬가지이니 국가 방침에 명확히 어긋나는 것이로군요."

이렇게 말하는 요시자와와 하리가야, 오프사이트 센터(이하 본부로 약칭)의 대화를 아래에 적는다.

본부 원래 우리 오프사이트 센터에서 다루는 공익 목적의 임시 출입이라는 것은 이른바 인프라 정비 등을 하는 사람이 들어가는 것을 전제로 합니다. 그렇게 생각해왔기 때문에 소에 관한 한 우리보다 농림수산성이 잘 알고 있습니다. 농림수산성의 시책으로 하는 것이기 때문에.

요시자와 허가증을 낼 즈음 나미에정 동사무소 쪽은 아무래도 사전에 오프사이트 센터와 논의하며, 여기에 센터의 지도와 방침이 상당히 개입되는 것 같습니다만.

본부 우리가 농림수산성과 논의한 결과, 농림수산성으로서는 오프사이트 센터에서 정해둔 공익 목적의 임시 출입 규칙에 따라 넣어달라고는 했어요. 공익 규칙에는 그쪽의 실태와 맞지 않는다고 생각하기 때문에 본래대로라면 농림수산성의 시책에 들어가는 방법을 별도로 생각해야 하는 게 아닐까 하고 몇 번이나 그쪽에 타진했지만, 농림수산성은 계속 공익 쪽에서 처리했으면 좋겠다는 입장이네요. 하지만 공익 목적으로 출입하면 여러 제한이 있습니다. 어제 나미에정에서 받은 신청서 팩스를 우리도 검토했습니다. 우리가 출입 허가를 거부하는 게 아니며, 공익 목적으로 들어갈 경우 신청서 내용을 우리가 받아들일 수 있는 규칙 내에서 작성해주지 않으면 곤란합니다. 나미에정이 허가하고 우리 쪽이 동의하는 형태는 곤란합니다. 내용을 보자면 먹이의 반입, 먹이 주기 등은 공익 규칙으로 인정하지 않기 때문에 그 부분은 어렵고요. 사육 관리에 대해서는 나미에정과 조정하고 있습니다. 어떻게 작성하는 것이 좋을지를 검토받고 있습니다.

하리가야 나미에정은 뭐든 좋다고 말합니다만. 오프사이트 센터가 안 된다는 입장이라고 하더군요.

본부 이것은 나미에정의 동장이 발행하는 허가증이기 때문에 우리는 어디까지나 거기에 동의한다는 형태죠.

하리가야 나미에정은 우리가 처음 쓴 '소 사육 관리 일체의 부대 업무'라는 내용으로도 괜찮다고 말했습니다. 그에 대해 오프사이트 센터가 안 된다고 말하는 것 아닙니까. 저는 그런 식으로 받아들였는데요.

본부 그럼 그 부분은 확인시켜주세요.

하리가야 그럼, 지금 확인합시다.(그 자리에서 나미에정 담당자에게 전화를 걸었다.)

요시자와 일종의 상하관계가 있기 때문에 나미에정은 당신네 오프사이트 센터가 말하는 것을 들을 수밖에 없어요. 오프사이트 센터가 안 된다고 말한 것에 대해 동사무소가 된다고 할 수는 없으니까요.

(요시자와가 나미에정이 놓인 어려운 입장을 설명하는 사이에, 공교롭게도 하리가야의 전화 상대는 부재중인 것으로 확인됐다. 하리가야는 최대한 서둘러 전화해달라는 메시지를 남겼다.)

본부 거기는 확인하는 것으로 하고. 다음으로 경로 부분을 보죠. 갈 때 검문소 통과 시간이 오전 5시, 돌아올 때 검문소 통과 시간이 오후 8시로 작업 시간은 15시간으로 돼 있습니다. 건강 관리, 선량 관리 문제가 있으니 작업자를 다섯 시간 안에 나오게 해주신다면……

요시자와 우리는 피폭에 대해서는 자기 책임이라고 생각합니다. 소가 350마리나 있기 때문이에요. 아무래도 다섯 시간으로는 안 돼요. 관리만으로도 열두 시간을 받지 않으면…… 다섯 시간은 도저히 무리고 열두 시간으로 해주셨으면 좋겠어요.

본부 분명히 예전 허가증은 다섯 시간으로 나와 있었다고 그러네요. 다섯 시간이라고 돼 있습니다.

하리가야 거짓을 써도 괜찮겠습니까? 거짓을 쓰는 것을 우리에게 강요하는 것 같네요.

본부 거짓말이 아니라 다섯 시간 만에 나와주기를 바랍니다.

(이때 하리가야의 전화가 울렸다. 나미에정 담당자였다. 하리가야는 그 자리에 있는 사람들에게 들리도록 큰 목소리로 대답했다.)

하리가야 나미에정으로서는 그것으로 문제가 없겠지만 오프사이트 센터가 '일체의 부대 업무'에서 '일체의'라는 세 글자를 우선 삭제할 것, 그에 이어 괄호를 써서 구체적인 활동 사항을 쓸 것, 이런 식으로 말하고 있군요. 알겠습니다.

(이렇게 말하고 하리가야가 전화를 끊자, 오프사이트 센터 측 세 명 사이에 어색한 분위기가 감돌았다.)

하리가야 나미에정으로서는 '소 사육 관리 일체의 부대 업무'에 문제가 없다고 말합니다. 이에 대해 오프사이트 센터로부터 '일체의'를 없애고 괄호를 써서 구체적인 활동 사항을 쓰라는 식으로 지시가 있었던 것 같습니다만. 그에 따라서 우리가 다시 작성한 신청서가 이거예요.

본부 그렇군요. 이 문서를 작성하는 방법에 대해선 농림수산성과도 조금 의논을 해보겠습니다.

하리가야 농림수산성과 무엇에 대해 의논한다는 것입니까.

본부 농림수산성이 '소의 사육 관리'가 괜찮다고 한다면…….

하리가야 소를 살린다는 통상적인 사육 관리는 정책에 위반되는 내용이기 때문에 의견 조율이 필요하다는 겁니까?

본부 그렇다고나 할까요. 지금까지의 작성 방법과 다르니까요. 지금까지 하던 대로는 안 되지 않겠는가 싶습니다만. 뭔가 실태에 맞지 않는다 하더라도…….

하리가야 지금까지의 작성 방법으로는 작업 실태에 맞지 않죠.

요시자와 출입 신청자가 M목장에서 우리로 바뀐 이 기회에 최대한 노력해 소를 관리하고 있는 현재 상황을 거짓 없이 적어두는 편이 좋다고 생각합니다.

본부 먹이 반입, 먹이 주기. 그 밖에 전부 써넣는다면 어느 정도가 될까요.

하리가야 먹이 반입, 먹이 주기, 청소, 장작 패기.

본부 장작 패기요? 뭣 때문에?

하리가야 사람도 난방이 필요하니까요.

본부 그것도 들어가나요?

요시자와 추우니까요.

하리가야 눈 치우기, 수도 수리, 식료 구입…….

본부 식료 구입이라는 것은 차로 가져가는 거죠? 그 안에서 구입할 수 있을 리 없겠죠? 경계 구역의 목장 안에 있는 것을 써넣어주셨으면 합니다만.

요시자와 요리해서 먹어야죠. 우리 목장은 전기 울타리를 복구할 때 주택의 전기도 사용할 수 있게 해놨거든요. 냉장고, TV, 욕조 등 무엇이든요. 그래서 저는 그곳에 살고 있습니다. 이것은 법에 저촉될지 모르지만 목장에서 일 년 이상 살고 있습니다.

순간 방 공기가 얼어붙은 듯했다. 한 사람은 손을 부들부들 떨고, 두 사람은 경련하는 얼굴로 서로를 바라봤다. 요시자와는 이야기를 계속했다.

"안에서 살고 먹을거리도 만들고 있습니다. 그렇게 해서 소를 돌보지 않으면 충분한 먹이를 줄 수 없어 결국 소는 탈출해서 근처를 나돌아다니고 폐를 끼치게 됩니다. 소들을 살린다고 말한 이상 저는 제 책임으로 피폭은 각오하고 있습니다. 그것에 대해 이러쿵저러쿵할 생각은 없습니다. 소 사육사로서 소에 대해서 책임을 지는 것뿐입니다. 저는 원전 사고에 의한 경계 구역이란 무엇인가, 그곳을 관리하고 있는 오프사이트 센터란 무엇인가 물어보고 싶습니다. 나미에정 사람들은 마을에서 쫓겨나 돌아갈 수 없어요. 오염 지도를 보면 나미에정이 어떤 상태인가는 여러분도 알고 있을 겁니다. 사고가 일어났을 때 나미에정에는 국가에서도, 도쿄전력에서도, 오프사이트 센터에서도 사고와 관련해 아무런 연락과 전달을 주지 않았어요. 주민들은 쓰시마에 사흘 동안 피난했고 그곳에서 방사능을 뒤집어쓰고 말았어요. 오프사이트 센터의 책임이 큽니다. 오쿠마정의 오프사이트 센터는, 원래대로라면 원전 사고 대응의 최전선에서 대책을 강구해야 하는데, 제 역할을 다하지 않고 자신들만 잽싸게 도망쳤어요. 마지막까지 열심히 모두의 피난을 유도하려 하지 않았고, 나미에정에 피난하고 있는 사람에게는 연락도 하지 않았어요. 나는 평생 따질 겁니다. 당신들은 도망간 겁쟁이 기관이에요. 그래놓고 이제 와서 뭘 제한한다고 하는지! 나는 소 사육사로서 지금도 350마리의 소를 계속 키우고 있습니다. 남은 인생을 걸고 이 소와 운명을 같이하면서 망가진 나미에정의 원통함, 원전 사고의 비참함을 전하고 싶어요. 원전도 없는 마을이 어째서 이런 오염 피해를 당해버린 것인지. 일본이 원전 재가동을 향해 드디어 움직이기 시작하려 할 때 저는 말하고 싶습니다. 분한 마음을 품은 채 돌아갈 수 없는 사람이 가득한 나미에정의 전철을 밟게 될 것이라고. 시한폭탄의 스위치가 돌아가는 거라고. 소들은 산 증인이에요. 재가동에 항의하는 살아 있는 상징입니다!"

세 사람은 고개를 숙이고 듣던 와중에 한 명이 고개를 들고 떨리는 목소리로 말했다.

"알겠습니다. 우선, 이것을 어떻게 할지…… 어떻게든 해야 한다고 생각합니다만."

그는 눈앞의 신청 서류를 가리켰다. 다시 요시자와와 오프사이트 센터 간의 협상이 시작됐다. 오프사이트 센터는 공익 출입 규칙을 설명하고 다섯 시간 외에는 받아들이지 않겠다고 반복했다. 드디어 요시자와가 꺾였다.

"어쩔 수 없네요. 실태에 맞지 않아도 고칠 수 없다면 다섯 시간으로 신청할 수밖에요."

"그렇다면 우리 쪽에서 농림수산성과 조정하고 연락을 드려도 되겠습니까."

셋은 간신히 일단락되었다는 표정을 지으며 앞으로 구부렸던 상체를 의자 뒷면에 붙이고 가슴을 젖혔다.

하리가야도 "그것밖에 안 되는 것이었다면…… 까놓고 얘기하자면 사육 관리에 뒤따르는 업무를 농림수산성이 인정하지 않는다는 것이군요"라며 마지못해 고개를 끄덕였다.

약 1시간 20분간 머물렀던 오프사이트 센터를 떠나 우리는 귀로에 올랐다. 얼마 안 돼 나미에정 동사무소 담당자로부터 출입 허가가 나왔다는 전화를 받았다. 어쨌든 350마리 소의 생명은 유지할 수 있는 것이다.

목장으로 되돌아온 것은 오후 7시 40분. 어둠 속에 생물들이 북적거리는 기척이 있었다. 어둠 속에서 집중하자 눈에 반사된 희미한 빛 속에 소들이 건초 더미에 머리를 처박고 우물우물하고 있었다. 자신들의 목숨이 위기에 처해 있다는 것은 알지도 못한 채 얼어붙은 대지에 서서 조용히 입을 움직이고 있었다.

그로부터 두 달이 지나 4월이 되자 나미에정의 피난 지시 구역 개편이 있었고, '희망의 목장 후쿠시마'는 경계 구역에서 거주 제한 구역으로 바뀌었다. 거주하는 것은 불가능해도 출입은 가능하다.

나미에정은 새롭게 귀환 곤란 구역, 거주 제한 구역, 피난 지시 해제 준비 구역, 셋으로 구분됐다. '희망의 목장 후쿠시마'의 서쪽과 남쪽에 펼쳐진 광대한 산림 및 논밭은 귀환 곤란 구역이 됐고, 출입 불가로 제염 계획도 전혀 세워지지 않았다.

요시자와는 앞으로도 수직적 행정 체계를 고수하는 정부나 도쿄전력과 싸워나갈 것이다. 그 창끝은 전력을 대량 소모하면서 원전 사고를 잊어버린 사회로도 향하고 있다. 아베노믹스라고 하는 금융과 주가 활황에 들떠 쌀도 채소도 만들 수 없는, 만들어도 팔리지 않는 재해 피해지의 일은 책임을 물으려는 생각조차 하지 않는 사회로.

"나는 끝까지 소 사육사로 살아가고 싶다. 경제적 가치는 사라졌지만 소를 버리거나 죽어가는 것을 바라보기만 하지는 않을 것이다. 방사능에 오염된 먹이가 섞여 있어도 소들은 그것을 매일 맛있게, 기쁜 얼굴로 먹어주겠지. 소도 피폭했고 나도 피폭했다. 그러나 소 사육사의 마음은 꺾이지 않는다. 제1원전의 배기관이 보이는 이 목장은 피폭 기념 포인트, 역사 유산 같은 곳이다. 여기서 소를 사육하면서 스스로 경험한 것, 나미에정에서 실제로 일어난 일을 살아 있는 목소리로 전하는 것이 나의 남은 20년 인생이라고 생각한다."

요시자와는 국가의 살처분에 맞서 소가 살아가는 의미, 소를 살리는 이유를 확실하게 찾아냈다. 그것은 스스로가 소와 함께 피폭의 산증인이 되는 것, 이야기꾼이 되는 것이다.

피폭지에서
'일소'로 살아가기

후쿠시마시 오프사이트 센터에 다녀오고 나서 그다음 달, 2월의 강한 바람이 불었다. 나는 쌍둥이 소를 기르는 주인 와타나베 후미카즈의 차에 동승해 나미에정 오마루의 목장으로 향했다. 차를 타고 나미에 시가지에 가까운 하라다 료이치의 목장에 들렀을 때에는 바람이 눈보라로 바뀌어 있었다. 소들은 태양전지로 퍼올린 우물물을 마시고, 건초 더미를 허물어 우적우적 먹고 있었다.

눈앞에는 지난해 봄부터 가을에 걸쳐 소들이 풀을 먹고 다녔던 밭이 펼쳐졌고, 얇게 쌓인 눈 아래에서는 검디검은 흙이 비쳤다. 밭으로 걸어 들어가자 지직, 지직 소리를 내는 전기 울타리 밖으로 마른 양미역취들이 가득한 잡초의 바다가 펼쳐졌다. 당장이라도 쌀농사에 착수할 수 있는 논 상태가 쭉 이어져온 울타리 안 대지와 비교하면 하늘과 땅 차이다. 소의 입과 위, 네 다리의 힘이 가진 위대함은 새삼 말할 필요도 없다.

하라다 목장 근처는 방사선량이 낮아 재해 2년이 지나고 4월부터는 피난 지시 해제 준비 구역이 된다. 하라다는 또 봄부터 소들에게 열심히 풀을 먹여 최대한 빨리 이 땅에서 농업을 부흥시킬 생각이다.

"제염과 전기·수도·통신 등 라이프라인 복구에는 최소 4년이 걸린다고 합니다. 마을 사람 모두가 아무것도 하지 않고 그대로 내버려두면, 아마 농사짓는 것은 무리라면서 돌아올 사람이 없을 겁니다. 하지만 누군가가 무언가를 한다면 뒤를 잇는 사람이 나올 거예요."

다음으로 '나미에정 소 개량 모임'의 회장 야마모토 유키오의 목장에 들렀다. 집과 목장은 후쿠시마 제1원전에서 서북쪽으로 약 10.7킬로미터 떨어진 나미에정 스에노모리에 있다. 야마모토는 나미에정 의원일 때 전국 각지의 한계 마을을 돌아본 경험이 있었다. 그는 '가축과 농지 관리 연구회'의 활동에 찬성한 이유를 내게 말해주었다.

젊은 후계자가 마을을 떠나고 농지도 산림도 황폐해졌다. 지방에 가면 어디서나 한계 마을화가 진행되고 있다. 하지만 소는 농지뿐만 아니라 산까지 깨끗하게 해준다. 지난해 뒷산에 소를 넣었더니 풀만 먹고 나무는 제대로 성장하고 있다. 후쿠시마의 농작물은 지금은 소문 피해로 인해 전혀 팔리지 않지만, 나무는 50년,

100년 단위이기 때문에 소에게 덤불을 먹게 한다면 100년 뒤를 기대할 수 있다. 소가 하는 역할이 훌륭하며 이로써 소가 마을을 지켜준다는 사실을 알게 된다면, 누군가가 따라할 것이 아닌가. 그는 사람들이 따라하길 바라며 하나의 모델을 만들어보고자 안간힘을 쓰고 있다.

다만 소의 개체 관리에 대해서는 양보할 수 없는 곳도 나올 것이라고 한다. 야마모토는 소 사육 농가의 생각을 말했다.

연구회 선생님의 신세를 지는 경우라면 다른 사람의 소와 자신의 소, 그 소속을 확실하게 하지 않으면 안 됩니다. 그중에는 안락사당하게 될 소가 도망쳐 우리 울타리 안으로 들어오는 경우도 있습니다. 만약 그걸 지목해 다른 사람의 소라고 말하면 그 소는 죽게 되는 것이죠. 하지만 우리에게는 남의 아이나 우리 아이나 다 같은 자식입니다. 울타리로 들어오면 소는 형제입니다. 나가면 죽는다는 것을 알면서도 내보낼 수 있냐고요? 나 역시 내 자식으로 삼아 키웁니다. 저건 남의 소라고 말하지 않고 내 외양간에 들어와 있으면 내 소라고 생각합니다. 자신의 소로 여기고 앞으로도 소중하게 키워가려고 생각하고 있습니다. 그 마음이 없었다면 지금까지 살려둘 필요는 없지요. 보상으로 받은 돈은 전부 발전기와 울타리 등 소를 살리기 위해 사용했지만, 노력하면 반드시 신께서 알아주시리라 생각합니다. 이런 세상에 무슨 신이고 부처냐고 말하지만, 나는 역시 신이 존재한다고 생각해요.

우리가 방문했을 때, 며칠 동안 실종됐던 암소 한 마리가 돌아와 외양간 구석에 웅크린 듯 앉아 있었다. 그 늙은 암소는 어미 소가 죽어버린 송아지에게 자신의 젖을 물리고 있다고 한다.

송아지를 정말 잘 돌보는 소입니다. 송아지를 남기고 출산하다 죽어버린 어미 소를 대신해 자기 젖을 빨게 했어요. 열세 살 정도 될까, 사람으로 치면 할머니라 젖은 나오지 않아요. 전에도 다른 곳에서 온 소가 새끼를 낳다 죽었는데 그 새끼를 돌봐줬어요. 작은 아이가 전기 울타리 아래를 뚫고 밖으로 나오면, 거기서 돌아올 때까지 쭉 기다리고 있어요. 저녁까지 기다려도 돌아오지 않으면 스스로 전기 울타리를 망가뜨려서라도 송아지를 데려오려고 갑니다. 정말 대단해요. 소이지만 훌륭한 녀석이에요. 오늘은 춥기도 하고 쇠약해져 있기 때문에 평소보다 맛있는 먹이를 줬어요.

야마모토의 목장을 뒤로하고 오마루로 향한다. 도중에 차를 한 대도 만나지 못했을 뿐 아니라 사람의 흔적도 없었다. 푸른 하늘이 펼쳐진 오마루의 목장에 도착하자 혼자 묵묵히 일하는 사람의 모습이 있었다. M목장의 무라타 준이었다. '가축과 농지 관리 연구회' 프로젝트로 소를 개체 식별해서 관리하는 데 필요한 몰아넣기용 울타리를 설치하기 위해 온 것이라고 한다. "M목장 일은 젊은 사람에게 맡기고 나이 많은 사람은 피폭 위험성이 있는 경계 구역의 소를 지킨다"고 말해온 무라타는 최근 사장 자리를 후임에 물려주고 회장이 되었다. 요시자와 마사미의 연구회에 참가하고 있지 않은데도 불구하고 협력하기로 한 것이다.

와타나베 등도 작업에 참여해 단관 파이프로 된 울타리는 순식간에 만들어지는 중이었다. 그 모습을 소들이 멀리서 바라보고 있었다. 눈이 녹아 질퍽거리는 곳에서 발을 비틀거렸지만, 넓은 목장에서 사는 소들의 검은 털은 더럽혀져 있지 않았다. 지평선 저편의 푸른 하늘에는 계절에 어울리지 않게 흰 비단구름이 뭉게뭉게 피어오르고 있었다. 바람은 차고 선량계는 여전히 시간당 25~30마이크로시버트라는 높은 수치를 나타냈다.

산의 목장을 내려가 다카세 강변에 있는 목초지로 가자 거기에도 소가 떼 지어 있었다. 그 쌍둥이 형제 중 한 마리, 유달리 크고 탄탄한 체격의 야스이토마루가 달려왔다. 완만한 곡선의 멋진 뿔이 머리 좌우에 쭉 뻗어 있었다. 뿌리는 하얗고 끝으로 갈수록 까맣다. 와타나베는 소들을 둘러보고 도로 옆에 있던 포클레인에 올라탔다. 나란히 놓여 있는 큰 사일리지 롤 사료를 옮겨 도로 위에서 낮은 지역에 있는 방목지로 굴러 떨어뜨렸다. 20마리쯤 되는 소가 몰려왔다.

다시 자동차로 옮겨 타고 다른 방목지로 향한다. 거기에는 동생 야스이토마루 2호가 있었다. 산을 등지고 논두렁의 조금 높은 곳에 올라서서 흘겨보듯 이쪽으로 눈을 향하고 있다. 형과 마찬가지로 훌륭한 뿔이 좌우로 거의 수평으로 뻗어 있다. 양쪽에 구부러진 뿔이 난 약간 작은 소가 야스이토마루 2호를 따르는 양 서 있었다. 석양을 받아 소들의 그림자가 길다. 야스이토마루 2호는 전신이 검고 윤기가 나서 양쪽 귀에 붙은 노란 이표가 귀걸이처럼 빛나고 있었다.

2010년 7월 17일 태어난 쌍둥이 형제는, 평소라면 생후 2년 7개월 즈음에 육우로서 생을 마감했을 것이다. 그러나 두 마리는 도살장으로 향하는 대신 방사성 물질에 오염된 대지를 딛고 계속 살아가고 있다.

하라다 목장의 소와 마찬가지로 야스이토마루 형제와 동료 소들은 올해도 겨울을 맞을 때까지 논의 풀을 먹으며 살아갈 것이다. 귀환 곤란 지역이라도 소가 있다면 논밭은 농지로서의 질을 유지하는 게 틀림없이 가능하다.

와타나베는 이미 2012년 1년간 걸쳐 해왔던 사육 관리의 시도를 통해 피폭지에서 소가 살아가는 의미, 소를 계속 살려둘 이유를 찾아왔다.

그것은 우선 농지의 황폐화를 방지하는 제초와 보전이다. 피폭지에 사는 소는 육우 자격을 잃었지만, 일하는 소에 가까운 존재가 됐다. 옛날 일소는 농경과 운송을 담당했지만 와타나베의 소들은 제초 역할을 담당한다. 또한 농지 보전은 방범·방재 면에서도 의미가 있으며 해충의 발생을 방지해 생태계가 안정되도록 하는 역할도 기대할 수 있지 않을까.

소들의 시선을 받으면서 울타리를 설치하고 다닌 것, 겨울철 먹이를 주러 다닌 것은 쓸데없는 짓이 아니었다. 하지만 와타나베의 마음에 그것은 아직 기대가 커서 확신할 정도까지 이르지는 못했다. 시내 하라다의 목장에서는 좋은 결과를 얻었지만 산간지역인 오마루의 넓은 땅에서 올봄부터 가을에 걸쳐 여러 마리의 소가 실력을 증명해줘야만 했다.

'가축과 농지 관리 연구회' 프로젝트에서는 이외에도 마을 산의 황폐화와 원생림화를 방지하고, 자연림을 보전한다는 의미가 부가됐다. 오마루 지구 일대는 제염이 곤란한 고선량구로, 가축의 무인 관리 시스템을 구축해 소에 의한 제염과 가축의 야생화를 연구 주제로 삼는 지역으로 설정돼 있다.

그렇게 되면 야스이토마루 형제는 오마루의 들판을 뛰고 숲을 걷고 목초 외에도 잔디와 억새, 덩굴 등을 먹으면서 '초식 동물의 왕'으로 과시하며 살아가게 될까. 큰 소가 이동하면 자연스럽게 소가 다니는 길이 생겨 사람과 작은 동물도 다니게 된다.

또는 형제는 어딘가 저선량 지역으로 옮겨져 농지 보전과 제염 역할을 하면서 천천히 늙어가게 될까. 아니면 깨끗한 먹이를 줘서 피폭이 생태에 미치는 영향 등을 조사하는 역할을 하게 될까. 형제의 미래는 아직 정해지지 않았다.

소의 '다테고'를 자르다

우리는 야스이토마루 등에게 작별 인사를 한 다음, 오마루와 가까운 이데 지구에 있는 목장으로 향했다.

그곳에는 일단 안락사에 동의했지만 다시 이를 철회한 농가의 소 40마리 정도가 살아남아 있었다. 그중 4마리는 얇은 밧줄이 얼굴 살까지 아슬아슬하게 파고들어 매우 고통스러워하는 모습이었다. 어릴 때 다루기 쉽도록 입 주위로부터 머리를 휘감는 '다테고'라는 밧줄을 소가 성장한 뒤에도 아직 느슨하게 해주지 않은 것이었다. 살에 박힌 채로 내버려두면, 고름이 생기고 뼈를 다치게 하며 입도 열지 못하게 돼 머지않아 쇠약해져 죽는다. 후각이 뛰어난 소는 다테고가 휘감긴 안면에서 나오는 강렬한 냄새를 참기 어려워한다는 이야기도 들었다.

나도 다테고가 붙은 방치된 소 한 마리가 겨울 햇빛이 비치는 야산을 터벅터벅 걸으며 가만히 이쪽을 엿보는 것을 본 적이 있다. 무리를 벗어나 혼자 행동하는 소에게는 저마다 사정이 있다. 동료가 차례차례 살처분된 뒤 남은 놈과, 다쳐서 다른 소를 따라가지 못한 놈도 있을 것이다.

　이날 다테고를 자르기 위해 와타나베를 포함해 5명이 모였다. 먹이 제공을 통해 와타나베 등 '나미에정 소 개량 모임'과 교류가 있는 축산 농가인 이시카와 아키라, 그 외에 회장 야마모토 유키오의 아내, 농가를 지원하는 자원봉사자 남녀 두 명 그리고 나.

　이시카와도 원전 사고 이후 목초지의 오염과 제염에 일희일비하면서 소를 기르고 있는 사람이다. 이시카와의 목장은 피난 지시 구역 밖에 있고 토양 오염은 가벼운 수준이지만, 목초 씨앗을 뿌리려면 땅을 갈아엎는 작업이 필요했다. 오마루의 와타나베 목장이 한때 뽕나무 밭이었던 것처럼 이시카와의 목초지에도 옛날에는 뽕나무가 무성했다. 전에 내가 이시카와의 목장을 방문했을 때 그 주변에는 깨끗이 가지치기된 뽕나무 밭이 군데군데 있는, 오늘날로서는 진기한 광경이 펼쳐져 있었다. 아직 양잠을 계속하는 농가가 간신히 남아 있는 것이다. 후쿠시마의 대지에 펼쳐져 있던 뽕나무 밭은 점점 자취를 감춰 양잠은 축산으로 바뀌었으나, 그 축산의 기반이 되는 목장과 목초지의 흙도 지금은 눈에 보이지 않는 방사능에 의해 위기에 노출돼 있다. 누에 사육과 똑같이 소 사육도 쇠퇴의 길을 걷게 되는 것일까.

　이 목장에는 일단 안락사 처분에 동의했을 때 몰아넣는 울타리를 준비했지만, 동의 철회 후 선량이 너무 높기 때문에 그대로 방치하고 있었다. 이날 선량계는 서 있는 내 눈 높이에서 시간당 40마이크로시버트를 나타냈다. 왼손에 선량계를 들고 오른손으로 사진을 찍으려고 하니 자원봉사자 한 사람이 "제가 들게요"라고 말했다. "이런 높은 수치는 좀처럼 경험하기 어렵죠." 소는 이 땅에서 2년 가까이 살고 있는 것이다.

다테고가 살을 파고들어간 4마리는 다른 가축보다 마르고 쇠약한 모습이 눈에 띈다. 가까이 가서 보니 보라색 다테고가 피 때문에 갈색으로 변해 있었다. 우리는 와타나베의 지시로, 소 떼와 이들을 몰아넣는 울타리를 멀리 둘러싼 형태로 흩어졌다. 소들은 뭔가를 살피고 떼를 지어 좌우로 뛰어다닌다. 사람과 사람 사이에서 소가 도망가지 않도록 주의하면서, 멀리서 둘러싸고 천천히 안쪽으로, 울타리 근처로 몰아간다. 조금씩 소에게 다가가는 느낌이다. 거리를 가늠해 와타나베 혼자서 소에게 척척 다가가더니, 몰아넣는 울타리의 입구로 유도해갔다.

다테고가 휘감긴 4마리를 포함해, 20여 마리의 소가 울타리 안에 들어갔다. 재빨리 입구를 닫았다. 울타리 안에는 소 한 마리가 겨우 지나갈 정도의 좁은 통로가 단관 파이프로 설치돼 있다. 이시카와가 울타리 안에 들어가 문제의 소만 좁은 통로로 유도한다. 그쪽의 막다른 골목에는 배합 사료가 놓여 있다. 흥분한 소 한 마리가 먹이를 노리고 돌진했다. 몸이 파이프에 부딪혀 땅땅 울린다. 소의 눈에서 뺨과 턱에 걸쳐 보라색 줄이 보이지 않을 정도로 파고들어가 심하게 곪아 있었다. 살이 썩은 냄새가 풍긴다.

소가 눈물을 흘리고 있었다. 눈물방울이 뺨을 타고 흘러내리다, 머리를 거칠게 흔들어멜 때마다 흩날린다. 뿔이 부러지는 것은 아닐까 싶을 정도로 강하게, 머리가 파이프에 땅땅 부딪히며 간다. 음매 하고 소리치며 사료에 다다랐을 때 울타리 밖에서 대기하고 있던 와타나베가 다테고를 와락 움켜잡고 칼을 댔다. 밧줄이 끊어짐과 동시에 소가 포효하듯 큰 소리로 울었다. 웡! 피고름 썩는 냄새가 뒤섞인 다테고가 땅에 떨어졌다. 소는 사료를 게걸스럽게 먹고는 뒷걸음질로 통로를 나갔다.

이어 또 한 마리의 소를 통로로 몰아넣었다. 이 소의 다테고는 잘라냈는데도 불구하고 갈라진 얼굴에 아직 묻혀 있을 정도였다. 와타나베가 살에 달라붙은 줄의 한쪽 끄트머리를 잡아서 빼주자 피가 뚝뚝 떨어졌다. 구웡, 구웡! 소는 심하게 울면서 먹이를 먹는 것도 잊은 채 몇 번이나 파이프에 부딪히며 밖으로 나갔다.

다음 한 마리는 비쩍 말라 갈비뼈가 눈에 띈다. 울타리를 뿔로 들이받고 뒷다리로 차고 힘을 다해 저항한다. 음매! 음매! 전신을 오들오들 떨었다. 그러나 공포는 일시적인 것이다. 눈물을 쏟아내는 소의 머리를 와타나베와 이시카와가 좌우에서 누르고, 다테고를 확 잡았다. 와타나베가 소의 뺨과 다테고 사이에 칼을 집어넣어 앞쪽으로 바짝 당겼다. 하지만 소용돌이 치듯 머리를 흔들며 저항해 자를 수가 없었다. 소의 눈알이 금방이라도 튀어나올 것 같았다. 와타나베의 오른팔이 톱을 당기는 듯한 움직임을 보였다고 생각한 순간 싹 하고 칼이 다테고를 끊어냈다.

4마리의 다테고가 무사하게 잘려나갔다.

웡! 웡! 찬바람이 불어오는 목장에 울려 퍼진 가축의 포효는 고통이 아니라 환희의 외침이다. 상처는 아물 것이다. 날이 따뜻해지고 잔디가 무성해질 무렵에는 새파란 풀을 마음껏 뜯으며 되새김질할 수 있을 것이다.

속박을 풀고, 자유로워진 소의 앞날에 행복한 일이 많기를 기도하면서 우리는 목장을 뒤로했다.

소들은 아무 일도 없었던 것처럼 땅거미 속에 조용히 멈춰서 있었다.

되살아난
야성

지진 후 2년이 지났는데도 울타리에 둘러싸인 목장 밖에서는 소 포획과 안락사 처분이 계속되고 있었다. 야마모토 유키오는 안락사 처분 현장에도 찾아가 그 참혹한 장면을 비디오로 촬영하고 있었다. 이런 일이 일어나도 괜찮은 걸까 하는 분노와 안타까움을 느끼면서, 소 사육사로서 지금은 아무것도 할 수 없고 단지 기록해두는 것밖에 생각나지 않는다고 한다. 야마모토의 가설 주택에서 이 영상을 본 해외 언론들은 가치가 뛰어난 이 자료들을 일부만이라도 방영하게 해달라고 요청했지만, 야마모토는 "여기서 보는 것은 괜찮지만 외국에서 방영되거나 하면 일본의 수치가 된다"며 동의하지 않았다.

"울타리를 만들어 차례로 소를 몰아 죽이고 덤프트럭에 차곡 차곡 담는다. 그 직전까지 어린 새끼들이 어미 소의 젖을 먹었다. 안락사 따위를 소문으로 듣는 것과 달리 직접 목격하면 무리하게 죽여나가는 매우 심각한 사태다. 그래서 다른 나라 사람들에게는 보여주고 싶지 않다."

야마모토는 안락사 처분에 동의하지 않는 길을 택했지만 그 길을 걷는 소 사육사는 이제 소수만 남았다. 상품 가치가 없어졌다는 경제적인 면은 별개로 하더라도, 멀리 있는 피난처와 가설 주택을 오가며 소를 계속 사육하는 것은 쉬운 일이 아니었다. 주인의 손길이 없어지면 가축의 순종적인 면은 사라져 사람을 따르지 않게 된다. 날뛰는 소에 걷어차이는 사고도 발생했다. 오마루의 목장에 자주 다니며 소와 얼굴을 맞대는 와타나베 후미카즈조차 어떻게 해도 다루지 못할 만큼 날뛰는 소가 나왔다. 그렇게 되면 정기적인 혈액 채취와 측정 기기의 배터리 교환에 응해야 하는 조사 연구에 참가시킬 수 없다.

사토 슈스케가 말한 것처럼 가축으로서의 소에게는 야생동물의 유전자가 살아 있으며, 현재도 야생의 능력을 보유하고 있다. 장거리 주자로서 소는 말과 비슷한 주력을 갖추고 있어 그 거대한 몸속에는 사나운 육식 동물에게 잡아먹히지 않고 대지의 패자로 살아온 조상의 피가 흐르고 있다.

실제로 내가 본 방치된 소는 야산을 질주하고 즐거워하며 싱싱한 풀을 뜯고 있었다. 사람이 없는 경계 구역에서 그들의 야성은 날이 갈수록 강해지는 듯 보였다.

그러나 당당한 모습으로 유유히 걷는 방치된 소들은 야성을 즐기는 듯해도 그것은 위험과 등을 맞대고 있는 것이다. 사고를 당하거나 다치거나 기아와 질병에 빠질 위험성은 울타리 안과 비교조차 안 될 정도로 높다. 하물며 방치된 소에게는 환경에 적응하고 살아갈 정도로 야생의 힘을 되찾을 시간적 여유는 주어지지 않았다. 안락사 처분이 임박했기 때문이다.

지진 재해로부터 2년째 겨울이 지나려 할 무렵, 후쿠시마 제1원전에서 10킬로미터쯤 떨어진 포획 울타리 안에는 두 마리의 소가 갇혀 있었다. 그중 한 마리는 황소로 이표는 없고 거세되지도 않았다. 지진 후 태어났는지, 혹은 지진 전에 태어났지만 등록되기 전에 주인이 피난한 것인지 확실치 않은데, 이미 분명하게 다 큰 소의 모습이다. 이표가 있는 쪽은 암소로, 1년 전에 소유자가 안락사 처분에 동의했지만 행방불명된 터였다.

차가 멈추는 소리가 나더니 푸른 방호복을 입은 4명의 남자가 내렸다. 이 무렵에는 안락사 작업에 종사하는 사람들도 소가 피하는 '흰옷'을 거의 입지 않았다.

4명이 저벅저벅 포획 울타리에 다가가자 두 마리는 재빨리 안쪽으로 달려갔다. 울타리 안에는 소 한 마리가 겨우 지나갈 수 있는 폭이 좁은 몰아넣는 울타리가 설치돼 있고, 여기에 소가 들어가면 목에 밧줄을 둘러 붙잡을 수 있다.

소를 몰아넣으려면 울타리 안으로 들어가야 한다. 한 사람이 입구 문을 열자마자 떨어져 있던 황소가 맹렬히 돌진해왔다. 쿵하고 머리와 뿔이 울타리에 충돌하는 소리가 났다. 살펴보니 울타리 기둥이 약간 기울어졌다. 지나친 기세에 소도 공중제비를 하며 넘어졌으나 곧바로 벌떡 일어났다.

황소는 금세 방향을 바꿔 이번에는 울타리 밖에서 지켜보던 3명을 향했다. 길게 나온 뿔과 단관 파이프가 부딪혀 땅 하는 날카로운 소리를 냈다. 소는 뿔을 쿵쿵 부딪혀가면서 머리를 울타리 사이로 내밀고 목을 상하좌우로 격렬하게 흔들어 긴 뿔로 외부의 인간을 들이받으려고 한다. 뿔이 붙어 있는 뿌리에서 피가 배어 떨어졌다.

"이건 힘들겠다. 역시 멀리서 사용하는 도구를 쓸 수밖에 없어."

"울타리를 높게 친 데 이유가 있었군. 저 녀석이라면 보통의 울타리는 뛰어넘어버리겠는데."

"위험해, 위험해. 내일 한 번 더 나오자고."

인간이 그 자리를 떠나도 소는 입구 주변 울타리에 뿔을 앞세워 두 번 세 번 부딪히고 구웡, 구웡 하며 포효를 반복했다.

뿔이야말로 소의 조상이 육식 동물을 위협하고 살상해온 무기였다. 적대하는 상대를 공격하고 몸을 지키기 위한 무기였지만, 울타리 밖의 인간을 상대로는 싸우는 무기가 되진 못했다. 공포와 분노 끝에 가축은 야수가 됐다.

4명의 남자가 허둥지둥 돌아간 오후, 피폭의 대지에 봄바람이 불었다.

거세하지 않은 이 황소는 야생 피의 맥박이 힘차게 뛰고 있다. 이 소는 태어날 때부터 인간과는 무관한 나날을 보내온 것이 틀림없다. 냉동 정액의 인공 수정으로 태어난 소일지도 모르지만, 가축으로 키워지지 않고 야생동물처럼 스스로 먹이와 보금자리를 찾으며 살아왔을 것이다. 울타리 안에서는 맛볼 수 없는, 조상과 같은 자유로운 삶도 살았을지 모른다. 하지만 기다리는 것이 안락사 처분일 줄은!

경계 구역에서는 이미 자연 교배에 의해 다수의 송아지가 태어나, 포획 울타리 안에 있는 이 황소보다 더 젊은 송아지가 야생화한 어미 소와 함께 걷고 있었다. 하지만 그런 모습을 만나는 일도 차츰 줄어들고 있다. 포획과 안락사 처분이 진행된 결과다.

이날 봄기운이 감도는 햇살을 받아 포획 울타리 안에서 서로 코를 문지르던 황소가 암소 뒤로 돌아가 그 엉덩이와 배를 앞발로 끌어안고 올라탔다.

빛을 발하는 야성의 페니스가 암소를 단번에 찌르고, 다시 한 번 찌르자 암소가 지는 태양을 우러러보며 울고, 황소는 신음하며 땅으로 머리를 숙이고 있었다. 어린 가지처럼 반들반들 쭉 뻗은 핑크색의 길쭉하고 긴 끝에서, 냉동하지 않은 뜨거운 정액이 폭발해 뚝뚝 땅 위에 떨어졌다. 그 생명의 방울을 대지가 받아들였다. 삶의 한순간의 절정 뒤에 긴 밤이 찾아왔다. 포획 울타리 안의 두 마리 소가 내뱉는 숨은 하얬고 몸에서는 김이 올라왔다.

울타리 안에는 먹이와 물이 놓여 있었다. 여기라면 싱싱한 풀이 부족한 겨울에도 일부러 먹이를 찾아다닐 필요가 없다. 황소는 건초를 먹고 암소는 익숙한 배합 사료를 먹었다. 하지만 그들이 최후의 밤에 바란 것은 어디까지나 달려갈 수 있는 자유로운 대지 아니었을까. 다양한 야생동물에 섞여 살아온 그들은 하룻밤 새 울타리 밖에서 자신들을 바라보는 동물들의 눈길을 느끼고 있었는지도 모른다.

아침이 되자 기분 좋은 초봄의 볕이 두 마리 소를 감쌌다. 얄은 꿈에서 깨어나게 한 것은 또다시 자동차 소리였다. 안락사 처분이 임무인 인간의 움직임은 민첩하다. 4, 5명이 울타리에 다가가자 곧바로 2, 3미터 거리에서 두 마리를 노리고 입으로 부는 화살이 날아왔다.

화살은 암소의 목과 엉덩이에 꽂혔다. 황소의 등은 화살을 튕겨냈지만, 한 발이 배에 명중했다. 두 마리는 화살이 왜 있는지도 모른 채 날아온 반대 방향으로 달아났다.

두 마리는 선 채로 인간들을 주시했지만 이윽고 암컷의 목이 축 늘어지더니 수컷에 기대는 모양새로 옆으로 쓰러졌다. 암컷이 일어서려고 몸부림치는 곳에 또 화살이 날아왔다. 하지만 두 마리가 있는 곳까지는 닿지 않고 땅에 떨어졌다.

재빠르게 한 사람이 화살을 마취총으로 바꿨다. 순식간에 한 발이 황소의 어깨를 직격했다. 이어서 황소를 가만히 처다보는 발밑의 암소 배에도 명중했다. 그 순간 황소는 고개를 돌려 총을 겨누는 인간을 보더니 전속력으로 돌진해왔다. 가까운 거리에서 바늘이 목에 꽂히는 것과 동시에 뿔이 울타리의 관에 충돌하는 날카로운 금속음이 울려 퍼졌다. 뿔 하나가 부러져 날아갔고 선혈을 뿜어냈다.

안락사 작업을 진행하는 사람들은 냉정하게 또 한 발을 황소의 허리에 쏘고 나서 도착한 크레인을 맞으러 갔다. 암소의 윙 하는 낮은 비명이 들리자, 황소는 비틀거리면서도 암소가 쓰러 져 있는 곳으로 돌아갔다. 암소는 긴 속눈썹이 나 있는 눈꺼풀 을 닫았다가 다시 열더니 황소를 바라봤다. 황소의 눈에서 눈물 이 흘러 떨어졌다.

움직이지 못하게 된 암소의 눈꺼풀과 코와 목을 핥아주면서 황소는 서 있었다. 진정제 효과가 나타났는지 한 발이라도 움직 이면 쓰러질 듯 보였다. 황소는 멀리서 바라보는 인간들의 싸늘 한 시선을 느끼면서 계속 서 있었다. 마음에 분노와 슬픔을 떠 올리면서.

포획 울타리 안에는 짓밟힌 마른 풀 아래로부터 싱싱한 풀을 싹 틔우는 봄의 흙내가 감돌고 있었다. 어느새 두 마리는 코도 입도 눈도 배도 피와 흙투성이가 돼 대지에 바싹 달라붙어 쓰러 져 있었다.

제8장

귀환 곤란 구역의 소들

소가 지키는 고향

귀환 곤란 구역이란
무엇인가

    오마루 목장 일대는 2013년 4월 1일 피난 지시 구역 개편에 따라 경계 구역에서 귀환 곤란 구역으로 바뀌었다. 전 주민이 피난한 나미에정은 이외에 해안의 우케도 주변이 피난 지시 해제 준비 구역, 조반센에서 서쪽의 일부가 주민 제한 구역이 됐지만 면적의 약 80퍼센트는 여전히 귀환 곤란 구역이다.

    기존의 경계 구역과 계획적 피난 구역을 대상으로 하는 피난 지시 구역 개편은 2012년 4월 1일 다무라시와 가와우치촌을 시작으로 순차적으로 진행돼 2013년 8월 8일 가와마타정에서 끝났다. 출입할 수 있는 구역을 늘려 인프라 복구 및 제염을 가속시켜 주민들의 조기 귀환을 촉진할 목적으로 진행된 개편은, 한편으로는 향후 오랜 세월 돌아갈 수 없는, 사람이 살 수 없는 지역이 광범위하게 존재하는 것을 나타내는 결과가 됐다.

이미 2011년 12월 26일 원자력재해대책본부가 귀환 곤란 구역에 대해 '기본적인 생각'을 내놓은 바 있다.

거주 제한 구역의 일부 지역에서는 방사성 물질에 의한 오염 수준이 매우 높고, 피난 지시의 해제까지 장기간이 소요되는 지역이 존재한다. 이러한 지역에서는 오염 제거 효과가 제한적이며 주변 선량 또한 높기 때문에 작업원의 피폭 방호가 절실하고, 인프라 복구에서도 대규모 작업이 곤란할 가능성이 높다. 또한 출입 시 피폭 관리 및 방사성 물질 오염 확산 방지 관점에서, 그 경계에 대해 일정한 물리적 방호 조치를 강구할 수밖에 없고 주민의 출입을 엄격히 제한해야 할 것이다.

귀환 곤란 구역은 수치상 '장기간, 구체적으로는 5년을 경과해도 여전히 연간 누적 선량이 20밀리시버트 아래로 내려가지 않을 우려가 있는, 현시점에서 연간 누적 선량이 50밀리시버트를 초과하는 지역'에 설정된다. 연간 누적 선량 50밀리시버트는 공간 선량률에서는 시간당 9.5마이크로시버트에 해당된다.

거주 제한 구역은 연간 20밀리시버트 이상부터 50밀리시버트 이하(공간 선량률=시간당 3.8마이크로시버트 초과, 9.5마이크로시버트 이하)에 해당되며, 낮 동안의 출입은 가능하지만 자택에서 숙박과 영농·영림은 할 수 없다. 피난 지시 해제 준비 구역은 연간 20밀리시버트 이하(공간 선량률=시간당 3.8마이크로시버트 이하)로 자택 숙박은 할 수 없지만 귀환 준비를 위한 숙박은 인정되며, 오염 제거 후 귀환할 수 있다.

피난 지시 구역 개편이 실시된 결과, 귀환 곤란 구역은 7개 시·정·촌에 걸쳐 있으며 면적은 337제곱킬로미터에 이른다. 귀환 곤란 구역에서의 피난민은 2013년 8월 8일 현재 약 2만5000명이었다. 면적과 인구 모두 피난 지시 구역 전체의 약 30퍼센트에 해당된다. 귀환 곤란 구역이 설정된 것은 후타바정의 96퍼센트, 나미에정의 80퍼센트, 오쿠마정의 62퍼센트에 해당되며, 이 3개 정이 귀환 곤란 구역 전체 면적의 80퍼센트 이상을 차지한다.

귀환 곤란 구역의 337제곱킬로미터라는 넓이는 도쿄 23구를 합친 면적의 절반을 넘는다. 귀환 곤란 구역에 거주 제한 구역인 약 304제곱킬로미터까지 더하면, 도쿄 23구 전체 면적을 넘는다. 이토록 넓은 국토가 방사능 오염 때문에 사람이 살 수 없는 땅이 돼버렸다.

나미에정의 귀환 곤란 구역과 다른 구역의 경계 109개소에는 사람의 출입을 제한하는 울타리가 설치됐다. 울타리 안쪽은 허가증 없이는 들어갈 수 없다. 나미에정이 귀환 곤란 구역이 되고 얼마 지나지 않은 3월, 이곳에 처음 왔을 때의 차가움과 답답함은 어디론가 사라져버린 듯하고, 차창으로 본 아부쿠마산으로 이어진 산과 계곡에도 봄 햇살이 쏟아지고 있었다.

시간이 멈춘 듯한 피난 구역 안에도 조금씩 변화가 있었다. 검문소에 서 있던 경찰관은 어느새 민간 경비원으로 바뀌어 있었다. 논 곳곳에는 사람 키보다 큰 나무가 무성해져 있었다. 지난해 양미역취의 시든 모습이 아직 남아 있는 논밭에는 초록 새싹이 많이 붙은 어린 나무들이 눈에 띈다.

"버드나무입니다. 앞으로 3, 4년 놔두면 걷잡을 수 없게 돼버려요. 그게 뻗어 뿌리를 내리면 다시 예전의 밭으로 돌아가는 것은 산을 개간하는 일과 같아질 겁니다."

한 달 전 와타나베는 지진 후 뿔뿔이 흩어져 사는 오마루 지구 주민들이 모이는 연례 총회에서, 살아 있는 소를 활용해 농지를 보전하는 체계에 대해 보고하고 협력을 요청했다. 와타나베는 소와 얘기하는 것에는 익숙할지 몰라도 지금까지 사람들 앞에서 말한 경험은 별로 없었을 것이다. 평소 미소를 띠는 인상이지만 쓸데없는 소리를 하거나 애교스럽게 말하는 것은 들어본 적이 없다.

"연구자들과 시작한 활동 내용과 소를 살리려는 목적이 마을 안에 잘 알려지지 않았기 때문에 조금이라도 이해해주기를 바라는 마음에서 이야기했습니다. 이대로라면 농지가 황폐해질 겁니다. 오마루처럼 선량이 높은 지역에서 행정이 뭘 해주고 있습니까? 제염도 전혀 하지 않은 상태입니다. 앞으로 여기서는 농사를 그만두라는 것이지요. 하지만 소를 살려서 활용하면 농지와 환경을 보전할 수 있습니다. 소가 집 부지를 망친다든가 된장 저장소에 들어간다든가 하는 것은 농지와 도로에 전기 울타리를 두르면 어떻게든 해결되는 일입니다."

언제나 과묵한 와타나베가 계속 먹이를 주러 다니면서 다른 사람의 목장까지 드나들며 울타리를 설치해온 모습을 사람들은 지켜봐왔다. 찬성하는 사람과 도와주겠다는 사람, 밭을 소 먹이 장소로 제공하자는 사람도 나왔다.

어느덧 방목장은 여름철에는 80여 마리의 소에게 풀을 먹일 만큼 넓어졌다. 소를 죽이고 싶지 않다는 7, 8개 농가의 소를 모아서 와타나베 등 2~3명이 관리하게 됐다. '오마루 공동 목장'의 탄생이었다.

그러나 국가는 아직 안락사 처분을 철회하지 않았다.

"결국 국가는 살처분할 수밖에 없도록 농가를 몰아가고 있다. 사실상 1년이든 2년이든 인간이 손대지 않고 소를 방치해두면 소는 야생화돼 인간에게 위해를 가하게 된다. 그렇게 되면 위험하니 죽일 수밖에 없다고 할 것이다. 농가도 이제 소를 다룰 수 없다고, 날뛰니 어쩔 수 없다면서 죽여달라고 할 수밖에 없다. 행정적으로 관리하고 다른 사람들에게 피해를 주지 않게 하면 문제가 전혀 없었을 텐데. 그걸 하지 않기 때문에 우리가 개인적으로 소들을 울타리에 넣어 길들이는 수밖에 없었다."

오마루 공동 목장에 도착한 와타나베는 부드러운 녹색 풀을 뜯고 있는 소들을 휘 둘러보고 나서 "오늘은 특별한 장소로 안내할 것"이라고 말한 뒤 다카세강 맞은편 산속으로 차를 몰았다.

좁은 산길은 토사 붕괴가 일어나 통행할 수 없게 돼버렸다. 차에서 내려 10분 정도 걸어갔다. 그러자 건너편 산에 펼쳐진 오마루의 목장을, 우와ー 하며 볼 수 있는 곳이 나왔다. 상록수의 짙은 녹색에 지지 않고 싹을 틔워올리는 어린 나뭇잎의 숲을 배경으로 푸르디푸른 목장의 파노라마. 파란 하늘 외에는 보이는 게 모두 녹색으로 덮여 있다. 녹색 일색이 아니라 각각 색조가 달라 자연이 만들어내는 패치워크 같다. 언덕의 평평한 목장이 특히 노란색을 띠며 빛나고 있다.

자세히 보니 쌀알 정도의 검은 덩어리가 곳곳에서 움직이고 있다. 소다. 카메라를 꺼내 망원렌즈로 들여다보니 풀을 뜯고 있다. 달리는 녀석도 있다. 그 무리 속에 쌍둥이 야스이토마루와 '야스이토마루 2호'도 있을 것이다. 하지만 이표까지는 아무래도 확인하기 어려웠다. 눈 밑에 펼쳐지는 논도 젖은 듯한 연두색의 싹을 틔워, 소 혀에 쓰다듬어지길 기다리고 있다. 전경의 도로를 따라 장난감 같은 집이 몇 채 있다. 이 집에 사람이 사는 날이 다시 오리라는 것은 지금으로서는 정말 상상하기 어렵다. 사람이 한 명도 없는 별천지에 소들은 살아 있다. 목장은 목장인 채로, 소는 소인 채로. 아름다운 국토를 잃어버렸다는 것은 더 이상 말하지 말라.

옛날부터 소는
가족과 같았다

　동일본 대지진 이후 출판된 도로지도 중에는 쓰나미 피해를 입은 지역을 미세한 점 등으로 표시하는 것도 있지만, 마을들은 지진 전과 다름없이 지도상에 존재한다. 귀환 곤란 구역도 이전 처럼 지도상에 존재하고 있다. 하지만 현실에서는 가도 가도 이 름뿐인 마을에 무인의 공간이 펼쳐져 있을 따름이다. 피난해 있 는 주민과 무인화된 마을과의 연대는 끊어지려 하고 있다. 마을 에는 방치된 동물이 야생동물처럼 살고 있다.

　이런 환경에서 가축을 계속 사육하는 것은 상상을 초월하는 일이다. 뜻을 같이하는 사람들이 서로 돕지 않으면 할 수 없다. 와타나베는 몸을 사리지 않고 나미에정 외의 장소에도 울타리 를 설치하러 다녀왔다.

그런 소 사육사 동료 중 한 명이 후쿠시마 제1원전에서 서쪽으로 약 5.8킬로미터 떨어진, 오쿠마정의 귀환 곤란 구역에 목장을 소유하고 있는 이케다 미키코다. 약 20킬로미터 떨어진 히로노정의 자택에서 매일 차로 소를 돌보러 다니고 있다. 지진 후 대피소, 가설 주택, 임대 주택 등을 전전한 뒤 2013년이 되자 남편의 직장에서 가까운 히로노정에 집을 지었다.

처음에는 한 달에 한 번밖에 나오지 않았던 경계 구역에 대한 출입 허가가 신청을 거듭하다보니 2주에 한 번, 일주일에 한 번, 일주일에 두 번, 매일 출입도 가능해졌고, 허가도 한 달 분이 한꺼번에 나오게 됐다.

원전 사고 전에는 남편인 미쓰히데와 함께 다 큰 소 20마리, 송아지까지 포함해 30마리 정도의 소를 목초와 볏짚으로 사육했다. 목초 씨앗을 뿌려두면 남을 정도로 수확할 수 있었기 때문에 먹이 걱정은 해본 적이 없었다. 그런데 지금은 먹이 확보에 골머리를 앓고 있다. 지진 전에 임신한 어미 소가 출산한 뒤 울타리를 넘어 침입해온 황소들도 있어 60마리가 넘는 대가족이 돼버렸기 때문이다. '희망의 목장 후쿠시마'의 요시자와에게서 먹이를 제공받거나 '가축과 농지 관리 연구회'의 지원을 받아 어떻게든 먹이를 꾸려왔다.

"연구회의 오카다 선생님으로부터 먹이가 부족할 것 같으면 소의 수를 줄일 수밖에 없다는 얘기를 들었습니다. 소들끼리는 힘을 겨루기 때문에 약하고 수줍어 주위 모습을 살피면서 먹는 소는 점점 야위어가죠. 몸 상태가 안 좋아서 살이 붙지 않는 소도 있어요. 풀 위에 설사변이 있어도 누구 것인지 모르고."

이렇게 말하는 그녀의 얼굴이 어두워진다. 지진 전부터 이케다 목장의 소는 직장에 다니는 남편의 도움을 받아 미키코가 중심이 돼 사육해왔다. 미키코는 한 마리씩 직접 붙인 이름으로 부른다. 가고시마에서 온 암소의 새끼가 수컷이라면 '사이고 군' '오쿠보 군'으로, 암컷이라면 '아쓰히메(덴쇼인 아쓰히메에서 따온 이름)' 등으로.

"다 큰 소는 전부 이름으로 부르는데, 지진이 막 일어났을 때 태어난 두세 마리 송아지는 '너 누구였지?' 싶은 거예요."

소에게 온갖 애정을 쏟아온 미키코는 안락사 처분을 위해 구획된 울타리에서 소를 데리고 온 적도 있다. "아오모리에서 온 '아코'가 아직 돌아오지 않았어요. 새끼인 '가코'는 돌아왔는데" 하며 원전 사고로 피난한 이후 모습을 보이지 않는 소를 애석해한다.

오쿠마정 바로 옆 후타바정에 있는 미키코의 친정도 소를 길렀기 때문에 결혼 상대가 축산 농가인 것에는 망설임이 없었다.

결혼 초기에는 7마리 정도 있었죠. 시어머니가 요즘 젊은 사람들은 일요일에 외출하니까 소 사육 같은 것은 하지 않는 편이 좋다고 해서서 남편도 그럴 생각으로 소를 줄여왔거든요. 그래도 나는 일요일이라고 해서 소를 방치해두지 않았기에 5마리든 7마리든 8마리든 똑같았어요. 10마리든, 15마리든 마찬가지였죠. 그러면서 늘려왔어요. 쌀과 목초 이모작으로, 봄 연휴 중에도 목초의 수

확과 논 준비로 하루도 쉬는 날이 없었지만. 그래도 그게 당연했고 둘이서 힘들다는 얘기를 한 적은 한 번도 없어요. 다 큰 소가 15마리로, 앞으로 5마리 더 늘리면 외양간을 지을 경우 보조금이 나온다고 하니까 20마리가 딱 좋겠다고 생각할 즈음이었어요.

그즈음 일어난 원전 사고는 한 가족의 미래를 앗아갔다. 당시 미키코는 53세, 미쓰히데는 49세. 축산을 잇고 싶다며 홋카이도의 대학에 진학한 장남이 "제가 학교를 계속 다녀도 될까요"라고 물어왔다.

2년으로 그만둘 수 없어 졸업장만이라도 받으라고 말했습니다. 지진 피해자로서 수업료는 면제되고 기숙사에 들어가 있기 때문에 돈은 많이 들지 않았지만, 막상 취업이 되자 '후쿠시마에는 돌아가지 않겠다'고 말하는 거예요. 왜냐고 물었더니, '음, 돌아갈 수 없으니까 안 돌아가지요. 50세가 되면 돌아갈게요'라고 해요. 처음에는 소를 키우고 싶으니까 홋카이도로 공부하러 간다고 말했는데, 이제는 후계자가 되지 않겠다는 말을 꺼낸 거죠. 당시 아들은 홋카이도의 축산 관련 직에 막 취직했어요. 현지 농가 사람들과 교류가 있는 것 같았고요. 오히려 '신규 취농의 길이 넓게 열려 있으니 이쪽으로 오지 않을래요?'라고 물어오더군요. 하지만 어떻게 그런 곳에 갑니까? 홋카이도처럼 눈이 많이 내리는 곳에 가서 어떻게 살겠어요. 후타바는 눈이 거의 내리지 않는 곳이니까요. 남편은 들으면서 그냥 웃더라고요. 노친네가 있으니까 당연히 두고 갈 수도 없고요.

이케다 목장은 귀환 곤란 구역이지만 방사선량은 2년 반이 지난 시점에 시간당 3~4마이크로시버트 정도다. 오염이 제거되고 시간이 지나면 귀환 가능 지역이 될 수도 있다. 그러나 제1원전 주변에서 계획되고 있는 오쿠마정의 중간 저장 시설이 근처에 생기면 출입 금지가 계속돼, 인프라 정비를 기대할 수 없는 것은 물론 그곳에서 생활하는 것도 어려울 터이다.

미키코가 안락사 처분 동의서를 앞에 두고 미쓰히데에게 물었다.

"왜 죽이지 않으면 안 되나요. 우리 소는 아무 잘못도 없는데. 동의 안 하죠? 해요, 안 해요?"

"안 해" 하는 대답에 "아, 다행이다"라며 안도의 한숨을 내쉬었다.

미쓰히데가 원래 직장으로 돌아갈 때까지는 둘이서 매일 목장에 갔다.

"좁은 감방 같은 가설 주택에 있는 것보다 소와 함께 있었던 게 더 좋다. 지금도 그래. 집에 가서 멍하니 앉아 녀석들이 뭘 하고 있을까 생각하는 것보다 가서 얼굴 보고, 건강하지, 뭐 하고 있었어? 하고 말을 거는 편이 보람 있겠지."

나는 2013년 10월 먹이를 주러 간다는 미키코의 차로 60마리의 소가 기다리고 있는 오쿠마정의 목장을 방문했다. 도중에 길을 점거한 듯이 활보하고 있는 큰 멧돼지를 우연히 만났다.

"이틀 전에도 이 주변에 20마리 정도 있었어요. 저 돼지는 그전의 새끼 멧돼지의 어미네요. 가슴이 늘어져 있는 녀석이요"라고 말하는 미키코의 모습에는 당황한 기색도 없다.

목장 근처 도로에는 멧돼지 배설물로 여겨지는 선명한 핑크색 덩어리가 떨어져 있었다.

"핑크색 꽃 같은 걸 먹었나? 어라, 이쪽 배설물은 분명 가죽 장갑인데."

멧돼지의 강인함을 엿볼 수 있었지만, 지금은 귀환 곤란 구역에서 멧돼지보다 인간이 더 희귀한 존재가 돼버렸다.

목장 주변은 배의 산지였지만 이미 가지가 울창하게 우거져, 잡초가 멋대로 자란 배 밭이 펼쳐져 있을 뿐이다. 부근 주택가에 들어선 산뜻한 집들은 예전에는 '도쿄전력 저택'이라 불린, 대부분 도쿄전력 사원들이 거주하는 곳이었다고 한다. 빈집에 다가가 자세히 보니 크고 작은 지진 피해의 흔적들을 간직하고 있다.

목장에 도착해 차에서 내리자 아직 모습은 보이지 않지만 소의 울음소리, 소의 냄새가 밀려왔다. 태양광 울타리 안에 있는 소들이 사람을 환영하듯 밝은 소리를 내며 기다렸다는 듯 미키코에게 다가온다. 나도 장화로 갈아신고 울타리 안으로 들어갔다. 3.5헥타르 넓이의 목장 내 잔디는 이미 다 먹어치웠다.

소들은 목장에서 도로를 사이에 둔 논으로 재빨리 가서 푸른 목초와 잡초를 먹을 수 있게 됐다. 논은 현재 울타리로 둘러싸여 방목지로 활용되고 있다. 듬뿍 먹는 그 모습들이란. 잠시도 쉬지 않고 60마리의 소는 두 시간 동안 오로지 풀을 먹기만 한다.

냠냠, 쩝쩝, 서걱서걱…….

그 소리의 처절함. 투두둑 하고 풀이 혀에 뜯겨나가는 소리도 섞여 있다. 풀이 툭툭 뜯기는 소리에 후욱후욱 소가 토해내는 숨소리, 삭삭 하는 풀 위를 이동하는 소리도 섞여 있다. 소는 조금씩 이동하면서 먹고 있다. 가끔씩 잡다한 소리가 겹쳐져 쾅쾅하며 바람의 괴물이라도 걷고 있는 듯한 소리가 땅에 울린다.

문득 고개를 드니 소의 눈앞에서 노란 나비 한 마리가 팔랑팔랑 날고 있다. 나는 순간 소들의 소리를 잊었다. 여름 들판처럼 풀에서 풍기는 열기. 또다시 쩝쩝, 냠냠, 투두둑, 후욱후욱……. 이곳은 실내가 아니고 맑은 가을 하늘 아래다. 소의 혀가 풀에 닿고 땅과 주고받는 소리를 들으며 나는 소의 먹는 힘, 씹는 힘의 대단함을 새삼 느꼈다. 이 위대한 힘이 있으면 광대한 농지와 산림도 제초할 수 있을 것이다.

"마음 같아서는 소들이 천천히 먹을 수 있도록 여기에 두고 가고 싶지만, 야생 소가 와서 울타리를 부술까봐 두려워 2시간이나 3시간이면 외양간으로 돌아가게 합니다. 소들이 도망가버리면 돌아오게 할 수도 없는 데다 이곳은 마을 중심가니까요. 소가 1.5미터 정도를 뛰어넘는 것은 식은 죽 먹기예요. 예전에 거세하려고 잡으려 하자 2미터 가까이 점프해 도망간 일도 있었죠."

미키코의 유도로 소들은 다시 도로를 횡단해 이번에는 쌓여 있는 건초 더미를 보고는 외양간이 있는 목장으로 돌아간다. 지금 먹은 푸른 풀에서 부족한 부분을 건초로 보충하는 것이다.

"이런, 노조미도 얼른 가."

건강한 소들에게 추월당하고 멀리서 눈으로 건초 더미를 바라보면서 자기 차례가 오기를 기다리는 마른 소에게 미키코가 말을 걸었다.

농가에게 소는 가족이나 다름없지만 미키코가 소를 대하는 방법을 보노라면 가족 이상인 것 같다. 원전 사고가 발생하기 전, 송아지가 아프면 사무소를 겸한 작은 집에서 숙박하며 간호했다. 가족의 식사 준비는 남편과 아이에게 맡기고. 집에 돌아오는 것은 세탁과 목욕을 할 때만이었다. 애완동물용 기저귀를 소에게 채우고 함께 자고 있을 때 찾아온 친구에게 "소는 요양보험 못 드나"라고 말해 친구를 질리게 했을 정도다.

송아지와 함께 작은 집에 한 달 정도 숙식한 적도 있다.

"수의사에게 아침저녁으로 진찰받고 몸이 차갑지 않게 난로를 활활 피워 2주 정도 지나자 반은 죽은 거나 다름없던 송아지가 회복했어요. 그런데도 일어나지 못해 안간힘을 썼죠. 뒷발은 일어났지만, 앞발은 구부린 채 무릎으로 간신히 일어서는 느낌. 매일 도와서 일으켜주고 조금씩 함께 걷는 동안 스스로 움직일 수 있게 된 거예요."

살아난 소도 있고 살아나지 못한 소도 있다.

자신의 몸을 핥다가 털 뭉치가 위장을 막아 죽은 소도 있어요. 상태가 나빠 보여서 수의사를 불러 진찰을 받았더니 내일 당장 수술을 하자더라고요. 그런데 수의사가 돌아가자 곧바로 숨이 멎더니 죽었어요. 해부해보니 제1위와 제2위 사이에 털 뭉치가 막혀 있어서……. 지진 전에는 사고가 없는 한 웬만한 경우 아니면 다 큰 소가 죽는 일은 없었어요. 출산 때도 남편과 둘이서 했고요. 밤엔 내가 둘러보고, 이제 태어난다 싶을 때만 남편을 깨웠죠. 다리가 나온 뒤 당기는 편이 좋을 때는 둘이서 함께 당겨서 나오게 했어요. 하지만 지난해에는 당길 수 없어서 죽고 말았습니다. 지진 발생 전 머리가 좀처럼 나오지 않은 일은 있어도, 머리가 나오면 나머지는 단번에 빠졌는데. 지난해에는 당겼는데도 어째서인지 허리에 걸려 빠지지 않더라고요. 외양간처럼 로프를 위에 걸칠 곳이 없기 때문에 작은 트럭으로 잡아당기거나 롤러로 당기거나 했습니다만. 새끼는 이미 죽어 있었고 출산하는 데 시간이 걸려 어미 소도 죽게 되나 싶었는데 다행히 죽은 어미 소는 없었습니다.

난산으로 수의사를 불러야 하는 상황에서도 귀환 곤란 구역은 출입 허가가 좀처럼 나오지 않는다. 이 부근에는 두 사람 외에 아무도 없다. 둘이서 생명의 밧줄을 당기는 수밖에 없었다.

소가 죽으면 예전에는 주인이 자기 손으로 묻을 일이 많았으나 BSE 문제가 발생한 뒤에는 죽은 짐승을 취급하는 시설에서 검사한 뒤 처리하도록 의무화돼 축산 농가는 업자에게 반송해 달라고 부탁하게 됐다.

그러나 원전 사고 후 후타바군에서는, 기르고 있는 소가 죽을 경우 주인이 보건소에 연락하는 것으로 바뀌었다. 지시를 받아 이표 번호를 확인하고 사진을 찍은 뒤 지정된 장소에 매장하도록 되어 있다. 미키코의 소가 죽게 될 때는 '가축과 농지 관리 연구회'의 수의사에게 사망 확인을 받고 있다. 귀환 곤란 구역에서는 살아 있는 소도 죽은 소도 밖으로 내보낼 수 없다. 소 사육사는 질병이나 사고로 죽은 송아지와 어미 소, 사산한 소를 예전처럼 제 손으로 극진히 묻어주고 있다.

"소가 태어날 때와 죽을 때는 특별해요. 송아지가 태어날 때는 오늘은 누구누구의 생일이지 하며 생선회를 사와서 맛있게 먹었어요. 남편과 아이들 생일엔 아무것도 안 했지만요. 소가 질병 등의 이유로 죽을 때 밤을 새우며 장례식을 치른다 생각했어요. 역시 생선회를 먹었고요. 죽으면 단지 구멍을 파고 묻는 것이 아니라 짚이나 풀을 잔뜩 깔아줬죠. 저세상에 가서 먹는 것에 불편함이 없도록 도시락 가져가라고. 배고픈 생각 들지 않도록……."

100년 후를 꿈꾸며
나무를 심기

소가 사는 고향이 귀환 곤란한 땅이 됐을 때 소를 기르는 사람의 앞길은 막혀버렸다. 분노를 풀 데 없이 들이닥친 비운을 한탄하면서도 자신에게 남겨진 시간, 가족이 살아가야 할 시간을 생각해 조상 대대로 내려온 땅의 미래를 염려하지 않을 수 없다.

원자력재해대책본부는 귀환 곤란 구역에 대해 "피난 지시 해제까지 장기간 기다리는 수밖에 없다"고 말한다. 그렇다면 '장기간'이란 어느 정도일까. "구체적으로는 5년이 지나도 여전히 연간 누적 선량이 20밀리시버트 아래로 내려가지 않을 것으로 예상되며, 현재 연간 누적 선량이 50밀리시버트 이상인 지역"이라면 대체 몇 년이 지나야 그 수치가 떨어지는 것일까.

소 사육 농가 중에는 귀환 가능한 시점이 수십 년은커녕 100년 뒤라고 보고 움직이는 사람도 있다. 사카모토 가쓰토시는 피난 구역의 주민들이 '시간과의 싸움'을 강요당하고 있다고 말한다. "방사선량이 예전으로 돌아가려면 100년은 걸릴" 것을 각오하고 있다. 나무를 모두 베어버리는 산의 제염을 고려해서 하는 이야기다.

사카모토의 집은 3대가 100년이 넘는 노송나무와 삼나무 등 조림용 묘목을 재배해왔다. 축산은 사카모토 대에서 시작했다.

"올해(2013)로 일흔다섯이니 후기 고령자가 됐습니다만, 지금 있는 소 20마리 정도라면 어떻게든 키워갈 수 있지 않을까 싶어요."

안락사 처분에 동의하지 않고 소를 손수 계속 키우고 있는 농가는 도미오카정에서 사카모토뿐이다. 피난소와 가설 주택을 전전하며 살다가 손자의 초등학교 입학에 맞춰 다무라시 후네히키정에서 딸 내외와 함께 살기 시작했지만, 차로 편도 한 시간 반을 들여 도미오카정까지 20마리를 돌보러 다니고 있다.

피난소에서는 애견과 함께 자동차에서 숙박하던 때도 있었다. 현재 다무라시의 고지대 주거 지역에 나무 난로 굴뚝을 갖춘 집을 짓고 장작을 패서 몸을 녹이고 있는 사카모토의 모습에서는 고향 땅에서 쫓겨난 남자의 의지 같은 것이 느껴진다.

후쿠시마 제1원전에서 서남쪽으로 약 8.5킬로미터. 사카모토의 고향 도미오카정의 광대한 논밭과 산은 지금도 목장처럼 아름답다. 주위의 황량해진 땅만 봐온 터라 이곳은 경이롭게 여겨질 정도다. 이것도 모두 소가 깔끔하게 덤불을 먹어주고 있기 때문이다.

"지금까지 볏짚과 소 배설물을 넣은 퇴비를 사용해 순환형 농업을 목표로 해왔습니다. 특히 산의 묘목은 유기질 비료가 중요해 퇴비를 잔뜩 주지 않으면 생산을 지속할 수 없습니다. 화학비료만으로는 금세 밭이 약해져 100년 동안 같은 장소에서 묘목을 기르는 것은 불가능합니다."

벼 수확 후 볏짚이나 낙엽, 가축의 배설물을 퇴비로 땅에 돌아가게 하는 순환형 농업은, 땅에 돌아오는 사계절의 환원적 시간이 있어 가능하다. 현재 귀환 곤란 구역에서는 오랜 세월에 걸쳐 선량이 낮아지는 방사성 물질이 나타내는 시간, 바로 그 직선으로 흐르는 시간이 지배적이다. 이에 맞서 사카모토는 다른 시간을 만들어내는 묘목을 심으려 하고 있다.

"어차피 농작물은 재배하지 못하니까 벚꽃나무를 심어 공원처럼 해주려고요. 언젠가는 선량이 떨어져 사람이 들어갈 수 있을 때 여기서 살 수는 없어도 꽃구경하러 올 수는 있겠죠. 소가 덤불을 먹어주면 사람의 수고는 들지 않으니까 일석이조입니다. 저는 땅을 지켜주는 소의 고마움을 뼈저리게 느껴요."

다무라시의 새집을 방문한 내가 사카모토의 꿈같은 이야기를 듣는 동안, 그의 무릎 위에는 지진 난리 통에 생이별했다가 극적으로 재회한 삼색 얼룩 고양이가 앉아 있었다. 여담이지만 이 고양이도 기구한 운명을 따라가다 여기로 돌아왔다.

지진이 일어난 그해 7월, 일시 귀가한 사카모토가 살아 있던 개와 고양이를 피난소에 데려가려고 차에 태웠을 때 고양이는 살며시 도망가버렸다. 그 후 일시 귀가할 때마다 고양이를 찾았지만 발견하지 못했다. 포기하지 않고 헤어진 지 1년쯤 후, 후쿠시마현 동물구호본부가 미하루정에 마련한 보호소를 방문했을 때 한 장의 사진으로 행방이 밝혀졌다. 멀리 오사카에 있는 애완동물 전문학교가 이 고양이를 데리고 있었던 것이다. 고양이는 곧바로 돌아왔다.

여기에는 또 후일담이 있다. 내가 처음 사카모토의 집을 방문했을 때 눈앞에 있는 고양이를 어디선가 본 기억이 났다. 설마 하면서도 신경이 쓰여 내가 지금까지 보호소에서 찍어온 동물의 사진을 찾아보니 거기서 비슷한 고양이가 발견된 것이다. 삼색 얼룩 고양이는 드물지 않지만 왼쪽 눈 가장자리의 밝은 갈색, 코 주위의 옅은 갈색, 애교 있는 눈의 표정이 특징이었다. 다음에 사카모토를 만났을 때 사진을 보여줬더니 역시나 그의 고양이였다. 이 고양이는 쥐 외에 참새와 산비둘기를 사냥하는 것이 특기였다고 하므로 포획될 때까지 굶지는 않았을 것이다. 지금도 TV에 새의 영상이 나오면 휙 하고 달려드는 모양이다. 내가 고양이를 찍은 것은 2011년 12월이다. 고양이 집 너머로 가만히 이쪽을 응시하는 고양이의 눈은, 이 평화로운 일본에 피난생활을 강요당한 가족이 있었다고 말을 걸어오는 듯하다.

귀환 곤란 구역이 된 고향에 벚꽃을 심겠다는 사카모토의 이야기를 나는 처음엔 꿈처럼 느꼈지만, 물론 그것은 꿈이 아니었다. 밭에는 이미 스무 그루의 수양벚꽃나무가 나란히 서서 어린 가지를 뻗고 있다. 게다가 가로수에 적합한 다른 벚꽃을 조달하는 계획도 잡혔다고 한다.

왕벚꽃나무의 수명은 80년에서 길면 100년이지만, 수양벚꽃나무는 500년, 1000년도 삽니다. 제초해주는 소 쪽은 자연 도태를 기다리면서 관리가 용이한 두수로 해나가려 생각하고 있습니다. 미래에는 배설물이 데굴데굴 구르다 마르는 산양과 면양도 좋겠죠. 소 배설물은 부드럽기 때문에 꽃구경 철에는 좀 먹어줄 수 없을까 싶지만 소는 똥이 묻은 풀은 피하면서 먹지 않기 때문에 풀을 더 먹어치우는 일은 없을 거예요. 더구나 느긋하게 이동하기 때문에 토지를 손상시키지도 않아요. 대지에는 새로운 풀이 자라고 퍼져나갈 겁니다.

나는 사카모토의 이야기를 들으면서 100년 후 후쿠시마의 '벚꽃 동산'을 떠올린다. 피폭한 산들은 안개와 아지랑이가 하늘거리는 들에, 아련한 달밤의 언덕에, 사람이 내보낸 소와 함께 꽃을 보고 있다. 사카모토가 심은 벚꽃이 봄바람에 흔들려, 꽃잎이 화려하게 빛나는 소에게 쏟아지고……. 또는 소들은 역할을 마치지 않고 바람에 나부껴 빛나는 들판에 나와 즐기는 사람들에게 수많은 새의 지저귐, 꽃 잔치가 한창인 듯한 광경일까. 그 벚꽃은 참혹한 최후를 맞았던 소들에 대한 진혼의 꽃이다.

사카모토의 딸 부부는 교사라서 뒤를 이어 겨울철 먹이를 주러 다니는 것은 어려울지도 모른다. 그러나 10년쯤 후에는 만개한 벚꽃 아래에서 고향을 떠날 수밖에 없었던 사람들이 꽃구경하는 게 가능하지 않을까. 그때 사카모토의 소 20마리 가운데 과연 몇 마리나 살아남아 있을까.

제9장

검문을 넘어 소의 나라로

소가 가르쳐준 것

쌍둥이 형제의
실종

오쿠마정의 이케다 미키코의 목장에 가는 것에 맞춰 와타나베 후미카즈에게도 전화를 걸었다. 양미역취가 무성한 황무지와 소가 깨끗하게 만들어준 논의 차이를 보고 싶었고, 쌍둥이 형제도 오랜만에 만나고 싶었기 때문이다. 그런데 수화기 저편에서 잠깐 침묵이 흐르다가 "사실 쌍둥이 한 마리가 열흘 전부터 행방불명입니다"라는 침울한 목소리가 들려왔다.

일주일 후 나는 니혼마쓰에 있는 와타나베의 가설 주택에 렌터카를 세워두고 와타나베가 운전하는 차량에 동승해 검문소를 통과했다. 검문원인 젊은 경비원은 나미에정 동장이 발행한 와타나베와 내 통행 허가증 및 운전 면허증을 확인하더니 "조심하세요, 아무쪼록 잘 다녀오세요"라며 말을 걸어왔다. 와타나베는

"어쩐지 비가 올지도 모르겠네요"라는 말로 화답하고는 창문을 닫았다. 남의 일인 양 경찰관으로서 삼엄한 분위기를 풍기거나 무정한 대응을 하는 게 아니라 평온한 일상의 인사였다. 귀환 곤란이 일상화돼 있었던 것이다.

우리가 생활을 영위하고 있는 바로 이곳과 맞닿은 데에 출입 금지가 된 세계가 출현하고, 다른 일상이 이어진다. 그 기이함은 지금까지 일본인이 경험한 적 없는 것이다.

10분도 채 지나지 않아 구름이 괴이하게 흐려졌다고 생각될 무렵 거센 비가 쏟아졌다. 본격적인 가을을 맞이해 오마루로 향하는 길 양쪽의 논을 점령하고 있는 양미역취와 버드나무는 비가 오는데도 빛나며 위세가 점점 좋아진다. 그래도 산간 지역의 양미역취는 시내에 비하면 아직 푸르러 노란색이 거품 번지듯 물드는 일은 조금 뒤일 것이다.

빈집 마당에는 코스모스가 흐드러지게 피어 있었다. 씨가 흘러넘쳤는지 여기저기 갈라진 도로의 한가운데서도 코스모스가 비를 맞고 있다. 코스모스를 피해 천천히 달리자 숲속에서 꿩이 튀어나왔다.

도중에 와타나베가 피난 직전까지 소를 키우던 외양간에 들렀다. 지진 재해로부터 2년 7개월. 지붕과 굵은 기둥은 견고하게 버티며 비를 받아내고 있는 반면, 울타리 나무는 썩고 파이프는 녹이 슬어 있다. 마른 소똥이 소가 생활하던 흔적을 남기고 있지만 소 외의 동물의 배설물도 섞여 있는 듯했다.

비보다 강물 소리가 더 격렬하다. 이 외양간은 다카세 강변에 위치해 있다. 강은 상류에서 가쓰라오촌 다무라시를, 하류에서는 나미에 중심부를 지나서 우케도강과 합류한다. 한때 많은 소와 농작물을 길러냈던 물은 지금도 오마루 공동 목장의 생명수가 되고 있다.

언덕 위 목장으로 가기 전 도로변 목장의 소 떼를 봤다. 나무 아래에서 비를 피하고 있는 소도 있다. 하지만 쌍둥이 형제는 보이지 않았다. 평상시라면 와타나베가 가서 말을 걸 때, 아니 말을 걸기 전부터 다가왔는데.

언덕 위에는 쌍둥이의 어미 소 '하나히메'가 있었다.

"쌍둥이 엄마의 엄마, 즉 쌍둥이의 할머니 소도 있습니다. 쌍둥이 엄마의 언니가 낳은 아이도 있고요."

"그렇다면 쌍둥이 형제에게는 사촌?"

"네, 그 아이에게서 태어난 아이도 있기 때문에, 4대네요. 쌍둥이의 누나가 낳은 아이도 있었지만 지진 후에 죽었습니다. 한 번의 출산으로 개량이 이뤄지는 것은 아니고 대를 이어가는 것이 개량이에요. 건강한 암소가 태어나면 좋지만 수컷이 태어난다면 다음을 기다려야 합니다. 그래서 나름 생각해서 개량에 개량을 거듭해 소의 가계를 만들려고 하면 5년 정도로는 무리고, 10년 가까이 걸려요."

나는 나중에 쌍둥이 소에 이르기까지 어미 소들의 가계를 나타내는 등록증을 봤다. 거기에는 몸의 각 부위의 측정값과 조부모, 증조부까지의 이름과 함께 코 무늬가 찍혀 있었다. 코 무늬는 인간의 지문에 해당되는 것으로 모양이 모두 다르다. 또한 인공 수정 표에도 부모·조부모의 혈통과 송아지의 생년월일이 적혀 있다. 그것을 보면 야스이토마루와 야스이토마루 2호는 어머니 하나히메의 3산과 4산째 새끼인 것을 알 수 있다.

이슬비 속에서 잠시 기다렸지만 쌍둥이 형제의 모습은 보이지 않는다. 다른 장소로 이동해 인가가 있는 곳까지 갔더니 생각지도 못한 작은 송아지가 있었다. 도로 옆 외양간에서 태어나 몇 개월 지난 소가 와타나베가 다가오는 것에 좋아라 들썩이면서 응시하고 있다. 귀환 곤란 구역 안에서 새로운 생명이 탄생해 자라고 있었던 것이다.

와타나베는 두 개의 먹이통에 건초와 배합 사료를 넣었다. 그런데 송아지는 먹으려 하지 않는다. 다시 인공 유방을 준비해 젖병을 송아지 입에 갖다 댔다. 이번에는 벌컥벌컥 소리가 들릴 정도로 힘차게 마신다. 역시 우유는 맛있는 모양이다.

"끝! 이제 더는 없어. 없다고."

송아지의 엄마는 '가축과 농지 관리 연구회'가 종합 조사를 하러 왔을 때 뒷다리를 질질 끌며 걷는 상태로 발견됐다고 한다. 어미 소는 마르고 쇠약해 난산으로 살아나기 어려워 보였지만, 수의사의 도움으로 간신히 송아지를 낳을 수 있었다. 그 후 와타나베가 모자를 돌봐 송아지는 이만큼 커진 것이다. 송아지에게 '메메'라는 이름이 붙여졌고 이후 도로변에 위치한 소 사육사 동료의 이 외양간에서 살고 있다. 외양간 뒤편에 자라난 양미역취와 키를 대보니 아직은 많이 작지만, 조금만 지나면 싱싱한 풀도 먹을 수 있을 것이다.

오마루 목장 일대에 가느다란 가을비가 잠시도 멈추지 않고 내렸다. 산안개로 인해 다카세강 건너편은 보이지 않았다. 지금은 목장이 된 밭 외곽에 소 떼가 있었기에, 와타나베는 차에서 내려 "어이" 하고 말을 걸면서 다가갔다.

나도 뒤를 따라가보니 조금 멀리 짙은 물안개가 움직이고 그 속에 검은 그림자 같은 게 보였다. 그림자는 곧 두 개가 되어 흔들리더니 검은 육체가 되어 천천히 다가왔다.

"아, 쌍둥이 형제가 있었네요!"

목소리는 차분했지만 와타나베는 얼굴을 움찔움찔하면서 비에 젖은 안경을 수건으로 닦았다.

두 마리는 바람에 물결치는 연둣빛 수풀을 등지고 섰다. 하늘이 조금 맑아졌나 싶던 차에 배경이 짙은 녹색을 잃고 갑자기 밝은 노란색으로 바뀌었다. 두 마리 앞에는 소들이 풀을 먹어 깔끔해진 논의 흑갈색 흙이 펼쳐져 우리 발밑까지 이어져 있었다. 그들 뒤쪽에도, 와타나베와 내 뒤에도 고선량의 방사성 물질이 가득한 산, 계속해서 산이 이어진다. 거리가 꽤 떨어져 있어 소의 눈까지는 보이지 않지만, 가만히 이쪽을 쳐다보는 것을 알 수 있다. 나도 뚫어지게 봤다.

그들은 가축으로서 인간 문명의 재앙을 당했고, 살아갈 의미가 있는지를 따지는 무대에 강제로 올려졌으며, 이제 내려오는 것은 불가능하다. 진행되고 있는 이 일이 언제 끝날지도 모르는 부조리한 드라마다. 아무리 훌륭한 오페라 안경이라도 그들의 마음속까지 들여다볼 수는 없을 것이다.

하늘이 한층 밝아졌다. 바람이 그치고 무대의 배경 그림처럼 보이기도 하는 양미역취 수풀 옆에서, 두 마리는 오른쪽에서 왼쪽으로 천천히 이동하기 시작했다. 논두렁까지 오자 이번에는 우리를 향해 걸음을 재촉했다.

두 마리가 걷고 있는 논두렁의 왼쪽 논은, 소를 들이지 않았기 때문에 양미역취가 울창하게 자란 상태다. 3년 전까지 황금빛 결실을 수확하는 가을을 맞았던 논이라고는 상상도 할 수 없다. 다른 한쪽의 논, 우리가 서 있는 쪽은 벼가 아직 여물진 않았지만 마음만 먹으면 언제든지 농작물을 재배할 수 있을 것이다.

하라다 료이치의 논에서 소들이 보여준 것처럼, 지금 산간의 광활한 들판에서 소들은 제초와 농지 보전의 힘을 스스로 입증하고 있다. 이 일목요연한 자연의 변화를 보면 귀환 곤란 구역에서 소를 계속 살게 하는 것이 의미 없다고 말하지는 못할 것이다. 와타나베 마음속에서 이것은 기대에서 확신으로 바뀌었다.

소는 대자연을 무대 삼아 스스로 살아가는 의미를 대지의 언어로 말한 것이다.

두 마리의 형제 소는 마치 꽃길을 퇴장하는 것처럼, 양미역취의 높은 벽과 제초된 논의 경계인 논두렁을 걸어서 이쪽을 향해 온다. 그 모습은 마치 이 차이를 봐달라고 말하는 듯하다.

마침내 노란 이표의 번호 7373과 7374의 숫자가 읽힐 정도의 거리가 됐다. 모습을 감췄던 동생 야스이토마루 2호는 꽤 야위었을 뿐 아니라 힘이 없었다. 두 마리 다 봄에 만났을 때보다 많이 작아진 것처럼 느껴졌다. 그런데도 야스이토마루와 야스이토마루 2호는 여전히 당당한 체구와 뿔을 유지하고 있다.

형인 야스이토마루가 동생 뒤에서 재촉하듯 붙어서 온다. 내가 찾아서 데려왔어, 하며 자랑스러운 모습으로 어깨를 흔들면서 다가왔다.

"어디에 갔던 거야? 야위었잖아."

와타나베는 두 마리 소의 목을 가볍게 두드리고 손짓하면서 소곤소곤 이야기를 나눈다.

정신을 차려보니 조금 전까지 내리던 비가 그치고 하늘은 맑게 개었다. 와타나베의 얼굴도 왠지 환하다. 다카세강을 건너 맞은편 산속에 들어가 있었던 게 아닐까, 하고 와타나베는 말한다. 강은 얕은 곳을 찾으면 건널 수 있겠지만 군데군데 깊은 급류도 있지 않나?

"소는 헤엄쳐서 강을 건너요. 그렇지? 그런 건 아무것도 아니지?"

그렇게 말하면서 와타나베는 두 마리에게 웃음을 지었다. 소는 먹이가 부족하면 한겨울에도 깊은 강을 헤엄쳐 건넌다고 한다. 살기 위한 필사적 몸부림인 것이다.

보름 이상 행방불명이었던 소가 마침 내가 방문했을 때 모습을 드러내줬기 때문에, 나도 기뻐서 두 마리의 목과 몸통을 어루만졌다. 빗물이 뚝뚝 떨어졌지만, 젖어서 벨벳처럼 빛나는 털은 뻣뻣하지 않았고 체온과 호흡을 전해줬다.

소가 협력하는
조사와 연구

그로부터 두 달 후인 2013년 12월 7일과 8일, '가축과 농지 관리 연구회'가 오마루 공동 목장에서 세 번째 종합 조사를 실시했다. 이번에도 소의 혈액과 토양의 채취, 방사선 측정기 장착, 행동 궤적을 살피는 센서의 배터리 교환 등이 목적이다. 이와테대학의 오카다 게이지, 도호쿠대학의 사토 슈스케뿐만 아니라, 기타사토대학과 이와테대학의 연구자, 오마루 공동 목장 농가의 5명도 참여했다. 흰 방호복을 보면 소가 도망가기 때문에 높은 선량에도 불구하고 멤버 모두 방호복을 입지 않았다.

동행한 나는 거기서 그리운 두 사람과 재회했다. 이타테촌의 수의사 히라노 야스유키와 이와테현 가축진료소의 미우라 기요시다. 두 사람은 이 프로젝트에 협력하고 있는 수의사다. 히라노는 "선량이 높은 곳의 작업은 우리 늙은 수의사들 담당입니다" 라며 웃는다. 미우라는 지금까지도 오카다와 함께 피난 구역 내 소들의 거세 수술을 해왔고, 이번에도 오마루의 소 한 마리가 임신한 것을 알게 돼 야외에서 거세 처리를 했다.

진정제 효과가 나타난 소가 털썩 하고 옆으로 누운 곳에서 먼저 뒷다리 하나를 밧줄로 파이프 울타리에 고정한다. 가위로 국부의 털을 깎고 소독용 요오드팅크를 뿌려, 왼쪽 음낭을 가위로 잘라 열고 고환을 꺼낸다. 그다음 고환과 연결된 관을 가위로 눌러놓고 실로 묶는다. 묶고 나면 즉시 가위로 고환을 잘라낸다. 이것을 건네 투명한 봉투에 넣으면 다른 쪽 고환을 마찬가지로 처리한다. 사용하는 도구라고는 가위 두 개뿐이다. 작은 상처에서는 출혈도 거의 없다. 메스를 사용하는 사람도 있지만 가위만 쓰는 게 미우라의 방식이다.

항생제와 각성제 주사를 놓고 잠시 후 소의 의식이 돌아왔다. 밧줄을 풀어주자 휙 머리를 들고 발을 버둥거리더니 일어섰다. 몇 걸음 비틀거리며 걷다 엎어지고 또 일어선다. 대체 무슨 일이 있었던 거지 하는 모습으로 수상쩍게 여기면서 점점 보행 거리를 늘려, 50미터 떨어진 풀숲에 앉아 이쪽을 엿본다. 울타리에 묶였다가 깨어나 가버릴 때까지 20여 분. 수술 자체는 5분도 걸리지 않았다.

이번 조사에는 이와테대학의 가축 검진 차량이 와서 현장에서 혈액의 분리·분석이 이뤄졌다. 혈액 채취는 50cc 주사기 3개분. 그것을 진공 채혈관 등에 나눠 넣고 신속하게 검진 차량까지 옮겨 분석에 착수하는 흐름이었다. 소는 몰아넣는 울타리 안으로 유도돼 한 마리씩 앞으로 나가 목 아래 부근을 주사기에 찔린다. 격렬하게 저항하는 녀석도 있지만 코뚜레와 뿔을 밧줄로 고정하면 어쩔 도리가 없다.

쌍둥이 형제도 혈액을 채취했다. 동생은 이미 두 달 전 수척했던 야스이토마루 2호가 아니라, 완전히 체력을 회복하고 억센 목을 흔들며 채혈을 거부하려고 날뛰었다.

야스이토마루 2호는 채혈 후 울타리에서 달려나가더니 바깥에 놓여 있던 맛있는 음식을 찾아냈다. 배합 사료 포대에 머리를 처박고 정신없이 먹기 시작한다. 조사 멤버 중 한 명이 "야, 야" 하며 먹는 것을 막으려고 했지만 와타나베는 "먹어도 괜찮아요"라며 큰 소리로 말했다. 주인의 허가를 받았으니 먹보인 야스이토마루 2호는 그때부터 반시간 정도 눌러앉아 머리를 포대에 처박았다 꺼냈다를 반복했다. 그 모습을 이제 막 채혈하러 가는 소가 울타리 안에서 부러운 듯 바라보고 있었다.

토양 채취는 방사성 세슘과 방사성 스트론튬 등을 측정하기 위한 것으로, 목장 내 측정 지점은 46미터 사방마다 있으며 총 74곳이다. 채취된 혈액과 토양은 검사에 쓰이고 방사능 오염 농도 및 추이 데이터가 된다.

나는 거치적거리는 존재가 되지 않도록 채취한 토양을 자동차로 옮기는 것을 도우면서, 오마루 언덕의 목장 뒤로 펼쳐진 산에 가봤다. 나무 사이에서 들여다보는 초겨울의 시든 목초지가 햇빛을 받는 위치에 따라 황금색으로 빛나는 것을 볼 수 있었다.

동네 산의 숲에는 햇살을 받아 영롱하게 빛나는 소가 적막하게 멈춰서 있었다.

산을 내려와 도로 옆 외양간으로 돌아오자 두 달 전과 비교해 몰라보게 커진 '메메'가 있었다. 그렇다고는 해도 아직은 송아지. 어미 소에게 어리광을 부리는 양 와타나베에게 달라붙어 장난을 친다. 이날은 연구회 멤버가 메메에게 줄 선물을 준비했다. 빨간색과 검은색의 따뜻해 보이는 넥 워머다. 메메는 그것을 머리부터 목에 씌워달라고 보챈다. 딱 맞다. 잘 어울려. 송아지는 기뻐하며 새끼 사슴처럼 껑충껑충 뛰었다.

반년 전 더운 날씨에 난산으로 죽어가는 어미 소의 출산을 도왔던 수의사인 미우라는 이날 성장해 있는 메메와 재회했다.

어미 소를 발견했을 때 이미 출산이 시작돼 있었어요. 방치하면 죽었겠지만, 그것조차 자연스러운 일이 아닐까라고 생각했습니다. 오카다 선생에게 논의했더니 일단 꺼내는 것만 시도해보자고 하더군요. 그 자리에서는 치료만 했는데, 집으로 데려가서 우유를 먹이는 것까지 하지 않았더라면 자라지 않았을 겁니다. 와타나베 씨는 여기에 어미와 새끼를 데려와서 열심히 간호하고 손수 돌봐온 것이죠. 그냥 놔뒀더라면 벌써 죽었을 거예요. 나는 틀림없이 죽을 거라고 생각했는데 나중에 살아 있다는 얘기를 듣고 놀랐습니다.

이렇게 말하며 미우라는 눈을 가늘게 떴다. 메메는 태생도 성장도 귀환 곤란 구역 안에서 이뤄졌다. 그런데도 사람에게 친숙하게 굴고 사람을 신뢰하며 자라고 있다. 언젠가는 이 외양간을 나가 다른 소와 사귀고 넓은 산의 목장을 뛰어다니는 날이 올 것이다.

'가축과 농지 관리 연구회'는 2014년 2월 도쿄에서 심포지엄을 열었다. 지속적인 조사·연구를 통해 방사성 물질의 체내 흡수, 축적, 배설 등의 메커니즘이 해명되면, 식품 안전과 축산 부흥에 이바지할 수 있을 것이다.

이날 발표한 도호쿠대학의 이소가이 에미코 교수에 따르면, 환경 방사선량이 같은 장소에서 자란 외양간 사육 소(방사성 세슘을 포함하지 않은 사료를 제공)와 야외에 방목한 소 사이에는, 근육 내 방사성 세슘 값이 열 배쯤 차이 난다고 한다. 또한 오염된 볏짚을 제공한 시험에서는, 오염 사료에서 세슘이 체내에 흡수됐다가 이를 중단하면 체내로부터 배출되는 것으로 나타났다.

소화관에서 흡수된 세슘은 혈류를 타고 온몸의 장기 조직으로 운반된다. 이후 대장에서 재흡수돼 다시 혈류로 들어가지만 일부는 분뇨가 돼 체외로 배출된다. 혈액에서 장기로의 세슘 이행 계수는 근육에서 가장 높지만, 가축의 경우 사료에 충분히 주의를 기울이면 근육에 세슘이 축적되는 것을 방지할 수 있다고 한다.

또한 안락사 처분 소를 대상으로 한 2011년 조사에서는, 독성이 높은 방사성 은과 방사성 텔루르가 검출됐다.(반감기가 짧기 때문에 현재는 검출할 수 없다.) 방사성 은은 간장에, 방사성 텔루르는 신장에 특이하게 쌓인다고 한다. 내부 피폭의 요인이 되는 이런 방사성 물질이 장기 안에 농축되는 특성은 아직 연구되지 않은 분야이며, 그것이 소를 통해 밝혀진 점은 주목할 만하다.

미국 연구진과의 공동 연구도 시작됐다. 심포지엄에서는 오랫동안 체르노빌에서 야생동물 조사를 계속해온 사우스캐롤라이나대학의 티머시 무소 교수의 발표도 있었다. 후쿠시마에서는 조류, 나비, 파리가 사고 후 첫 여름에 감소했지만, 다른 생물군에서는 유의미한 차이가 확인되지 않았다고 한다. 체르노빌에서 피폭에 의한 생물에 유해한 영향은 백내장, 암, 성장 이상, 기형 정자, 색소의 결핍에 따른 백변종이라 부르는 알비노의 발병률 상승 등이다. 신경학적인 발달 이상은 조류와 설치류(쥐, 다람쥐 등)에서 확인돼, 조류 개체의 인지 능력과 생존율에 대한 영향이 알려져 있다. 후쿠시마에서는 심각한 유전적 손상이 아직 관찰되지 않았다고 한다. 하지만 예단할 수 없는 상황이다. 저선량의 지속적인 피폭은 장기적인 모니터링을 통해 그 영향을 파악할 수 있을 것이다.

'가축과 농지 관리 연구회'의 심포지엄은 이어서 7월에 도쿄에서도 개최됐다. 여기서 나는 소의 행동과 피폭선량의 추이, 나아가 그것이 흙이나 풀과 생체(소) 사이에서 방사성 세슘 오염의 이동과 어떻게 관련되는지에 관한 데이터에 주목했다.

이에 따르면 지난해 봄부터 오마루 공동 목장에서 실시돼온 조사 결과를 소의 근육 내 평균 세슘 농도로 살펴보면, 2013년 봄은 1킬로그램당 3000~4000베크렐, 그해 가을은 8000~9000베크렐, 2014년 봄은 4000~5000베크렐이며, 봄에 낮고 가을에 높아지는 경향이 확인됐다. 봄부터 가을에 걸쳐서는 자생하는 오염 목초·산야초를 먹고 늦가을부터 초봄까지는 구입 사료를 먹기 때문에 이러한 계절 변동이 나타나는 것이라고 볼 수 있다. 즉, 세슘은 흙에서 풀로, 풀에서 소로, 소에서 다시 흙으로 이동하고 있다.

또한 이와테대학의 오카다 게이지 준교수는 소의 혈액 검사와 목에 장착한 방사선 측정기 및 GPS, 가속도 센서 등의 데이터, 피폭 선량의 계절적 변화, 가축의 행동과 오염의 이동 등에 대해 발표했다.

2013년 12월 조사에서는 사료가 부족한 현실이 확인됐지만, 영양 면에서 문제는 없었다. 그러나 갑상선 호르몬을 조사한 결과는 조사 대상인 31마리의 소 전체에서 8월에 비해 갑상선 기능 저하가 나타났다.

소 목 부분에서 한 마리당 평균 피폭 선량의 추이는 8~11월에는 하루 평균 800마이크로시버트가 넘는 값이었지만, 12월부터 점차 내려가더니 다음 해 2월에는 600마이크로시버트를 나타냈다. 9월에서 이듬해 2월까지 반년간 누적 피폭 선량을 보면 150밀리시버트 가까이 피폭하고 있는 것으로 추정된다.

소의 행동 위치를 가을(9~11월)과 겨울(12~2월)로 나눠 비교하면, 가을에는 소들이 밤낮 상관없이 목장 전체에 흩어져 있었지만, 겨울에는 급여장과 외양간에 집중돼 있다. 가을 낮에는 산야초가 풍부한 장소에서 체류하는 시간이 길고 활발히 이동하지만, 야간에는 원래 논이었던 구역에서 체류하는 시간이 길어지고 겨울 야간에는 외양간에 머무는 시간이 현저하게 증가한다.

이처럼 소의 식사 장소는 하루의 시간대와 또 계절에 따라 달라지고, 소가 오염된 산야초를 먹은 구역에서는 토양의 세슘 오염이 줄어드는 반면, 분뇨를 많이 배설한 구역에서는 세슘 오염이 증가한다. 이런 방사성 물질의 이동은 동네 산의 오염 제거에 향후 소의 방목을 활용할 수 있으리라는 가능성을 보여준다.

이런 피폭지의 소와 야생동물로부터 얻게 되는 상세한 데이터가 귀중함은 두말할 필요도 없다. 지금까지 내부 피폭의 실험 연구는 쥐 등을 대상으로 전 세계에서 이뤄져왔지만, 소처럼 큰 동물의 내부 피폭 연구는 미지의 영역이다. 그 이변은 사람의 건강 피해의 바로미터가 되기도 한다. 저선량 피폭이 건강에 미치는 영향에 대해서는 이후 장기간에 걸쳐 조사가 이뤄져야 할 것이다.

그런데도 국가는 여전히 피폭한 소의 '연구'적 가치를 인정하지 않았다. 관리되는 소를 계속 사육하는 것은 용인하지만 사육부터 사후 처리까지의 노력과 비용은 모두 농가가 자기 책임으로 부담하게 돼 있다. 도시락을 싸들고 다니며 소를 계속 키우는 농가에 부족한 사료비나 수의료를 제공하려는 '가축과 농지 관리 연구회'의 경비는, 일본 수의사협회와 축산 관련 협회의 지원, 기부 등으로 조달해왔지만 이제 곧 바닥날 게 눈에 훤하다. 연구 프로젝트에 참여하고 있는 오마루 공동 목장 외 5개 농가의 소 약 280마리를 사육하는 데는, 최대한 자생 들풀을 먹게 하더라도 매년 수천만 엔의 비용이 발생한다.

귀환 곤란 구역의 소는 앞으로 어떻게 될까. 심포지엄의 종합 토론에는 농가를 대표해 야마모토 유키오와 와타나베 후미카즈가 참석해 12월부터 3월까지 소의 겨울철 먹이를 마련하는 데 겪는 어려움을 호소했다. 야마모토와 와타나베의 목장처럼 넓은 방목장을 확보할 수 없는 농가는 먹이 문제가 더 힘들어진다.

피난 지시 구역이 개편됐을 무렵 와타나베는 나한테 이런 이야기를 한 적이 있다.

여름에는 자연의 풀을 먹으니까 소에게 겨울철 먹이 비용만 제초 노임으로 쳐서 준다면 엄청난 비용을 줄일 수 있습니다. 귀환 곤란 구역의 제염은 뒷전이어서 언제 이뤄질지 알 수 없지만, 선량이 비교적 낮은 곳에도 소를 데리고 있으면서 농지를 관리시키고, 제염이 시작되기 전에 소를 끌어내 다음 농지로 데려가는 겁니다. 그렇게 하면 보통 여름 한 번 날 때 3회 정도 필요한 풀베기를 품을 들이지 않고 하면서 신속하게 농업을 부흥시킬 수 있지 않을까요. 이런 이야기를 공무원에게 한 적이 있는데 오염이 확산되기 때문에 안 된다고……

오염되지 않은 땅이라면 확산이 문제될 수도 있지만 이미 오염된 농지를 소에게 관리하도록 맡기는 게 뭐가 안 될 일이라는 것인가. 방사성 물질을 포함한 배설물을 회수하면 소를 이용한 순환형 제염도 가능하다는데 말이다. 방사성 물질은 흙이나 물에서 식물로 흡수되고 그것을 먹는 소의 체내로 이동하니 그 흐름을 이용하는 것이다. 하물며 사람이 들어갈 수 없는 귀환 곤란 구역이라면 더더욱 그래야 하는 것인데 아무런 대책도 강구하지 않고 국토가 황폐해져 사라지는 것을 그냥 두고 봐도 좋은 일일까.

2014년 10월 '가축과 농지 관리 연구회'는 '원전 사고 피해 동물과 환경 연구회'라는 명칭으로 변경됐다. 12월에는 오마루 공동 목장에서 정기적인 종합 조사와는 별도로 소 4마리의 해부가 이뤄졌다. 해부하지 않더라도 채취한 혈액에서 피폭 선량 측정, 내분비 및 유전자 정보 분석은 가능하지만, 내부 피폭의 상세한 데이터를 얻고 지속적인 저선량 피폭의 영향을 조사하기 위해서는 해부가 필요하다.

묵념 후 연구자들은 큰 해부용 칼을 줄에 갈아가면서 가죽을 벗기고 장기와 근육을 분리했다. 전기톱으로 갈비뼈를 자르고, 정과 해머도 사용해 척추 안에서 척수를 꺼내고, 두개골을 열어 뇌를 꺼냈다. 두개골 등의 뼈와 안구도 내부 피폭을 검사하는 데 사용된다. 잘라낸 조직은 차례차례 포르말린에 담근다.

목장의 조금 높은 산기슭에 파인 깊은 구멍의 바닥에는 소의 목과 다리와 내장 등이 포개져, 겨울 나뭇잎 사이로 비치는 햇살을 받고 있다. 조사를 위한 채취가 끝날 무렵에는 해가 꼴딱 넘어가 저물어 있었다. 굴착기가 지상에 남아 있는 나머지 조각과 피로 물든 흙을 한꺼번에 구멍에 쓸어담아 넣는다.

이제 막 다시 메운 부드러운 흙 위에 꽃을 올린 뒤 한 명씩 차례로 분향하고 묵념을 마쳤다. 수집한 시료와 도구류를 차에 싣고 와타나베 후미카즈 한 사람만 남겨둔 채 일행은 산을 내려왔다. 소의 유해는 비닐 시트 등으로 감싸지 않고 직접 땅에 묻었기 때문에 빠른 시간 안에 흙으로 되돌아갈 것이다.

수고했다고
말할 수 있는 날까지

　방사성 물질은, 그에 맞서 싸우는 것도, 그렇다고 그럭저럭 적
응해가는 것도 어려운 존재다. 귀환 곤란 구역에서는 제염으로
싸우는 것도, 거주를 위해 그럭저럭 어울리는 것도, 그 어떤 것
에 대해서도 전망이 제시되지 않았다.

　앞서 얘기한 2013년 12월의 종합 조사 때 나는 방사능의 위
협을 눈으로 확인했다. 쌍둥이 형제 소가 있는 도로 옆 논두렁
에서 선량계 스위치를 켰을 때, 시간당 300마이크로시버트라는
숫자가 나타난 것이다. 선량계가 고장났나 싶어 다른 사람에게
도 측정해달라고 요청했다. 그러자 선량계는 모두 317이나 320
정도의 숫자를 나타냈다.

　이제 허탈하게 웃는 일밖에 남지 않은 것일까. 실제로 우리는

사진을 찍으면서 힘없이 웃고 있었다. 오마루 주변이 지금도 시간당 20마이크로시버트를 넘는 선량인 것은 알고 있었고, 도랑 등 축축한 흙과 나뭇잎이 있는 곳은 고선량이라는 걸 알고 있었지만, 이 정도일 줄은.

귀환 곤란 구역의 기준으로, 연간 누적 선량 50밀리시버트 초과, 시간당 9.5마이크로시버트 초과로 설정된 수치가 있지만, 그 기준의 30배 이상인 수치를 실제로 눈앞에서 보니 현실감이 완전히 사라져버린다. 아니, 이게 현실인가. 귀환 곤란 구역의 설정이 해제되는 날이 언젠가 오기는 하는 걸까. 내가 알고 있는 것은, 풍요로운 대지가 기피해야 할 오염지가 됐어도 이 땅에서 소들이 방사능과 어울리며 살아가고 있다는 사실이다.

와타나베는 앞으로도 계속 소를 키울 것이다. 하지만 언제까지?

환경을 지키는 소로서, 미래의 사람들을 위한 연구에 도움이 되는 소로서, 합당한 연구 기관 등이 지속적으로 돌봐줄 수 있다면 소를 키워온 우리는 안심하고 새롭게 다시 출발할 수 있을 겁니다. 소를 돌보는 것은 누군가가 하지 않으면 안 됩니다. 역시 소를 다룰 수 있는 농가가 있고 연구하는 사람들도 있어야겠죠. 소도 나이를 먹고 병에 걸립니다. 언젠가 소가 수명이 다해 줄어들고 없어지기 전까지 돌아와 농업을 재개할 수 있다면 가장 좋겠죠. 소의 수명이 다했으니까 수고했다고 말할 수만 있게 된다면 우리 축산 농가로서는 이론도 반대도 없을 겁니다. 하지만 단지 쓸모가

없어졌기 때문에 죽이라고 하는 데 대해서는 기이하게 여겨질뿐
더러 반발심과 분노가 들지 않을 수 없습니다.

와타나베는 몇 가지 선택지를 염두에 두고 있다. 하나는 지금
살아 있는 소로 축산을 재개해 다음 세대의 소를 만들어가는 길
이다. 개량을 거듭해온 소를 이어나가는 것이 마음의 버팀목이
돼준다고 한다. 두 번째는, 지금의 소는 연구에 활용하라며 자기
손에서 떠나보내고, 다른 소로 축산을 시작하는 것이다. 세 번째
는, 농지 보전과 연구 재료로 축산을 양립시키고, 농지를 지키는
소를 관리하면서 새로운 소도 도입한다는 것이다.

선량이 떨어지지 않아 돌아갈 수 없는 그곳에서 환경 보전과 연
구 등을 계속해야 한다면 소가 필요합니다. 소들이 수명이 다해
없어지기 전에 어느 정도는 교배를 해서 송아지를 키워야죠. 이
것도 일종의 방법이랄 수 있겠죠. 여러 가지 시뮬레이션을 돌려보
고, 앞으로 어떻게 될 것인지 주시하는 장기적인 연구가 필요합니
다. 긴 안목으로 보고 방사능과 싸운다고나 할까, 어울리지 않으
면 안 된다고 생각합니다.

어떻게 방사능과 싸우고, 어떻게 방사능과 어울릴까. 귀환 곤
란 구역의 소들은 우리에게 그것을 물어보는 존재이기도 하다.

2014년으로 해가 바뀌고 곧바로 와타나베는 쌍둥이 형제 소

의 뿔을 잘랐다. 그 얘기를 들었을 때 기다랗게 뻗은 그 자랑스런 멋진 뿔이 없어졌다는 게 도저히 믿기지 않았다. 나는 항상 멀리서도 큰 체구와 굵고 긴 우아한 곡선을 그리는 뿔을 보고 야스이토마루 형제임을 알아차렸기 때문이다.

하지만 와타나베가 뿔을 제거한 데는 이유가 있었다. 주인이 늘 올 수 없을뿐더러 무슨 일이 일어난다 해도 수의사가 올 수 없는 귀환 곤란 구역 안에서, 소끼리 서로 상처를 입힐 위험을 피하고 싶었기 때문이다. 싸우면서 뿔로 들이받는 것뿐만 아니라 먹이를 먹을 때 뿔이 닿아 서로 상처를 입힐 수도 있다.

야외에서 사는 야스이토마루 형제에게는 뿔이 없어진 것보다 더 힘든 상황이 닥쳤다. 올겨울 들어 폭설이 내린 것이다. 기록적인 적설량은 오마루의 목장에도 영향을 미쳤다. 니혼마쓰시에 있는 와타나베의 가설 주택 주변 사람들도 물건을 사러 가는 것조차 힘들 정도였고, 목장까지 가는 데 편도 한 시간 반이었던 것이 2배인 세 시간 정도 걸렸다. 도로는 통행금지가 돼 갈 수 없는 날이 이어지기도 했다. 소들을 더 이상 배고프게 내버려 둘 수는 없었다. 산길을 피해 차량이 통행 가능한 도로를 찾아 나미에정과 가쓰라오촌을 연결하는 지방도로까지는 갈 수 있었지만, 오마루까지 3킬로미터쯤 남은 곳에 다다르면 눈이 깊어 앞으로 나갈 수 없었다. 어쩔 수 없이 차에서 내린 와타나베는 장화 끈을 고쳐 매고 천천히 걷기 시작했다.

오마루에 가까워질수록 눈은 그쳤고 다카세 강변의 설원에 반사된 햇빛에 눈이 부셨다. 사료 보관소까지 간신히 도착했을 때는 숨이 끊어질 듯 힘들었지만, 와타나베는 자신 안에 소와 함께 살아가는 힘이 아직 남아 있음을 느꼈다.

그런데 소의 모습이 보이지 않는다. 와타나베는 '어이' 하고 외치며 먹이를 운반하기 위해 트랙터 엔진에 시동을 걸었다. 소리와 동시에 먼 숲에서, 눈이 깊게 쌓인 갈대밭 안에서, 작은 집 뒤에서, 검은 덩어리들이 나타났다. 울음소리는 엔진 소리에 지워졌지만 검게 빛나는 형체는 이쪽과 저쪽에서, 다리를 절반 정도 눈에 빠뜨리면서도 천천히 계속 다가온다. 뿔이 없는 쌍둥이 형제의 모습도 보인다. 뿔이 없어도, 송아지 때부터 건강을 염려하면서 얼굴을 봐온 와타나베는 그것이 야스이토마루와 야스이토마루 2호라는 것을 알 수 있다.

와타나베는 트랙터에 실은 큰 건초 롤을 굴리고 엔진을 껐다. 소는 이미 그곳까지 와 있다. 포장을 나이프로 끊자 풀 냄새 나는 먼지가 피어올랐다. 소가 걸음을 재촉해 먹이로 달려간다. 그 안에는 하늘을 우러러보며 짖거나 와타나베에게 머리를 들이대면서 먹으려고 하지 않는 녀석도 있다.

"빨리 먹으라고. 먹지 않으면 다 빼앗긴다."

몸을 밀며 달라붙는 소를 어루만지면서 와타나베는 웃는다.

'메메'는 요전에 먹이를 충분히 먹었으니 괜찮을까. 지금쯤은 작은 집에서 혼자 기다리고 있을 것이다. 언덕 위 목장에서도 엔진 소리를 들은 소들이 이제나저제나 하면서 기다리고 있을 것이다.

넓은 설원에 사방팔방으로 소의 발자국이 이어져 있다. 그리고 그 중심에 와타나베가 있다. 원전이 폭발해 소들과 껴안고 나서 헤어진 지도 이제 곧 3년이 된다. 소 사육사와 소가 함께하는 행복의 순간은 짧다. 한쪽의 은세계에 소들이 그린 깊은 발자국도 며칠 뒤면 녹아서 사라져버릴 것이다.

소는
대지 그 자체다

원전 사고가 낳은 방치된 소는 포획·안락사 처분에 의해 2014년 1월 29일을 기해 모습을 감췄다.

나는 지금까지 주로 안락사를 면하고 살아남은 소에 대해 말했지만, 다른 한편 수많은 소가 죽어갔다. 안락사 이전에 아사, 병사, 사고사 등 '안락'과는 거리가 먼 죽음도 일상화됐다.

반복하여 말하는 바이지만, 옛 경계 구역에 있던 소 약 3500마리 가운데, 2015년 1월 20일 현재 후쿠시마현 농림수산부 축산과에 따르면 안락사 처분이 1747마리, 처분에 동의하지 않은 소유자에 의한 계속 사육이 550마리다. 마지막 포획·안락사 처분이 있기 1년 전에는 안락사 처분이 약 1470마리, 계속 사육이 약 800마리로, 방치된 소가 여전히 약 150마리 남아 있었다. 실제로는 원전 사고 이후 꽤 많은 송아지가 태어났기 때문에 아사 등에 의한 사망 규모는 불분명하지만, 그때쯤부터 방치된 소의 감소는 나도 실감하고 있었다.

후쿠시마현 축산과에서는 최후의 포획·안락사 처분 후에도 생존해 있는 방치된 소를 찾아 한 달 정도 수색했다고 한다. 시·정·촌의 관공서에도 협력을 의뢰해 수색했지만 방치된 소는 발견되지 않았다. 하지만 정말 한 마리도 없는 것일까. 방치된 소가 모두 처분됐다는 말을 들어도 당장은 믿기 어려웠다. 마지막 포획·안락사 처분이 있기 일 년 전 눈 속에서 본 이상한 광경이 눈앞에 또렷이 떠올랐다.

2014년의 대설 정도까지는 아니지만 2013년에도 눈이 내려 쌓인 날이 있었다. 나는 당시 지진 피해지 안에 있는 신사의 황폐화를 취재하기 위해 경계 구역이 해제된 미나미소마시의 신사를 돌고 있었다. 쓰나미에 쓸려간 산사도 있고, 신사 입구 기둥문이나 석탑이 쓰러진 채 방치된 신사도 많아 어디를 가도 쓸쓸하고 황량했다. 오다카구 우라지리의 와타쓰미 신사 가까이에, 눈이 많이 쌓인 길이 얼어붙어서 차의 범퍼 아래가 긁혔을 때의 일이다. 어쩔 수 없이 차를 세우고 무릎까지 쌓인 눈에 미끄러지면서 신사로 향하는 산길을 걸었다. 와타쓰미 신사는 바다에 닿아 있는 높은 절벽 위에 있다.

나미에정과의 경계에 위치한 이 부근은 1960년대부터 나미에·오다카 원전의 후보지였다. 일부 주민의 강력한 반대에도 불구하고, 민간 소유지 중 약 98퍼센트의 토지 취득을 마쳐 건설 계획이 진행되던 무렵에 후쿠시마 제1원전 사고가 발생했다. 도호쿠전력은 2013년 3월 28일, 원전 신설 계획을 철회한다고 발표했다.

신사의 본전 앞 배전은 강진으로 기둥과 벽이 허물어지고, 지붕도 전부 무너져 내려 있었다. 떨어진 방울 앞에는 흩어진 불전이다. 지붕에는 30센티미터 정도 눈이 쌓여 신성시되는 구역을 여러 짐승이 제멋대로 달린 흔적이 있었다. 그 안에는 소의 것으로 짐작되는 큰 동물의 발자국도 있었다. 방치된 소가 해안까지 진출해 있다는 것은 들어본 터이고 내가 직접 본 적도 있다.

해질녘 요란한 소리를 내며 바다에서 불어오는 바람은 무서웠다. 짐승 무리의 발자취를 쫓아 숲속을 들여다보니 눈 아래에 어두운 바다 소리가 울려 퍼졌다. 절벽 위에 서 있는 신사를 뒤로 한 채 주위 집과 나무와 많은 실종자를 집어삼킨 바다가 다가온다. 거칠어지는 바람에는 섬뜩한 소리가 섞여 파도가 절벽에 부딪히는 소리도, 사람이 외치는 소리도, 짐승의 으르렁거리는 소리도 들리지 않는다. 파도 아래로부터도, 무너진 신전의 지면으로부터도, 바다에서도 울부짖음이 뒤엉킨 바람이 불어온다. 더 오래 머무르면 눈 속에서 차로 돌아가지 못할 것 같은 생각이 들어 나는 발길을 돌려 올 때의 내 발자국을 따라갔다.

와타쓰미 신사에서 돌아오는 길에 바다에서 산 쪽으로 차를 몰고 있을 때였다. 차창으로 멀리 보이는 풍경에 검은 그림자가 하나 보였다. 혹시 소인가 싶었지만 이런 곳에 한 마리만 있을 리 없다. 아니, 있어도 오히려 이상하지 않다. 부근에는 모든 소가 아사한 외양간도 있고 소 매몰지도 있다. 천천히 다가가보니 역시 소였다.

소는 이쪽을 한번 보더니 다시 산 쪽으로 걷기 시작했다. 발걸음에 망설임은 없었고, 숲으로 간다기보다는 숲으로 돌아가려는 듯한 뒷모습이었다. 차에서 내려 뒤쫓았지만 풀이 깊게 우거지고 땅에 눈이 쌓인 터라 나는 그만 휘청거렸다. 소 있는 데까지 20미터를 남겨둔 거리에서 쫓는 것을 포기했다.

하늘도 숲도 시시각각 어둠을 더한다. 바람은 잦아들지만 공기가 얼어 있다.

눈 위에 한 가닥 소의 발자국이 이어져 있었다. 그 앞에서 소가 한 번 울고, 두 번 울었다. 음매, 음매. 희미한 안개를 조심하라는 신호 같았다.

소의 검은 몸은 뒤돌아보지도 않고 곧바로 숲의 칠흑으로 빨려들어갔다.

이 와타쓰미 신사에는 그 후에도 취재할 때 몇 번인가 들렀다. 계절이 바뀌어도 그리 밝은 인상이 느껴진 적은 없다. 태평양의 파도가 절벽 아래에서 부서지는 소리는 끊이지 않고, 배전은 쓰러진 채 멧돼지로 보이는 발자국이 땅에 굳어진 상태다. 근처에 사람의 접근을 거부하는 요기마저 느껴지는 것은, 도호쿠전력이 반대하는 지역 주민들을 찍어 누르면서까지 계획을 추진하다가 결국 철수할 수밖에 없었던 원전 예정지의 황량함 때문일까.

그런데 2014년 7월에 방문했을 때는 다른 풍경이었다. 크지는 않지만 흰 나무로 된 배전이 세워졌고 비석도 세워져 있었다. 비석에는 우라지리 지역 지진 피해자의 명복을 비는 것과 함께 미래의 초석으로 삼는다는 취지의 내용이 새겨져 있었다.

경내도 하늘도 밝아진 것에 기분이 좋아져서 나는 이 신사에서 나미에정 다나시오 지구까지 이어진 해안길을 왕복해보기로 했다. 도로의 바리케이드 옆으로 들어가 잠시 걷자, 도로 폭의 절반가량이 쪼개져 수직으로 바다로 떨어져 내린 곳이 나타났다. 붉은 녹이 슨 가드레일의 기둥 세 개가 공중에 뜬 상태로 남아 있다. 납작 엎드려서 아래를 들여다보니, 파인 절벽은 밝은 황토색과 어두운 황토색, 회색의 지층이 줄무늬를 그리고, 깎아지른 20미터 아래의 바다로 이어졌다. 어두운 밤에 이 길을 걸었다면 붕괴 장소인 것을 눈치 채지 못한 채 곤두박질쳐 바다로 떨어졌을 것이다. 대지진이 할퀸 자국은 네 번째 여름을 맞이해도 변함없이 남아 있었다.

땅이 갈라지고 무너진 듯한 바닥에서 파도 소리가 솟구쳐 올라왔다. 하지만 내 귀는 그것을 듣고 있지 않았다. 귀청을 찢을 듯한 새의 소리에 압도돼 있었던 것이다. 바다 반대편 숲속에서 솟아올라 소리에 소리를 더해 아우성쳤고 울음은 그치지 않았다. 그것은 휘파람새의 소리였다. 나는 여태껏 이처럼 소란스럽고 격렬하게 휘파람새가 함께 울어대는 소리를 들어본 적이 없었다. 야생동물의 성역에 침입해온 사람이 드문 것인가, 비난하는 것인가. 아니면 휘파람새끼리 영역 다툼을 하고 있는 것인가.

걸어가던 중 휘파람새 소리가 조금 잦아들고 매미의 맴맴, 지지 소리가 뒤섞이는 곳도 있었다. 매미 소리를 얌전하다고 느낄 정도로 휘파람새 소리는 어딘가 지나치다 싶을 만큼 이상했다.

더 걸어가자 길 양쪽에서 덩굴이 뻗어나와 있었다. 덩굴의 기세는 점점 커지더니 길 끝에서 끝까지 닿아, 드디어 길을 덮는 지경까지 됐다. 이렇게 되면 덩굴을 밟으면서 걷는 수밖에 없다.

길 양쪽에는 흰색 산나리, 오렌지색 참나리와 원추리가 짙은 녹색 안에서 도드라져 있었다. 보는 사람 하나 없는데도 피어 있는 것이 불쌍할 정도로 가련하다. 어두컴컴한 숲속에는 더 멋진 큰 나팔꽃이 흰색이나 오렌지색 빛을 빨아들였다가 내뿜었다가 하고 있었다.

이 숲에는 소가 없나?

불과 1, 2년 전까지는 재해 피해 지역의 시내와 산골, 쓰나미 흔적 터 등 의외의 장소에서 소를 우연히 만났다. 경계 구역에서 귀환 곤란 구역으로 호칭은 바뀌었지만 사람이 살 수 없는 곳, 들어갈 수 없는 곳에는 소의 삶과 죽음이 있었다. 나무가 우거져 어두운 곳에 한 줄기 빛이 들어오는 이 숲속에 소가 우두커니 서 있는다 하더라도 나는 전혀 이상하다고 생각하지 않을 것이다.

그것은 오마루의 목장에서 이미 익숙해져 있었고, 도호쿠대학의 사토 슈스케가 보여준 사진 역시 그런 광경을 담고 있었다. 방치된 소가 한 마리도 남김없이 사라졌다 해도 피난 구역에는 아직 500마리 이상의 소가 살아 있다. 그 소들도 원전 사고가 없었더라면 보통의 육용 소로서 살아갈 것이었다.

개나 고양이를 보호하는 미하루 보호소의 관리 수의사에 따르면, 개나 고양이의 나이를 인간의 나이로 환산할 경우 1년이 인간의 5년 정도에 해당된다. 때문에 주인과 같이 살 수 있는 전망이 보이지 않으면 부득이하게 새 주인을 찾아야 한다고 한다. 매년 새끼를 낳는 어미 소는 개나 고양이와 수명이 비슷하지만, 보통의 육용 소라면 인간이 정한 수명은 30개월 정도다. 개나 고양이보다 6배 빨리, 인간보다 30배나 빨리 시간은 흘러간다.

소는 이 30개월의 시간을 수명으로 해 배불리 먹은 기쁨을 인간에게 자기 살로써 건넨다. 그리고 인간은 소의 생사와 무관한 곳에서 그 고기를 먹는다. 그리 감사하는 마음도 없이.

나도 소를 못 본 척하며 고기를 먹어온 사람 중 한 명이다. 어렸을 때 집 주위의 논과 통학로에 있던 소는 중학교에 들어갈 즈음 내 시야에서 사라졌다. 후쿠시마에서 소와 재회한 나는 여러 사람을 취재하고, 여러 장소에 동행하면서 가능하다면 소에게도 묻고 싶었다. 살처분을 극복하고 살아남은 의미를, 살아남은 기쁨과 슬픔을. 물론 그들은 대답하지 않는다. 하지만 살아 있는 온갖 소들뿐 아니라 소의 사체와 뼈도 무언가를 말하고 있었다고 생각한다. 나는 그것을 읽어내지 않으면 안 된다.

살아 있는 것의 생명은 시간에 의해 지배되고 있다. 생명은 곧 시간이다. 하지만 소에게 생명은 단지 시간일 뿐일까. 오히려 소의 생명은 흙이라고 해도 좋을 만큼 흙에 가깝고, 대지와 이어져 살고 있다.

왜냐하면 소가 배설한 똥은 곧 흙이 되고 식물을 키우고 그 식물이 다시 소를 낳아 기르기 때문이며, 그렇기에 소에게 생명은 자연의 순환 속에 있는 것이다. 또한 그것은 소가 죽어 흙으로 돌아가는, 즉 스스로를 흙으로 돌려준다는 삶과 죽음의 순환을 의미한다.

하지만 소와 대지의 관계는 그것뿐만이 아니다. 소의 위가 대지와 같은 역할을 하고 있다. 말하자면 소의 체내에 또 하나의 대지가 있는 것이다. 소는 목초와 들풀의 생초, 건초, 볏짚 등의 식물을 섭취하는 초식성 반추동물이며 체내에 4개의 위를 가지고 있다. 그중 인간의 위에 해당되는 것은 위액을 분비하는 제4위이지만, 누가 뭐래도 다 큰 소에서 위의 총 부피의 약 80퍼센트를 차지하는 제1위가 특징적이다. 루멘이라 불리는 제1위는, 포유류의 소화 효소로는 소화되지 않는 식물을 셀룰로오스 분해균 등의 미생물에 의해 분해한다. 루멘에는 세균과 원생동물 등의 미생물이 많이 서식하며 거대한 발효조를 형성하고 있다. 소가 먹는 음식은 소의 먹이이자 루멘 미생물의 먹이인 것이다.

루멘에는 미생물군이 사는 데 적합한 환경이 갖춰져 있으며, 미생물과의 공생관계는 토양과 미생물의 관계와 비슷하다. 흙이 모든 생물을 기르듯이, 루멘은 미생물을 살리고 그 작용에 의해 체내 영양소를 대사해 생장과 발육, 우유 성분의 합성을 가능케 한다.

이렇게 소는 풀을 고기와 우유로 변환시킨다. 약간의 영양밖에 없는 풀에서 풍부한 영양소와 에너지를 획득하는 그 시스템은 경이적이라고 할 수밖에 없다. 나한테는 그 구조가 불가사의하지만 항상 입을 우물우물 움직이고, 침을 흘리는 소에게 가까이 다가가 접촉하면서 점차 이해할 수 있게 됐다.

피난 구역에서는 간혹 소가 야외에서 해부되곤 한다. 소 뱃속에서 모습을 드러낸 루멘은 큰 물통이나 드럼통 크기인데, 하얗게 빛나는 방아를 찧는 거대한 떡과 같다. 메스로 루멘을 잘라서 개복하면 안에서 흙 색깔의 덩어리가 모습을 드러낸다. 루멘의 내벽은 녹색이 섞인 갈색이다. 그 막에 싸여 대량의 청초나 건초는 마구 뒤섞여 엄청난 흙덩어리처럼 보인다. 위 주머니가 잘려 수평으로 펼쳐짐과 동시에, 모여 있던 대지의 음식물이 일제히 땅으로 흘러내린다. 그 순간 소의 내면의 대지가 외부의 대지와 하나 됨을 느꼈다.

연구자에 따르면 소는 하루에 먹이를 먹는 시간이 여덟 시간 정도, 반추도 여덟 시간 정도로, 약 16시간은 입을 움직이고 있다고 한다. 잠은 3시간에서 4시간. 그러고는 다양한 사회적 행동과 털 고르기, 놀이 등을 한다. 언제나 입을 움직이고 있는 소는, 흙이 키운 살아 있는 풀과 건초를 씹고 반추함으로써, 영양이 풍부한 우유와 고기를 만들어낸다. 소는 대지의 은혜 그 자체다. 끊임없는 저작과 반추야말로 대지와 일체가 돼 살아가는 동물, 풀을 고기와 우유로 바꾸는 소의 일이다. 원전 사고로 인해 그 일을 빼앗기고 방치된 녀석들은 이미 다 죽었다.

처음에는 소와 흙을 별개의 것으로 생각하고 취재해왔지만, 후쿠시마에 와서 많은 소와 소 사육사를 접촉하고 흙투성이가 된 소의 죽음을 눈앞에서 보는 동안 이 둘은 이어져 있다는 것을 알 수 있었다. 살아 있는 소를 위해 흙은 녹색 융단을 깔아줬다. 죽은 소를 위해 흙은 이불을 준비하고 흙의 나라로 불러들였다.

　소는 흙으로 돌아가고, 흙은 또 소에게 돌아간다.

　소 바깥에도 안에도 대지가 있다.

　소는 대지 그 자체다.

소와 대지의 시간

2014년 여름, 도미오카정의 사카모토 가쓰토시의 목장에서 풀을 뜯는 소를 지켜보던 사카모토와 나는, 순찰하러 온 야마구치현 경찰 5명에게 심문을 받았다. 이름과 주소를 기록한 그들은 떠날 때 "늦지 않게 돌아가세요"라고 당부했다.

하지만 어디로 돌아가라는 것일까? 사카모토에게 진정으로 돌아갈 장소는 조상과 자신이 심고 키운 나무와 소가 기다리는 이 피폭의 땅 말고 어디에도 없는 것 아닐까.

목장에는 삼나무와 노송나무, 오동나무 등 큰 나무 외에 미래의 어느 날엔가 있을 꽃놀이를 위해 사카모토가 심은 벚꽃나무 묘목도 짙은 그늘을 만들고 있었다. 소들은 그 나무 그늘에 흩어져 쉬면서 이쪽을 보고 있었다.

목장에서 돌아갈 때 사람이 살지 않는 집집마다 피어 있던 꽃들을 보았다. 그 장면을 잊기 힘들다. 무성한 잡초에 지지 않고 접시꽃은 여름 내내 피었으며, 능소화는 뭉게구름을 향하는 기세로 뻗어오르며 흐드러지게 피었다. 후쿠시마에 다니기 전에 나는 주황색의 선명한 꽃이 달린 능소화를 눈여겨본 적이 없었다. 그런데 벽을 기어올라 나무와 나무의 가지를 건너 뻗어 있는 줄기 끝에 차례로 피고, 피고 나면 이내 지는 꽃은, 사람이 사라진 땅에 무슨 축제라도 있는 양 밝은 기운을 내뿜고 있었다.

집이나 거리에 불빛 하나 없는 황혼 무렵, 나는 자귀나무 꽃이 대지에 불을 밝힌 것 같은 느낌이 들었다. 분홍색과 흰색의 그라데이션이 있는 실이 송이처럼 모인 꽃은, 멀리서 보면 담홍색으로 보이고 그 희미하게 빛나는 불빛이 다가오는 어둠에 대항하는 듯 바람에 흔들리고 있었다.

도쿄 23구보다 넓은 국토에 아무도 살지 않는 밤이 찾아온다. 황량한 논밭과 집들이 땅거미에 삼켜져도 능소화는 전구 장식처럼 화려하게, 자귀나무 꽃은 촛불처럼 희미하게 잠깐 빛을 붙잡고 있다. 소가 죽은 날 꽃들은 죽음을 애도하는 양 흔들리며 어둑해져서 피난 구역을 빠져나가려는 내 차를 붙잡는 것만 같다.

원전 사고는 농작물을 기르고 가축을 키우던 사람들에게 특히 커다란 아픔을 줬다. 흙과 함께 살아왔기 때문에 흙이 방사능에 오염됐을 때 생활 수단도 살 장소도 다 잃어버렸다.

일본의 농업은 조상 대대로 물려받은 땅 위에서 이뤄지고 있다. 4년이 막 지나는 지금도 아직 귀환 곤란 구역에서는 농업 재개는커녕 피난할 수밖에 없었던 사람들의 불편한 거주가 계속되고 있다. 미래에 돌아갈 수 있을지 어떨지 전혀 전망이 서지 않는다. 거주 제한 구역이나 피난 지시 해제 준비 구역에서도 오염 제거에는 한계가 있어, 모든 농업이 재개된다고 해도 주변에 선량이 높은 지역이 광범위하게 남겨질 것으로 예상되며 소문 피해는 사라지지 않을 것이다.

원전 사고가 초래한 재앙은 눈에 보이지 않는 곳에서 사회의 깊숙한 곳까지 미치고 있다. 자신도 소를 기르는 이와테현의 수의사 미우라 기요시는 피난한 채 묻혀 살면서 입을 거의 다물고 있는 사람들이 있다는 것, 즉 거기에는 사회와의 연계가 끊어진 괴로움이 있다는 것을 말했다.

현재 축산 농가 사이에는 큰 균열이 생겨 눈에 보이진 않지만 골이 깊어지고 있다.

안락사 처분에 동의할 수밖에 없었던 사람과 동의하지 않은 사람들. 남에게 폐를 끼치지 않도록, 굶어 죽지 않도록 배려하려는 생각은 같았지만, 소를 매어둔 채 달아난 사람과 풀어주고 달아난 사람들. 소 사육을 계속하고 있는 사람, 축산을 재개하려는 사람과 포기한 사람들. 고향에 돌아가려는 사람과 돌아가지 않는 사람, 돌아갈 수 없는 사람들.

배상금과 위자료의 격차가 균열을 더 확대시키는 요인이다.

그런 상황에서 와타나베 후미카즈와 요시자와 마사미 등은 어떻게든 소를 살리려고 하는, 지진 당시에는 스스로도 예상치 못한 길을 걷게 됐다. 그들은 국가가 살처분을 명령한 소를 살리는 이유, 피폭한 소를 살리는 의미를 찾아내면서 계속 사육하는 것을 통해 고향에 돌아갈 수 없는 피난생활에 묻혀버리지 않고 사람과 사회와의 연계를 찾아냈다고 할 수 있다.

와타나베는 남겨진 소를 효과적으로 이용하려는 연구자들에게 협력하면서, 소를 살려 소의 힘을 빌림으로써 고향의 대지를 황폐화로부터 지켜내려 하고 있다. 요시자와 또한 소와 함께 피폭의 산증인으로서, 마을을 붕괴시키고 자신들의 생활을 빼앗고 사람들 사이를 단절시킨 원전 사고의 가혹함과 불합리함에 대해 계속 호소하고 있다.

원전 사고는 흙과 그 흙 위에 사는 것들의 운명을 모조리 바꿔놓았다. 동식물을 길러냄으로써 생태계의 기반이 되었던 흙은 이제 오염된 방해군이 돼버렸다. 폐기되지 않는 폐기물이 된 것이다.

제염 작업으로 생긴 흙은 최종 처리할 곳은커녕 임시 보관할 곳도 압도적으로 부족하다. 국가가 오쿠마, 후타바 두 곳에 설치할 예정인 '중간 저장 시설'도 땅 소유권자와의 협상이 난항을 겪고 있다. 중간 저장 시설의 전망이 서지 않으면 임시 보관소 설치에 주민들의 이해를 얻을 수 없는 것은 당연하다.

국가는 후쿠시마현을 제염 폐기물의 최종 처분지로 정하지 않기로 각료회의에서 결정하고, 30년 기한으로 현 내에 보관하는 중간 저장 시설의 건설을 목표로 하고 있다. 제염 폐기물을 30년 이내에 타지역으로 옮긴다는 것은 나로서도 생각할 수 없다. 고준위 방사성 폐기물의 최종 처분지로 정하지 않는다는 국가의 약속 아래, 받아들일 땅이 없어 폐기물이 머물러 있는 아오모리현의 핵 연료 사이클 시설의 상황과 똑같이 되지 않을까.

지금 임시 보관소와 제염 현장에는 커다란 비닐봉지에 담긴 대량의 오염토가 쌓여 있다. 차폐된 토양은 마치 시간이 멈춘 듯 그곳에 놓여 있다.

하지만 시간은 멈춰 있지 않다. 멈춘 듯하다는 것은 비유에 지나지 않는다. 포함된 방사성 물질 중에 어떤 것은 비산 시점부터 반감기를 지났고, 어떤 것은 반감기에 조금 가까워지고 있을 것이다. 요오드131의 반감기는 약 8일, 세슘134는 2년, 세슘137은 30년, 스트론튬90은 29년, 플루토늄239는 2만4000년…….

오염된 대지에서 반감기라는 눈에 보이지 않는 시계가 움직인다. 방사성 물질의 물리학적 반감기뿐만 아니라, 생물의 체내에서 줄어드는 시간을 나타내는 생물학적 반감기라는 생소한 시계도 움직인다.

또한 원전 가동에 따른 고준위 방사성 폐기물이 건강과 환경에 끼치는 해는 수십만 년 혹은 100만 년에 걸쳐 지속되는 것으로 알려져 있다. 후쿠시마 제1원전이 폐로가 된 뒤 남아 있는 방사성 폐기물은 물론이거니와, 지금까지 가동해온 일본 내 원전의 막대한 방사성 폐기물은 후세의 인간이 이어받게 된다. 아니 미래 세대에 떠넘길 수밖에 없는 것이다.

방사성 물질이 가리키는 시간은 인간이 누리는 삶과 평생의 시간을 넘어, 조상과 후손 등 혈연의 시간도 초월하고 있다. 문명과 역사의 시간도 넘는다. 10만 년 전은 네안데르탈인의 시대였다. 앞으로 수십만 년에서 100만 년 뒤는 상상조차 하기 어렵다.

고준위 방사성 폐기물의 처리에 관해서는 더 이상 늘어나는 것을 방지하기 위해 재가동하지 않는 것밖에 현실적인 답은 없다. 그러나 흙과 대지에는 방사능의 시간을 대치할 만한 다양한 시간이 있다는 것만큼은 잊고 싶지 않다.

예를 들면, 떨어진 씨가 열매를 맺는 시간. 바람이 날린 풀의 씨앗도, 사람이 뿌린 보리의 씨앗도, 다람쥐가 묻은 도토리도, 땅에 떨어진 한 알이 많은 열매를 맺는다. 오마루 공동 목장 주변의 야산에는 지진 전과 마찬가지로 가을에는 무수한 도토리가 열매를 맺고, 소들의 발밑에도 굴러다니고 있다. 목장 옆 감나무 아래에는 빨갛게 익은 감을 소가 올려다보고 있다. 흙이 키운 풀과 곡물은 소를 기르며 소는 또다시 자기 배설물로 흙을 기름지게 하고 풀과 곡물을 키워간다.

2014년 가을, 아부쿠마산이 빨강과 노랑으로 물들었을 때 나는 야스이토마루와 야스이토마루 2호가 사는 오마루의 목장을 다시 방문했다. 와타나베 후미카즈의 가설 주택이 있는 니혼마쓰로부터 귀환 곤란 구역인 오마루에 들어가려면 세 곳의 검문을 통과해야 했다. 피난 지시 구역 개편으로 오히려 검문의 수는 늘었다.

두 번째 검문소에 서 있던 초로의 경비원이 "오늘은 일요일인데도 가나요?"라면서 와타나베에게 웃으며 말을 걸어왔다. 와타나베는 "날씨가 좋으니까요"라고 답하며 면식이 있는 경비원에게 사탕

봉지를 내밀었다. 검문을 지나고 나서 와타나베는 나에게 "정말 고생이 많아요. 자동차 따위는 거의 지나가지도 않는데 비 오는 날도 바람 부는 날도 저렇게 매일 서 있으니까요"라고 말했다.

다카세 강변도로에 들어서자 강에 큰 물고기 그림자가 보였다. 내가 이 강에서 많이 봐온 은어가 아니다. 연어다. 지진 발생 전에는 하류에 연어 인공 부화장이 있어 포획하고 알을 낳게 해서 꺼내고, 치어를 방류했다. 거기에는 어량이 있어 은어는 그것을 넘어 올라오고 있었지만, 연어는 거슬러 올라갈 수 없었다. 그런데 쓰나미로 어량이 떠내려가고 마을에 사람이 들어갈 수 없게 되자 연어도 강을 거슬러 올라온 것이다. 연어는 선량이 높은 계곡을 흐르는 맑은 물에 몸을 날리며 더 상류를 향하고 있다.

만약 소가 곰처럼 연어를 잡아먹는 동물이었다면 오마루 일대는 아주 좋은 사냥터가 됐을 것이다. 그러나 이날도 소 떼는 부족한 풀을 찾아 조용히 이동하고 있었다.

언덕 위 목장에 도착하자 와타나베는 배합 사료 포대 끝을 잘라 뿌렸다. 순식간에 소들이 모여들었다. 멀리서 달려오는 소 떼의 선두에 야스이토마루 2호가 있었다. 모두 먹이에 굶주린 듯 게걸스럽게 먹는다. 이 정도 양으로는 크게 부족할 것 같다.

그런데 어떻게 된 일인지 6~7마리의 소는 먹느라 바쁜 동료들과 이쪽을 의아스러운 눈길로 쳐다보면서, 먹이를 먹으러 오려 하지 않는다.

와타나베에게 물어보니 그들은 지진 후 태어난 소로, 배합 사료를 거의 먹어본 적이 없기 때문에 먹이를 탐내거나 하지 않는다고 한다. 이 먹이는 그들에게 더 이상 맛있는 음식이 아닌 것이다.

와타나베가 때때로 배합 사료를 주는 깃은 소들이 가축으로서 사람과 친해지도록 하려는 목적도 있다. 소가 야생화하여 사람이 접근하기 어려워지면 정기적인 혈액 검사와 매달 배터리 교환을 해야 하는 측정기를 사용한 조사 연구에 협력할 수 없게 되기 때문이다.

언덕 아래의 목장에 가보니 소가 보이지 않는다. 와타나베는 배합 사료의 빈 포대를 들고 논을 지나 억새와 양미역취가 우거진 쪽으로 달려갔다. 마침내 모습을 드러낸 와타나베 뒤에서 소들이 줄줄이 따라온다. 살짝 뛰듯 걸어가는 와타나베에 맞춰 이쪽을 향해 오는 것은 야스이토마루가 아닌가. 그들은 배합 사료의 포대를 본 것만으로 먹이를 받을 수 있다는 사실을 알고 두근거리는 가슴을 진정시키고 있는 것만 같다. 그 소 떼의 맨 뒤에 있는 작은 소는 바로 '메메'였다. 이 여름 메메는 도로 옆 외양간을 나와 다 큰 소 무리에 막 합류한 것이다.

귀환 곤란 구역에서 태어난 메메는 무리와 떨어져 있던 외양간 안에 있었고, 와타나베의 손에서 자랐으니 무리에 익숙해질 필요가 있었다. 따라서 일단 조사를 위해 설치한 울타리로 옮겨 보름 정도 주위 소들과 울타리 너머로 접촉하고 소 동료들과 친숙해지고 나서 문을 열었다. 지금은 다른 가축과 함께 어우러지며 열심히 맨 끝에 붙어서 걷고 있다.

원래는 논이었던 목장은 목장이라기보다는 논의 현상태를 유지하며 황폐해지지 않은 채 지진 후 네 번째 가을을 맞이하고 있었다. 모든 것은 이 소들이 살기 위해 잡초를 먹어준 덕분이다.

소들에게 작별 인사를 하고 오마루에서 가장 가까운 검문소까지 왔을 때 나는 내 출입 허가증과 함께 파일에 끼워놓은 운전면허증이 없다는 것을 알아챘다. 조수석에서 내려 차 안을 찾아봤지만 어디에도 보이지 않았다.

검문원은 들어왔을 때와 같은 젊은 경비원으로, 내가 운전면허증을 제시한 것을 기억하고 있었다. 와타나베는 돌아가서 찾아보자고 말했지만 머물렀던 곳을 뒤져봐도 찾을 수 있을 거라는 확신이 없다. 시간 낭비가 될 가능성도 크다. 가는 길과 오는 길은 같은 검문소를 통과하니까 내 출입 허가증만 있으면 신분증인 운전면허증은 잃어버렸다고 말하면 해결될 것이다. 우리는 일단 검문소를 나와 다시 차를 뒤졌다.

"역시 돌아가보는 게 좋겠어요. 오늘은 아직 시간이 많이 있으니까"라며 와타나베가 권유했다. 그래서 핸들을 돌려 다시 오마루로 향했다. 와타나베의 집에 도착해 차를 세웠던 곳과 배합 사료를 꺼내 옮겼던 창고 주변을 뒤졌지만 어디에도 없었다.

야스이토마루와 메메가 있는 언덕 아래 목장과 내가 걸어다녔던 주변을 샅샅이 뒤졌지만 찾을 수 없었다. 야스이토마루 등소 떼는 멀리서 계속 이쪽을 쳐다보고 있었다. 벌써 가버렸을 인간들이 아직 어슬렁거리는 것을 분명히 이상하다고 생각하고 있을 것이다.

언덕 위 목장까지 왔을 때 입구의 전기 울타리를 분리하기 위해 와타나베가 차를 세우고 문을 열었다. 나도 내려 목장의 오르막길을 올라갔다. 그러자 눈앞에 소가 한 마리 우두커니 서 있있다. 야스이토마루 2호였다. 그 녀석은 먹이를 먹을 때처럼 고개를 숙여 입을 발밑으로 가져갔다. 바로 그곳에 내가 찾던 것이 있었다.

차를 목장 안에 넣고 분리한 전기 울타리를 원래대로 돌려놓으려는 와타나베에게 나는 큰 소리로 운전면허증을 찾았다고 말했다. 큰 소가 작은 분실물을 찾아 지켜주고 있었던 것이다. 동료 소들은 모두 숲 쪽으로 떠나, 작게 보인다. 눈앞에는 소가 풀을 뜯으며 걷고, 마구 짓밟아 엉망이 된 목장의 지평선이 펼쳐져 있다. 숲은 단풍으로 장식돼 있고 들판은 흙덩이가 돼 있었다.

내가 차 쪽으로 뛰어 내려가면서 뒤돌아보니 30마리쯤 되는 소 떼와 그 뒤를 쫓는 야스이토마루 2호의 모습이 보였다. 소들은 갈색 탁류의 강을 건너 맞은편 숲으로 가려는 듯했다. 원전 사고가 나고부터 소들은 차례로 죽어갔지만, 사람이 들어가지 못하는 귀환 곤란 구역 안에서는 지금도 여러 마리의 소가 살아남아 풀을 뜯고 있다.

쌍둥이 야스이토마루 형제, 지금 살아 있는 소들은 쓰러진 동료들의 몫까지 살아내지 않으면 안 된다. 겨울 산을 넘어 피난 구역으로 들어가 먹이를 가져다주는 인간이 있는 한. 봄의 대지가 풀과 나무를 싹 틔우는 한.

사람이 살 수 없게 된 피폭의 땅에서 수난을 당한 소들이 고향의 대지를 지키는 일소로서 일을 계속해나가길 바란다. 그리고 흙으로 변하는, 들판에서 죽은 동물들의 부패가 빨라지기를 바란다.

하리가야 쓰토무, 『원전 봉기 경계 구역에서 싸움을 이어가는 '소 농가'의 기록』, 사이조, 2012

지바 에쓰코·마쓰노 미쓰노부, 『이타테촌은 지지 않는다: 흙과 사람의 미래를 위하여』, 이와나미서점, 2012

히라노 야스유키, 「그때 이타테촌에서 무슨 일이 있었나」, 『축산 연구』 66권 1호, 요우켄도, 2012

스즈키 신이치, 「후쿠시마 원전 사고 후 후쿠시마현 낙농협동조합의 활동」, 『축산 연구』 66권 1호, 요우켄도, 2012

사카모토 히데키, 「동일본 대지진과 후쿠시마 제1원자력 발전소 사고로 인한 축산 분야의 과제에 대한 후쿠시마현의 대응」, 『일본 돼지 질병 연구 회보』 60호, 일본 돼지 질병 연구회, 2012

하시모토 도모히코, 「후쿠시마 원전 사고에 따른 경계 구역의 가축 대응」, 『JVM 수의축산신보』 67권 10호, 분에이도, 2014

이마나카 데쓰지, 『저선량 방사선 피폭 체르노빌에서 후쿠시마로』, 이와나미서

점, 2012

규마 가즈타케, 『흙의 과학: 생명을 기르는 파워의 비밀』, PHP, 2010

_____ , 『흙은 무엇일까?』, 교토대학학술출판회, 2005

사토 슈스케, 『동물 복지: 동물의 행복에 대한 과학과 윤리』, 도쿄대학출판회, 2005

엔도 히데키, 『애니멀 사이언스2: 소의 동물학』, 도쿄대학출판회, 2001

가축전염병학회 편, 『송아지의 과학 태아기부터 출생, 육성기까지』, 축산출판사, 2009

아베 아키라, 『농학기초 세미나 신판: 가축 사육의 기초』, 농산어촌문화협회, 2008

와타나베 쇼조, 『기초 시리즈 축산 입문』, 지쿄출판, 2000

쓰치야 헤이시로·다카히사 게지로, 『개정 육우사육전과(제2판)』, 농산어촌문화협회, 1988

쓰다 쓰네유키, 『소와 일본인: 소 문화사의 시도』, 도호쿠대학출판회, 2001

원자력재해대책본부, 『2단계 완료에 따른 경계 구역 및 피난 지시 구역의 개편에 관한 기본적인 생각 및 향후 검토 과제에 대하여』, 2011년 12월 26일

http://www.meti.go.jp/earhtquake/nuclear/pdf/111226_01a.pdf

내각부 원자력 피해자 생활 지원팀, 『피난 지시 구역의 개편에 대해』, 2013년 10월

http://www.meti.go.jp/earthquake/nuclear/pdf/131009/131009_02.pdf (2014년 12월 1일)

내각부 원자력 피해자 생활 지원팀, 『귀환 곤란 지역에 대해』, 2013년 10월 1일

http://www.mext.go.jp/b_menu/shingi/chousa/kaihatu/016/shiryo/_icsFiles/afieldfile/2013/10/02/1340046_4_2.pdf (2014년 12월 1일)

후쿠시마현 농림수산부, 『농림 수산 분야에서 동일본 대지진의 기록(재해 발생부터 2011년 말까지 제1판)』, 2013년 2월

http://www.pref.fukushima.lg.jp/download/1/99_ikkatsu.pdf (2014년 12월 1일)

소와 흙
후쿠시마, 죽음의 땅에서 살아가다

초판인쇄   2018년 3월 2일
초판발행   2018년 3월 11일

지은이   신나미 교스케
옮긴이   우상규
펴낸이   강성민
편집장   이은혜
기획   노만수
편집   박은아 곽우정 김지수 이은경
편집보조   임채원 김민아
마케팅   정민호 이숙재 정현민 김도윤 오혜림 안남영
홍보   김희숙 김상만 이천희
독자모니터링 황치영

펴낸곳   (주)글항아리 | 출판등록 2009년 1월 19일 제406-2009-000002호

주소   10881 경기도 파주시 회동길 210
전자우편   bookpot@hanmail.net
전화번호   031-955-1936(편집부) 031-955-8891(마케팅)
팩스   031-955-2557

ISBN   978-89-6735-500-5   03900

이 도서의 국립중앙도서관 출판예정도서목록(CIP)은 서지정보유통지원시스템 홈페이지(http://seoji.nl.go.kr)와 국가자료공동목록시스템(http://www.nl.go.kr/kolisnet)에서 이용하실 수 있습니다. (CIP제어번호: CIP2018005610)